RACHELE CARMONA

KUNSTVOLLE DECKEN UND ÜBERWÜRFE HÄKELN

18 FARBENFROHE PROJEKTE – VON MODERNEN DESIGNERN INSPIRIERT

WIDMUNG

Für meinen Mann und meine Mutter, die all meine Marotten aus ganzem Herzen unterstützen.

Umschlaggestaltung: DSR – Werbeagentur Rypka, A-8143 Dobl/Graz
Titelbild: George Boe.
Bildnachweis: George Boe.

Titel der englischen Originalausgabe: Rachele Carmona: The Art of Crochet Blankets.

Aus dem Englischen ins Deutsche übertragen von Nina Schön.

Bibliographische Information der Deutschen Nationalbibliothek
Die Deutsche Nationalbibliothek verzeichnet diese Publikation in der Deutschen Nationalbibliographie; detaillierte bibliographische Daten sind im Internet über http://dnb.d-nb.de abrufbar.

Hinweis:
Dieses Buch wurde auf chlorfrei gebleichtem Papier gedruckt. Die zum Schutz vor Verschmutzung verwendete Einschweißfolie ist aus Polyethylenchlor- und schwefelfrei hergestellt. Diese umweltfreundliche Folie verhält sich grundwasserneutral, ist voll recyclingfähig und verbrennt in Müllverbrennungsanlagen völlig ungiftig.

Auf Wunsch senden wir Ihnen gerne kostenlos unser Verlagsverzeichnis zu:
Leopold Stocker Verlag GmbH
Hofgasse 5 / Postfach 438
A-8011 Graz
Tel.: +43 (0)316/82 16 36
Fax: +43 (0)316/83 56 12
E-Mail: stocker-verlag@stocker-verlag.com
www.stocker-verlag.com

ISBN 978-3-7020-1799-6

Satz: DSR – Werbeagentur Rypka,
A-8143 Dobl/Graz
Printed in China

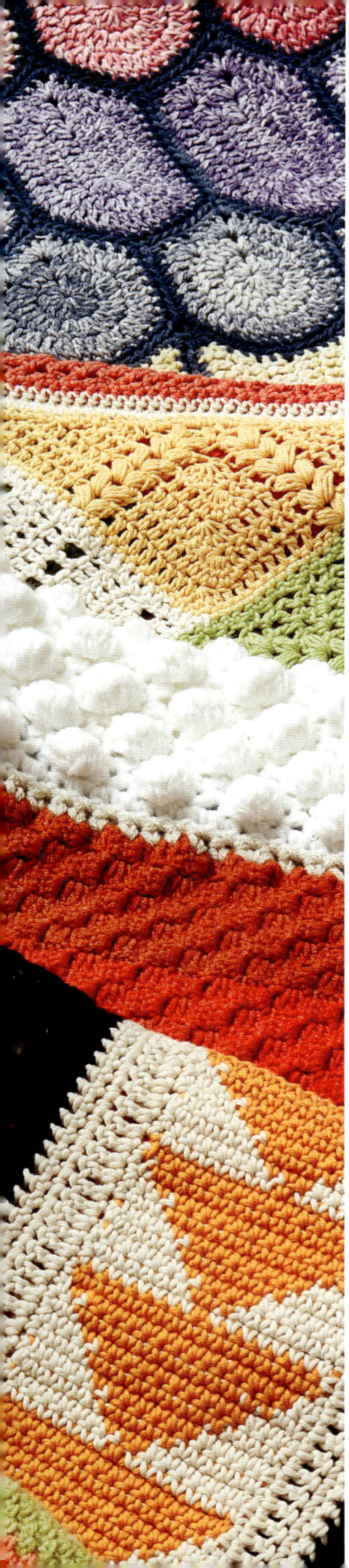

INHALT

EINLEITUNG | 4

1: WEBEN 6
MARYANNE MOODIE
Sanfte Ebenen 8
Gebirgskamm 14
Sonne und Himmel 18

2: DIGITALE KUNST 24
FRANCISCO VALLE
Graffiti 26
Facettenreich 34
Kuschelecke 40

3: STOFFDESIGN 46
APRIL RHODES
Boho-Wüste 48
Abstraktes Karree 56
Wanderlust 64

4: SCHERENSCHNITT 72
MAUD VANTOURS
Farbengarten 74
Wellenüberlagerungen 80
Perfekte Jakobsmuscheln 84

5: ZEMENTFLIESEN 92
CAITLIN DOWE-SANDES
Steinerner Pfad 94
Marokkanische Fliese 98
New Yorker 104

6: QUILTEN 112
TULA PINK
Ombré-Streifen 114
Sonnenaufgang über der Stadt 118
Süßer Frühling 124

TECHNIKEN | 136
ABKÜRZUNGEN | 140
GLOSSAR | 141
DANKSAGUNGEN | 142
ÜBER DIE AUTORIN | 143
BEZUGSQUELLEN | 143

EINLEITUNG

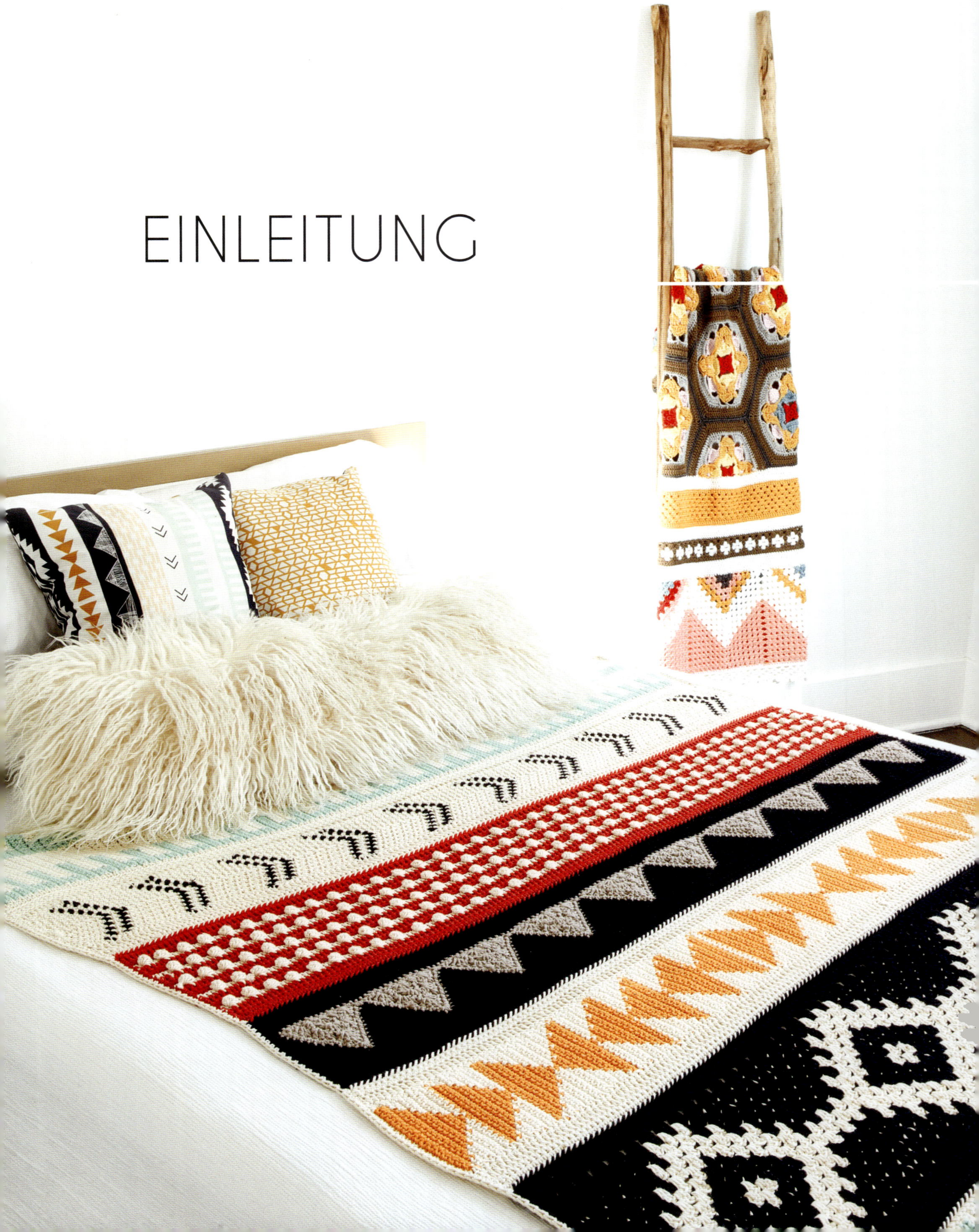

Das Häkeln ist meine Leidenschaft – und das, seit ich es mir 2005 selbst beigebracht habe. Das Bloggen war gerade im Kommen und YouTube steckte in den Kinderschuhen, weshalb ich mit Büchern lernte, die ich mir in der Bibliothek auslieh. Außerdem schloss ich mich einer Häkelgruppe an und wir trafen uns in einem Café, wo man mir dabei half, einige Techniken, die ich komplett verkehrt machte, richtig zu erlernen. Dabei hatten wir eine Menge „garnigen" Spaß.

Damals, ich häkelte schon tagtäglich, probierte ich jedes Muster aus, das ich nur in die Finger bekommen konnte, bis ich mich schließlich auf Häkeldecken festlegte. Seit dieser Zeit habe ich über 300 Decken gehäkelt und es ist kein Ende in Sicht. Tag für Tag findet man mich in meinem Haus in Texas mit einer Häkelnadel in der Hand und einem Becher Kaffee neben mir vor.

Durch die wachsende Zahl an Häkelkünstlern, die ihre Muster und Designs jedes Jahr herausbrachten, begann sich ein wenig das Gefühl einzuschleichen, dass es unter dieser Sonne nichts Neues mehr zu häkeln gab. Granny-Square um Granny-Square lechzte ich nach Inspiration von außerhalb der Häkelszene.

Meine Reise unterscheidet sich dabei nicht so sehr von jener anderer Künstlerinnen:

Phase 1: Imitation — Künstlerin erzeugt direkte Replik existierender Kunst in ihrem Bereich, um sich mit dem Prozess vertraut zu machen (all diese früher gehäkelten Decken, die einem von jemand anderem entworfenen Muster folgten).

Phase 2: Ambition — Künstlerin schafft eigene Stücke, zieht aber immer noch Inspiration aus ihrem eigenen Handwerksbereich, sucht aber ihren eigenen, definitiv persönlichen Stil anhand von Stil und Textur. (Meine Anfänge im Deckendesign basierten auf traditionellen Häkelformen.)

Phase 3: Aufstieg — Künstlerin arbeitet auf einer komplett unabhängigen Ebene und die Kreativität hat den Tellerrand des Häkelns überschritten und verbindet sich mit anderen künstlerischen Medien (der Fokus dieses Buchs und meiner neueren Musterdesigns liegt in dieser Idee des Aufstiegs).

Positive Rückmeldungen anderer Künstlerinnen, deren kreatives Interesse außerhalb der Häkelszene liegen, sind meine persönlichen Beweise dafür, dass sich mein Handwerksgeschick durch die Fusion der Kunstformen weiterentwickelt. Ich habe diese Reise mit dem Ziel angetreten, Brücken zwischen diesen kreativen Klüften zu schlagen.

Dieses Buch ist mehr als eine reine Mustersammlung. In jedem Kapitel werden wir die Inspiration durch andere Kunstformen erforschen: Weben, Digitalkunst, Siebdruck, Quilten und sogar Scherenschnitt. Der für jedes Medium vorgestellte Künstler ist in seinem Bereich eine Größe. Ich habe je drei ihrer Werke ausgewählt, die mich inspiriert haben, und die Aspekte ihrer Arbeit in die Häkelsprache übertragen, um innovative Fusion-Designs zu erhalten.

Ich hoffe, Sie werden – inspiriert von diesen Designs – neue Wege finden, um Formen, Strukturen und Farben in anderen schönen Kunstformen zu entdecken, und diese Merkmale in Ihre eigenen Häkelarbeiten einfließen lassen können. Zusätzlich dazu baue ich interessante Techniken in die drei einzigartig aufgebauten Designs in jedem Kapitel ein, die Sie für Ihre eigenen künftigen Entwürfe verwenden können.

Ich hoffe, dass Sie es lieben werden, wie diese Deckendesigns Ihre kreative Ader spielen lassen. Wenn Sie danach trachten, sich weiterzuentwickeln oder zu erneuern, oder das Hobby Häkeln vertiefen und auf diesem Weg einige neue Fertigkeiten lernen möchten, dann nur zu – suchen Sie sich ein Kapitel aus und tauchen Sie ein!

—Rachele Carmona

KAPITEL 1

Weben

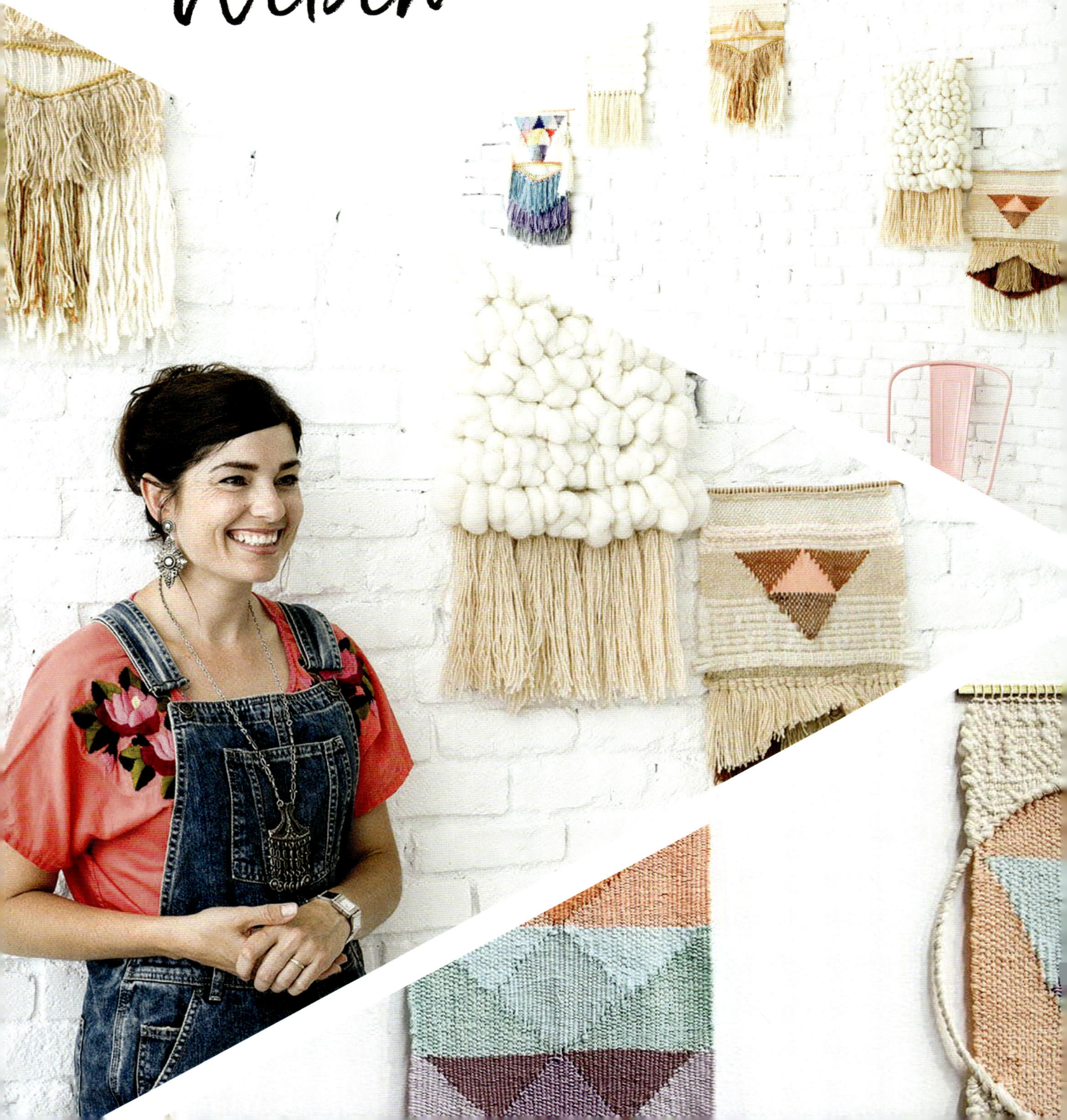

MARYANNE MOODIE

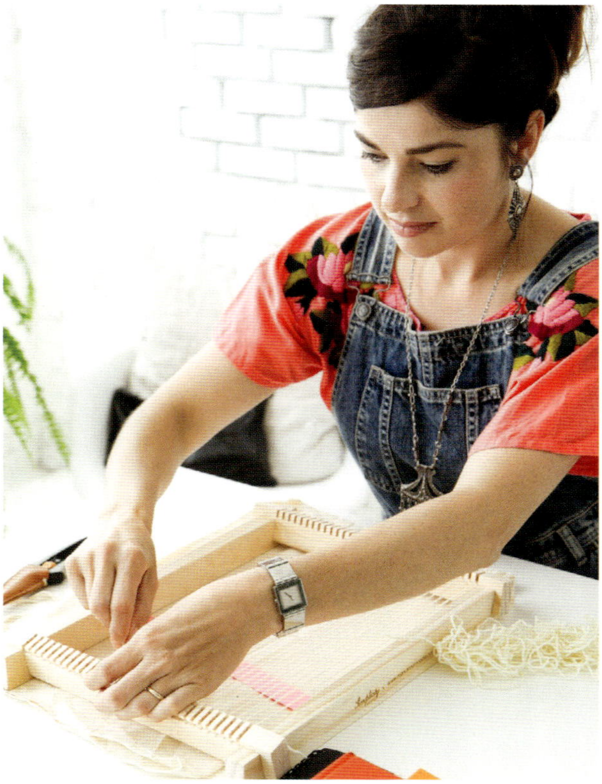

Die Künstlerin

Maryanne Moodie ist eine australische Textilkünstlerin und Erzieherin mit einem Studio in Brooklyn, New York. Als Autorin und selbsternannte „vom Faden besessene Weberin“ erkundet sie die Tradition des Webens und der Bildwirkerei, während sie mit Farbe, Form und Textur spielt, um einer alten Kunst neues Leben einzuhauchen.
Sie ist in den Textilkunstszenen in New York und Australien sehr engagiert und verbringt viel Zeit damit, anderen dieses Handwerk in weltweiten Workshops zu vermitteln. Vorgestellt wurde Maryannes Arbeit in *New York Magazine, Anthology, O – The Oprah Magazine, Grazia, Interwoven* und online auf *Design*Sponge* und *The Design Files.*

Die Inspiration

Das Rahmenweben ist so eng mit der Erde verbunden wie die Blütenblätter mit der Blume und es schöpft aus in der Natur vorkommenden Oberflächenstrukturen rund um uns: die gesprenkelten Weiden in den sanften Ebenen, die geometrischen Streifen in Steinformationen, die Linien der Landschaft vor einem orangen Sonnenuntergang. Die strukturierten Ebenen und kontrastierenden Farben in Maryannes Webkunst erinnern mich an diese Naturschauspiele und ich habe die Decken in diesem Kapitel mit diesen Bildern im Kopf entworfen.

Um diese Decken entwerfen zu können, habe ich die Decke vertikal mit einer definierten Ober- und Unterseite gezeichnet, anstatt ein durchgehendes Muster für ein typisches Häkelstück zu gestalten, und asymmetrische künstlerische Elemente einfließen lassen, mit der Absicht, das Auge das Werkstück entlang nach unten zu leiten. Diese Methode des Deckendesigns von oben nach unten war eine direkte Begleiterscheinung des genaueren Betrachtens des Webvorgangs, der ebenfalls eine vertikale Bewegung in den Vordergrund stellt, um ein Kunstwerk zu konstruieren.

Wie ein natürlicher Rahmenweber spielte ich auch mit diversen Texturen, um diese Decken zu entwerfen. Jedes Projekt wurde von einer Arbeit von Maryanne inspiriert und beinhaltet unterschiedliche Arten, gewebte Maschen zu häkeln. *Sanfte Ebenen* ist in Frühlingsfarben mit leichter Struktur gehalten und beinhaltet Reihen mit Büschelmaschen, welche die dickeren Fasern nachahmen sollen, die Maryanne in ihre Werke einarbeitet. *Gebirgskamm* kombiniert eine lehmartige Landschaft mit der Struktur von Gesteinsschichten im Perlmuster mit einem einzigartigen Fransenmuster. *Sonne und Himmel* ist ein lustiges Werkstück, das fluffige, weiße Wolken von einer Seite zur anderen über warme und kühle Korbflechtmuster legt.

ANMERKUNG

Für dieses Stück werden drei identische Elemente pfiffig aufgebaut und dann mit Kettmaschen zum Deckenkörper zusammengehäkelt. Eine kreative Büschelmaschenborte vervollständigt den Struktur-Look.

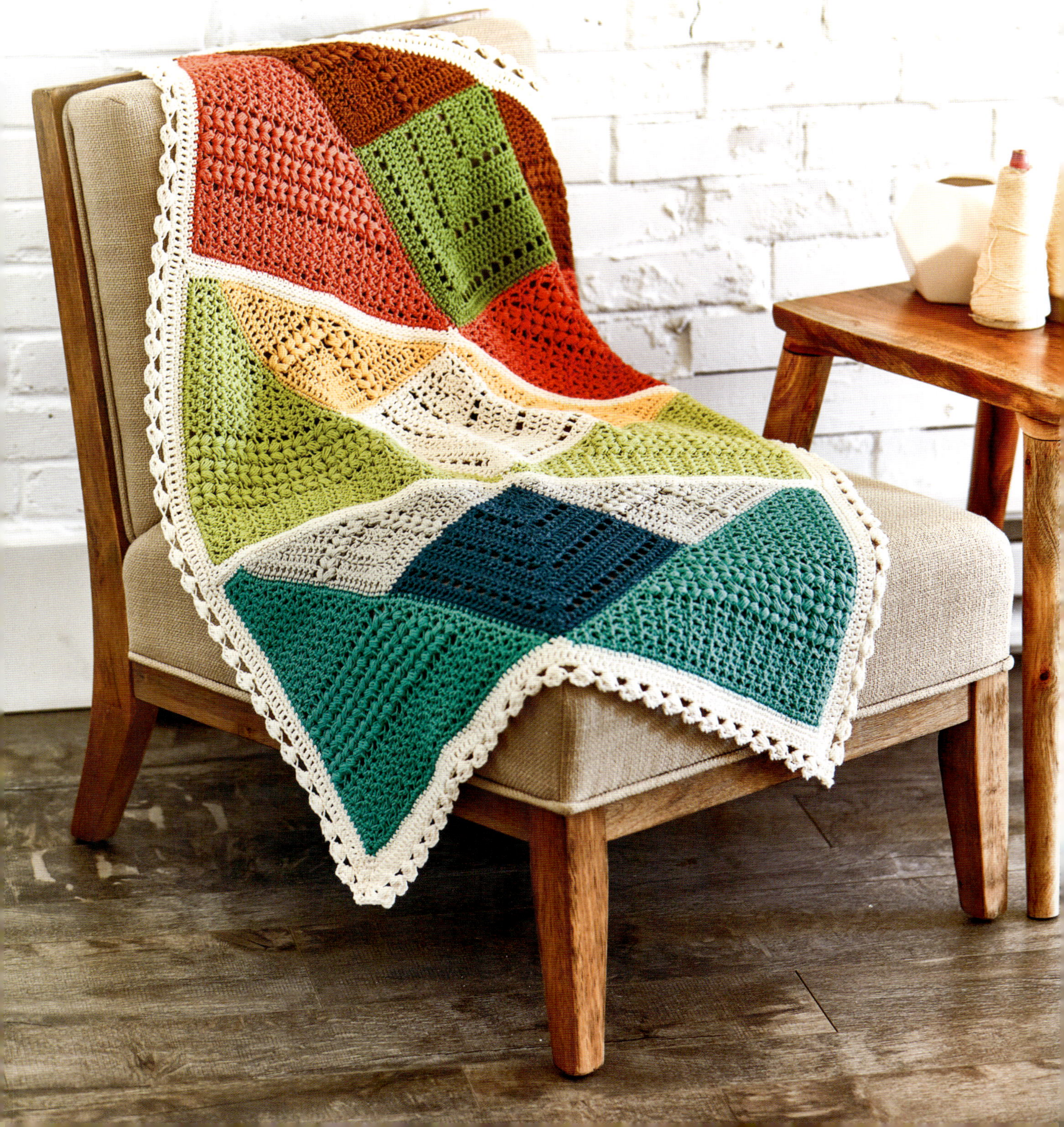

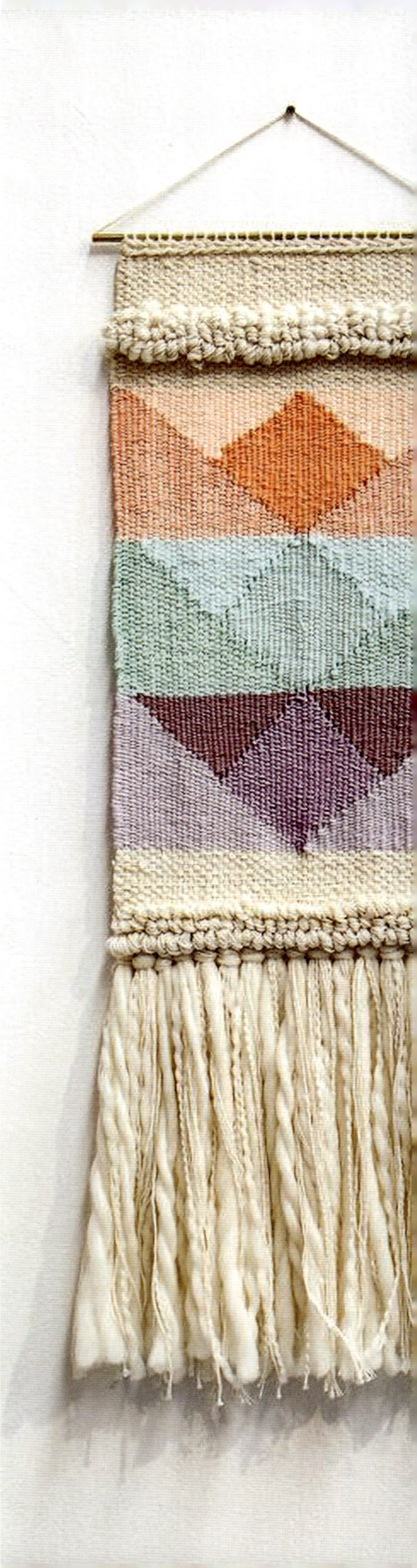

SANFTE *Ebenen*

In die Textur und die Farben dieses einzigartigen Werkstücks, das durch Inspiration von Maryanne Moodies Webwerk *New World* entstanden ist, werden Sie sich verlieben! Durch die drei identischen Elemente, die auf pfiffige Weise konstruiert werden, ist dies ein schnelles Projekt, das sich perfekt zum Verschenken eignet – und noch besser zum Behalten!

GRÖSSE BEI FERTIGSTELLUNG

66 × 91,5 cm

GARN

DK-Garn (leichtes Kammgarn)

Hier gezeigt: Stylecraft Classique Cotton DK (100 % Baumwolle; 92 m/ 50 g): #3674 Shrimp (A), 2 Knäuel; #3097 Leaf (B), 1 Knäuel; #3656 Toffee (C), 1 Knäuel; #3663 Soft Lime (D), 2 Knäuel; #3665 Ivory (E), 3 Knäuel; #3662 Sunflower (F), 1 Knäuel; #3671 Azure (G), 2 Knäuel; #3566 Teal (H), 1 Knäuel; #3096 Dove (I), 1 Knäuel.

HÄKELNADEL

4,25 mm

Falls notwendig, passen Sie die Nadelstärke an, um die gleiche Maschenprobe zu erhalten.

WEITERE MATERIALIEN

Maschenmarkierer; Sticknadel

MASCHENPROBE

6 V-Maschen und 7 Reihen = 10 cm im V-Muster aus Abschnitt 1a.

MASCHENKUNDE

Büschelmasche (Bm)
(U, Nadel in angegebene/n M/Lm-Bg, U, Schlinge hochziehen) 4-mal, U, Garn durch alle Schlingen auf der Nadel ziehen. Anmerkung: Nur 1 Lm nach der Bm häkeln, wenn dies im Muster angegeben ist.

Element 1

Abschnitt 1a

Reihe (RS) 1: Mit Garn A 43 Lm häkeln, 1 Stb in die 5. Lm von der Nadel (Wm zählt als 1 Stb, 1 Lm ausl), (1 Lm, 2 Stb zus häkeln wie folgt: U, die Nadel in dieselbe Lm stechen wie zuvor, U, Schlinge hochziehen, U, das Garn durch 2 Schlingen auf der Nadel ziehen, U, die nächste Lm ausl, die Nadel in die nächste Lm einstechen, U, Schlinge hochziehen, U, das Garn durch 2 Schlingen auf der Nadel ziehen, U, das Garn durch alle 3 Schlingen auf der Nadel ziehen) 9-mal, 1 Lm, 1 Stb in dieselbe Lm wie zuvor, 2 Lm ausl, [(1 Bm [siehe Maschenkunde], 2 Lm, 1 Bm) in die nächste Lm, 2 Lm ausl] 3-mal, 1 Lm, 1 Stb in die nächste Lm, [1 Lm, 2 Stb zus häkeln wie zuvor] 3-mal, 1 Lm, 1 Stb in dieselbe Lm wie zuvor, die nächste M ausl, 1 Stb in die letzte Lm, wenden.

Reihe 2: 1 st Stb (s. Glossar) in die 1. M, 1 Stb in den nächsten Lm-Bg, (1 Lm, 2 Stb zus häkeln wie folgt und für den Rest des Abschnitts beibehalten: U, die Nadel in denselben Lm-Bg stechen wie die M zuvor, U, Schlinge hochziehen, U, das Garn durch 2 Schlingen auf der Nadel ziehen, U, die Nadel in den nächsten Lm-Bg stechen, U, Schlinge hochziehen, U, das Garn durch 2 Schlingen auf der Nadel ziehen, U, das Garn durch alle 3 Schlingen auf der Nadel ziehen) 3-mal, 1 Lm, 1 Stb in dieselbe M wie die M zuvor, (1 Bm, 2 Lm, 1 Bm) in jd der nächsten 3 Lm-Bg, 1 Lm, 1 Stb in den nächsten Lm-Bg, (1 Lm, 2 Stb zus häkeln wie zuvor) 9-mal, 1 Lm, 1 Stb in denselben Lm-Bg wie zuvor, 1 Stb in die letzte M, wenden.

Reihe 3: 1 st Stb in die 1. M, je 1 Stb in die nächsten 2 Lm-Bg, [1 Lm, 2 Stb zus häkeln wie zuvor] 8-mal, 1 Lm, 1 Stb in denselben Lm-Bg wie zuvor, (1 Bm, 2 Lm, 1 Bm) in jd der nächsten 3 Lm-Bg, 1 Lm, 1 Stb in den nächsten Lm-Bg, [1 Lm, 2 Stb zus häkeln] 3-mal, 1 Lm, 1 Stb in denselben Lm-Bg wie zuvor, 1 Stb in die letzte M, wenden.

Reihe 4: 1 st Stb, 1 Stb in den 1. Lm-Bg, (1 Lm, 2 Stb zus häkeln) 3-mal, 1 Lm, 1 Stb in denselben Lm-Bg wie zuvor, (1 Bm, 2 Lm, 1 Bm) in jd der nächsten 3 Lm-Bg, 1 Lm, 1 Stb in den nächsten Lm-Bg, [1 Lm, 2 Stb zus häkeln] 7-mal, 1 Lm, Abn am Ende häkeln wie folgt: U, die Nadel in den nächsten Lm-Bg einstechen, U, Schlinge hochziehen, U, das Garn durch 2 Schlingen auf der Nadel ziehen, U, das nächste Stb ausl, die Nadel in das nächste Stb einstechen, U, Schlinge hochziehen, U, das Garn durch 2 Schlingen auf der Nadel ziehen, U, das Garn durch alle 3 Schlingen auf der Nadel ziehen, 1 st Stb ungehäkelt lassen, wenden.

Reihe 5: 1 st Stb in die Abn am Ende, je 1 Stb in die nächsten 2 Lm-Bg, [1 Lm, 2 Stb zus häkeln] 6-mal, 1 Lm, 1 Stb in denselben Lm-Bg wie zuvor, (1 Bm, 2 Lm, 1 Bm) in jd der nächsten 3 Lm-Bg, 1 Lm, 1 Stb in den nächsten Lm-Bg, [1 Lm, 2 Stb zus häkeln] 3-mal, 1 Lm, 1 Stb in denselben Lm-Bg wie zuvor, 1 Stb in die letzte M, wenden.

Reihe 6: 1 st Stb in die 1. M, 1 Stb in den 1. Lm-Bg, [1 Lm, 2 Stb zus häkeln] 3-mal, 1 Lm, 1 Stb in denselben Lm-Bg wie zuvor, (1 Bm, 2 Lm, 1 Bm) in jd der nächsten 3 Lm-Bg, 1 Lm, 1 Stb in den nächsten Lm-Bg, [1 Lm, 2 Stb zus häkeln] 5-mal, 1 Lm, Abn am Ende häkeln, wenden.

Reihe 7: 1 st Stb in die Abn am Ende, je 1 Stb in die nächsten 2 Lm-Bg, [1 Lm, 2 Stb zus häkeln] 4-mal, 1 Lm, 1 Stb in denselben Lm-Bg wie zuvor, (1 Bm, 2 Lm, 1 Bm) in jd der nächsten 3 Lm-Bg, 1 Lm, 1 Stb in den nächsten Lm-Bg, [1 Lm, 2 Stb zus häkeln] 3-mal, 1 Lm, 1 Stb in denselben Lm-Bg wie zuvor, 1 Stb in die letzte M, wenden.

Reihe 8: 1 st Stb in die 1. M, 1 Stb in den 1. Lm-Bg, [1 Lm, 2 Stb zus häkeln] 3-mal, 1 Lm, 1 Stb in denselben Lm-Bg wie zuvor, (1 Bm, 2 Lm, 1 Bm) in jd der nächsten 3 Lm-Bg, 1 Lm, 1 Stb in den nächsten Lm-Bg, [1 Lm, 2 Stb zus häkeln] 3-mal, 1 Lm, Abn am Ende häkeln, wenden.

Reihe 9: 1 st Stb in die Abn am Ende, je 1 Stb in die nächsten 2 Lm-Bg, [1 Lm, 2 Stb zus häkeln] 2-mal, 1 Lm, 1 Stb in denselben Lm-Bg wie zuvor, (1 Bm, 2 Lm, 1 Bm) in jd der nächsten 3 Lm-Bg, 1 Lm, 1 Stb in den nächsten Lm-Bg, [1 Lm, 2 Stb zus häkeln] 3-mal, 1 Lm, 1 Stb in denselben Lm-Bg wie zuvor, 1 Stb in die letzte M, wenden.

Reihe 10: 1 st Stb in die 1. M, 1 Stb in den 1. Lm-Bg, [1 Lm, 2 Stb zus häkeln] 3-mal, 1 Lm, 1 Stb in denselben Lm-Bg wie zuvor, (1 Bm, 2 Lm, 1 Bm) in jd der nächsten 3 Lm-Bg, 1 Lm, 1 Stb in den nächsten Lm-Bg, 1 Lm, 2 Stb zus häkeln, 1 Lm, Abn am Ende häkeln, wenden.

Reihe 11: 1 st Stb in die Abn am Ende, je 1 Stb in die nächsten 2 Lm-Bg, 1 Lm, 1 Stb in denselben Lm-Bg wie zuvor, (1 Bm, 2 Lm, 1 Bm) in jd der nächsten 3 Lm-Bg, 1 Lm, 1 Stb in den nächsten Lm-Bg, [1 Lm, 2 Stb zus häkeln] 3-mal, 1 Lm, 1 Stb in denselben Lm-Bg wie zuvor, 1 Stb in die letzte M, wenden.

Reihe 12: 1 st Stb in die 1. M, 1 Stb in den 1. Lm-Bg, [1 Lm, 2 Stb zus häkeln] 3-mal, 1 Lm, 1 Stb in denselben Lm-Bg wie zuvor, (1 Bm, 2 Lm, 1 Bm) in jd der nächsten 3 Lm-Bg, 1 Lm, Abn am Ende häkeln, wenden.

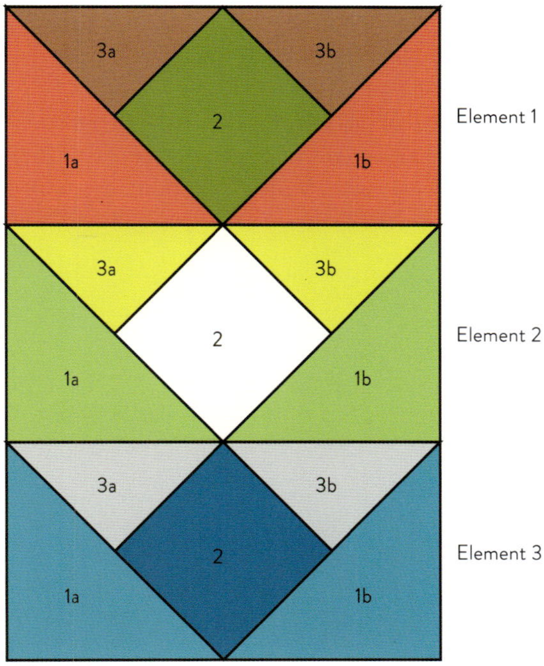

SCHEMATISCHE

FARBAUFSCHLÜSSELUNG

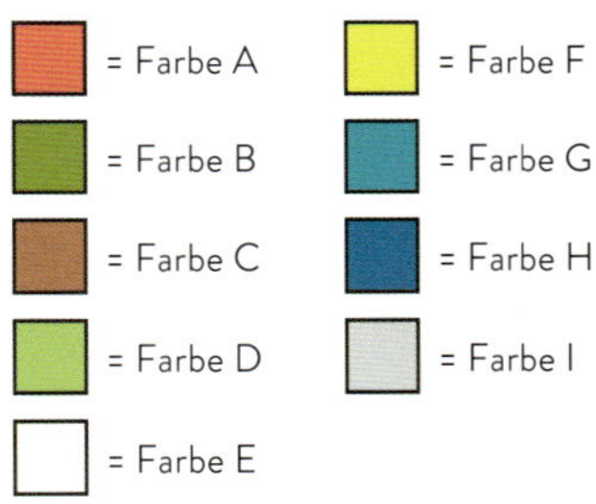

Reihe 13: 1 st Stb in die Abn am Ende, (1 Bm, 2 Lm, 1 Bm) in die nächsten 3 Lm-Bg, 1 Lm, 1 Stb in den nächsten Lm-Bg, [1 Lm, 2 Stb zus häkeln] 3-mal, 1 Lm, 1 Stb in denselben Lm-Bg wie zuvor, 1 Stb in die letzte M, wenden.

Reihe 14: 1 st Stb, 1 Stb in den 1. Lm-Bg, [1 Lm, 2 Stb zus häkeln] 3-mal, 1 Lm, 1 Stb in denselben Lm-Bg wie zuvor, (1 Bm, 2 Lm, 1 Bm) in jd der nächsten 2 Lm-Bg, 1 Bm in den nächsten Lm-Bg, 1 Lm, 1 Stb in 1 st Stb, wenden.

Reihe 15: 1 st Stb in die 1. M, 1 Stb in die nächste Bm, (1 Bm, 2 Lm, 1 Bm) in jd der nächsten 2 Lm-Bg, 1 Lm, 1 Stb in den nächsten Lm-Bg, [1 Lm, 2 Stb zus häkeln] 3-mal, 1 Lm, 1 Stb in denselben Lm-Bg wie zuvor, 1 Stb in die letzte M, wenden.

Reihe 16: 1 st Stb in die 1. M, 1 Stb in den 1. Lm-Bg, [1 Lm, 2 Stb zus häkeln] 3-mal, 1 Lm, 1 Stb in denselben Lm-Bg wie zuvor, (1 Bm, 2 Lm, 1 Bm) in den nächsten Lm-Bg, 1 Bm in den nächsten Lm-Bg, 1 Lm, 1 Stb in das nächste Stb, wenden und das 1 st Stb ungehäkelt lassen.

Reihe 17: 1 st Stb in die 1. M, 1 Stb in die nächste Bm, (1 Bm, 2 Lm, 1 Bm) in den nächsten Lm-Bg, 1 Lm, 1 Stb in den nächsten Lm-Bg, [1 Lm, 2 Stb zus häkeln] 3-mal, 1 Lm, 1 Stb in denselben Lm-Bg wie zuvor, 1 Stb in die letzte M, wenden.

Reihe 18: 1 st Stb in die 1. M, 1 Stb in den 1. Lm-Bg, [1 Lm, 2 Stb zus häkeln] 3-mal, 1 Lm, 1 Stb in denselben Lm-Bg wie zuvor, 1 Bm in den nächsten Lm-Bg, 1 Lm, 1 Stb in die letzte M, wenden.

Reihe 19: 1 st Stb in die 1. M, 1 Stb in die nächste Bm, 1 Stb in den nächsten Lm-Bg, [1 Lm, 2 Stb zus häkeln] 3-mal, 1 Lm, 1 Stb in denselben Lm-Bg wie zuvor, 1 Stb in die letzte M, wenden.

Reihe 20: 1 st Stb in die 1. M, 1 Stb in den 1. Lm-Bg, [1 Lm, 2 Stb zus häkeln] 2-mal, 1 Lm, 1 Stb in denselben Lm-Bg wie zuvor, Abn am Ende häkeln, wenden.

Reihe 21: 1 st Stb in die 1. M, je 1 Stb in die nächsten 2 Lm-Bg, 2 Stb zus häkeln, 1 Lm, 1 Stb in denselben Lm-Bg wie zuvor, 1 Stb in die letzte M, wenden.

Reihe 22: 1 st Stb in die 1. M, 1 Stb in den nächsten Lm-Bg, 1 Lm, 1 Stb in denselben Lm-Bg wie zuvor, Abn am Ende häkeln, wenden.

Reihe 23: 1 st Stb in die 1. M, 1 Stb in den nächsten Lm-Bg, 1 Stb in die letzte M, wenden.

Reihe 24: 1 st Stb in die 1. M, 1 Stb in das nächste Stb, 1 Lm und die Lm langziehen, um die letzte M zu sichern. Das Garn nicht abschneiden.

Runde für die Umrandung (VS): 3 fM in die letzte M, 53 fM gleichmäßig entlang der Diagonale häkeln, 2 fM auf die Oberseite des Stb aus Reihe 2, 3 fM in die Ecke, 39 fM gleichmäßig entlang der Unterkante bis zur nächsten Ecke häkeln, 3 fM in die nächste Ecke, 47 fM gleichmäßig bis zum Rundenanfang häkeln, 1 Km in die 1. M. Das Garn befestigen.

Abschnitt 1b

Reihen 1–24: Häkeln Sie wie für Abschnitt 1a. ***Anmerkung:*** *Reihe 1 ist VS. Das Garn nicht befestigen.*

Runde für die Umrandung (VS): Die Arbeit wenden, 3 fM in die letzte M, 47 fM gleichmäßig entlang der linken Seite bis zur nächsten Ecke häkeln, 3 fM in die Ecke, 39 fM gleichmäßig entlang des unteren Randes bis zur nächsten Ecke, 3 fM in die Ecke, je 1 fM in die nächsten 3 M, 2 fM auf die Seite des Stb aus Reihe 2, 53 fM gleichmäßig entlang der Diagonalen bis zum Rundenanfang häkeln, die Rd mit 1 Km in die 1. M schließen. Das Garn befestigen.

Abschnitt 2

Reihe 1: Legen Sie Abschnitt 1a und Abschnitt 1b mit der VS nach oben auf, wie in der schematischen Darstellung gezeigt, suchen Sie die 2 fM oben auf der langen Diagonale von Abschnitt 1a. Beginnen Sie am Anfang der 53 fM, zählen Sie 28 M hinunter und markieren Sie diese M. Gehen Sie ebenso für Abschnitt 1b vor. Garn B mit 1 Km in die markierte M im Abschnitt 1b einhäkeln und den MM entfernen, 1 fM in dieselbe M und je 1 fM in die nächsten 27 M, dabei in der M direkt vor der Diagonalen aus 53 fM aus Abschnitt 1a beginnen, je 1 fM in die ersten 28 M, die letzte fM in die markierte M häkeln. Den MM entfernen und die Arbeit wenden.

Reihe 2: 1 st Stb in die 1. M, 1 Stb in jd M bis zu den letzten 2 M von Abschnitt 1a, 4 Stb zus häkeln (s. Glossar) über die nächsten 4 M, je 1 Stb in jd M bis zum Reihenende, wenden.

Reihe 3: 1 st Stb in die 1. M, (1 Lm, die nächste M ausl, 1 Stb in die nächste M) bis 3 M vor der Abn in der Mitte, 1 Lm, die nächste M ausl, 5 Stb zus häkeln (s. Glossar) über die nächsten 5 M, (1 Lm, die nächste M ausl, 1 Stb in die nächste M) bis zum Reihenende, wenden.

Reihe 4–6: 1 st Stb, je 1 Stb in jd M/Lm-Bg bis zum letzten Stb vor der Abn in der Mitte, 5 Stb zus häkeln über die nächsten 5 M, je 1 Stb in jd M und jd Lm-Bg bis zum Reihenende, wenden.

Reihe 7–14: Wiederholen Sie Reihe 3–6 (2-mal).

Reihe 15: 1 st Stb in die 1. M, 4 Stb zus häkeln über die nächsten 4 M. Das Garn befestigen.

Reihe für die Umrandung: Mit der VS nach oben die fM in Abschnitt 1b suchen, die direkt vor der 1. M in der 1. R von Abschnitt 2 liegt. Dies ist die 27. fM nach unten entlang der Diagonalen gezählt. Garn B mit 1 Km in diese M einhäkeln, 1 fM in die Seite der 1. fM von Reihe 1, 25 fM gleichmäßig entlang Abschnitt 2 häkeln bis zu den nächsten 4 zus gehäkelten Stb, 3 fM in die 4 zus gehäkelten Stb, die fM in der Mitte dieser Ecke mit 1 MM markieren, 26 fM gleichmäßig entlang der nächsten Seite, 1 Km in die nächste fM in Abschnitt 1a direkt nach der letzten M von der 1. R von Abschnitt 2. Das Garn befestigen.

Abschnitt 3a

Reihe 1: Mit der VS nach oben Garn C mit 1 Km in die 2. fM nach dem MM oben in der Mitte von Abschnitt 2 einhäkeln, 1 fM in dieselbe M, 25 fM gleichmäßig entlang der Seite von Abschnitt 2 häkeln, dann 26 fM gleichmäßig entlang der Seite von Abschnitt 1a häkeln und dabei bis 1 M vor der Zun der 2 fM oben an der langen Diagonale häkeln, dann wenden.

Reihe 2: 3 st Stb zus häkeln über die ersten 3 M (s. Glossar), je 1 Stb in die nächsten 8 M, die nächsten 2 M ausl, (1 Bm, 2 Lm, 1 Bm) in die nächste M, 1 Lm, die nächsten 2 M ausl, je 1 Stb in die nächsten 8 M, 4 Stb zus häkeln über die nächsten 4 M, je 1 Stb in die nächsten 8 M, die nächsten 2 M ausl, (1 Bm, 2 Lm, 1 Bm) in die nächste M, die nächsten 2 M ausl, je 1 Stb in die nächsten 8 M, 3 Stb zus häkeln über die letzten 3 M (s. Glossar), wenden.

Reihe 3: 3 st Stb zus häkeln über die ersten 3 M, je 1 Stb in jd Stb bis zur nächsten Bm, (1 Bm, 2 Lm, 1 Bm) in den nächsten Lm-Bg aus 2 Lm, 1 Lm, je 1 Stb in jd Stb bis 2 M vor der Abn in der Mitte, 5 Stb zus häkeln über die nächsten 5 M, je 1 Stb in jd Stb bis zur nächsten Bm, (1 Bm, 2 Lm, 1 Bm) in den nächsten Lm-Bg, 1 Lm, je 1 Stb in jd Stb bis zu den letzten 3 M, 3 Stb zus häkeln über die letzten 3 M, wenden.

Reihe 4–6: Reihe 3 wiederholen.

Reihe 7: Je 1 st Stb in die 1. M, (1 Bm, 2 Lm, 1 Bm) in jd der nächsten 2 Lm-Bg, wenden.

Reihe 8: 1 st Stb in die 1. M, je 1 fM in die nächsten 2 Lm-Bg aus 2 Lm, 1 Stb in die letzte M. Das Garn befestigen.

Reihe für die Umrandung: Mit der VS nach oben Garn C mit 1 Km in die fM aus Abschnitt 2 einhäkeln, die genau vor der 1. fM aus R 1 in Abschnitt 3 a liegt, 44 fM gleichmäßig entlang der Oberkante von Abschnitt 3a häkeln, 1 Km in die fM in Abschnitt 1a, die direkt hinter der letzten fM von R 1 in Abschnitt 3a liegt. Das Garn befestigen.

Abschnitt 3b

Reihe 1: Mit der VS nach oben Garn C mit 1 Km einhäkeln in die 26. fM auf der linken Seite von Abschnitt 1b über der Verbindung mit Abschnitt 2, 1 fM in dieselbe M, 25 fM entlang der Seite von Abschnitt 1b, 26 fM entlang der Seite von Abschnitt 2, wenden.

Gleich fertigstellen wie Abschnitt 3a.

Runde für die Umrandung: Mit der VS nach oben Garn E mit 1 Km in eine der Eckmaschen einhäkeln, * 3 fM in dieselbe M, fM gleichmäßig bis zur nächsten Ecke häkeln (dabei ein Vielfaches von 4 M häkeln); wdh ab * bis zum Ende der Rd, die Rd mit 1 Km in die 1. fM schließen. Das Garn befestigen.

Element 2

Arbeiten Sie wie für Element 1 und häkeln Sie dabei die Abschnitte 1a und 1b mit Garn D, Abschnitt 2 mit Garn E, die Abschnitte 3a und 3b mit Garn F und die Umrandung des Elements mit Garn E.

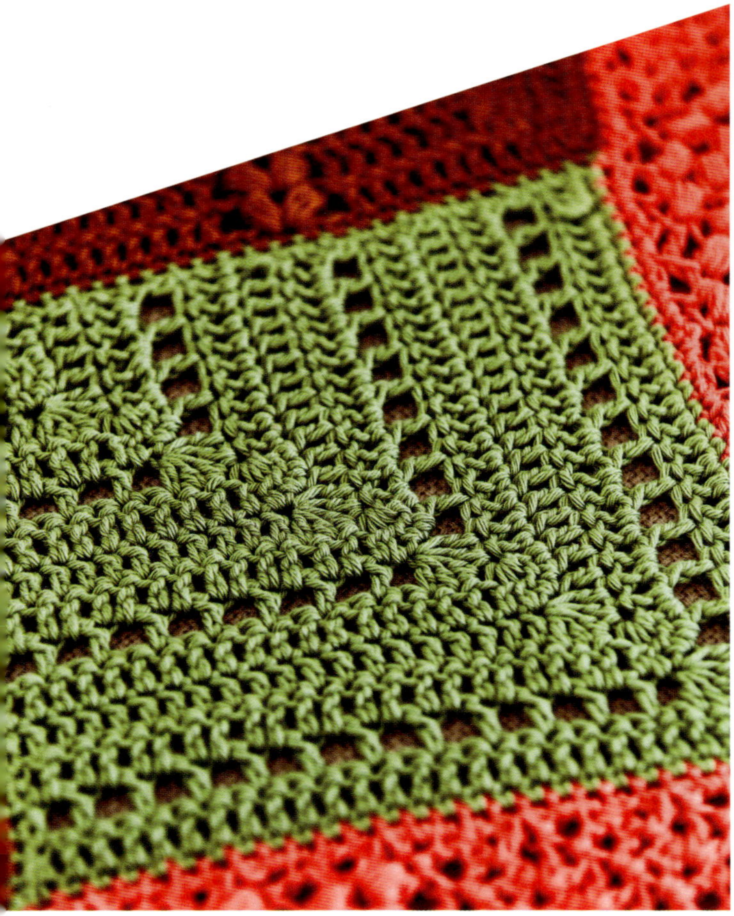

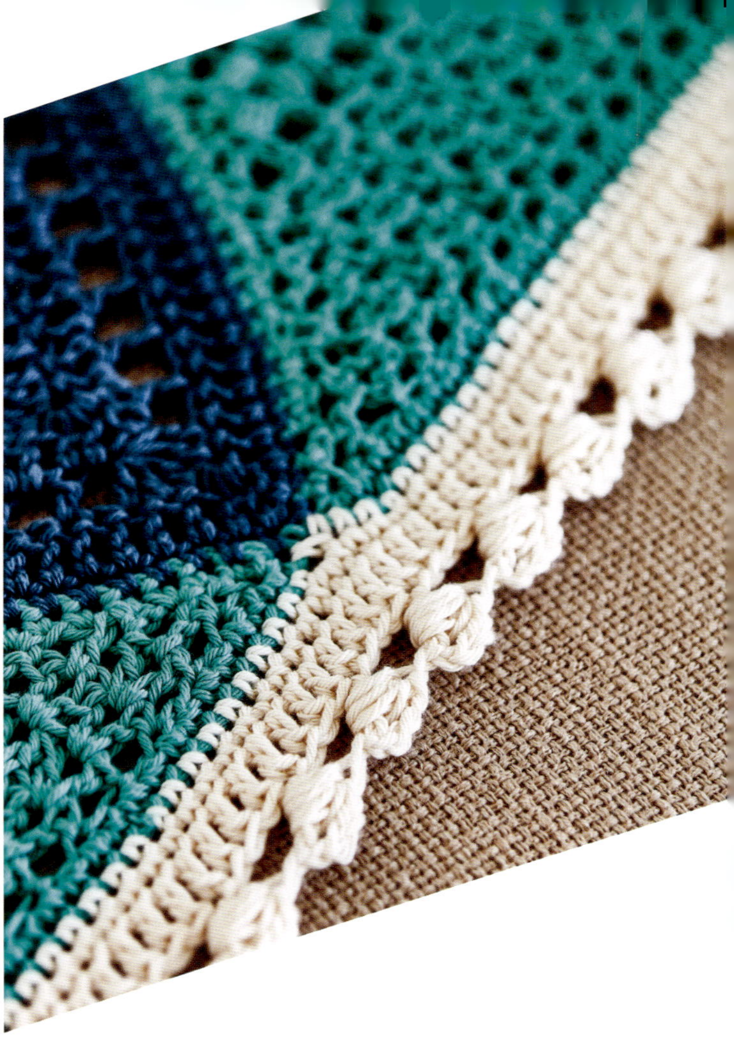

Element 3

Arbeiten Sie wie für Element 1, häkeln Sie die Abschnitte 1a und 1b mit Garn G, Abschnitt 2 mit Garn H, die Abschnitte 3a und 3b mit Garn I und die Umrandung des Elements mit Garn E.

Zusammenfügen der einzelnen Elemente

Legen Sie die Elemente wie in der schematischen Darstellung gezeigt auf. Legen Sie die ersten beiden Elemente mit den RS zusammen und häkeln Sie mit Garn E Km durch die hinteren Schlingen der beiden Elemente, um diese zu verbinden. Das Garn befestigen. Für die nächste Kante wiederholen.

Die Umrandung arbeiten

Runde 1: Mit der VS nach oben Garn E mit 1 Km in einer Ecke einhäkeln, * 3 fM in dieselbe M, fM gleichmäßig bis zur nächsten Ecke häkeln (ein Vielfaches von 4 M häkeln); wdh ab * rundherum, die Rd mit 1 Km in die 1. fM beenden. Das Garn befestigen.

Anmerkung: *Achten Sie darauf, dass die einander gegenüberliegenden Seiten dieselbe Maschenanzahl aufweisen.*

Runde 2: 1 Km in die fM in der Ecke, (1 st Stb, 2 Lm, 2 Stb) in die Eckmasche, * je 1 Stb in jd M bis zur nächsten Ecke **, (2 Stb, 2 Lm, 2 Stb) in die nächste Eckmasche; wdh ab * rundherum, dabei die letzte Wdh mit ** beenden, 1 Stb in die 1. Ecke zum Fertigstellen, die Rd mit 1 Km auf das st Stb beenden.

Runde 3: 1 Km in den nächsten Lm-Bg in der Ecke, (1 st Stb, 3 Lm, 1 fM in das vorige Stb für Picot, 2 Stb) in die Eckmasche, * die nächste M ausl, (1 Stb, 3 Lm, 1 Bm um das vorige Stb, 3 M ausl) bis 2 M vor der Ecke häkeln **, (2 Stb, 3 Lm, 1 Km in das letzte Stb für Picot, 2 Stb) in die M in der Ecke; wdh ab * rundherum, dabei die letzte Wdh bei ** beenden, 1 Stb in die 1. Ecke zum Fertigstellen, die Rd mit 1 Km in das st Stb beenden. Das Garn befestigen.

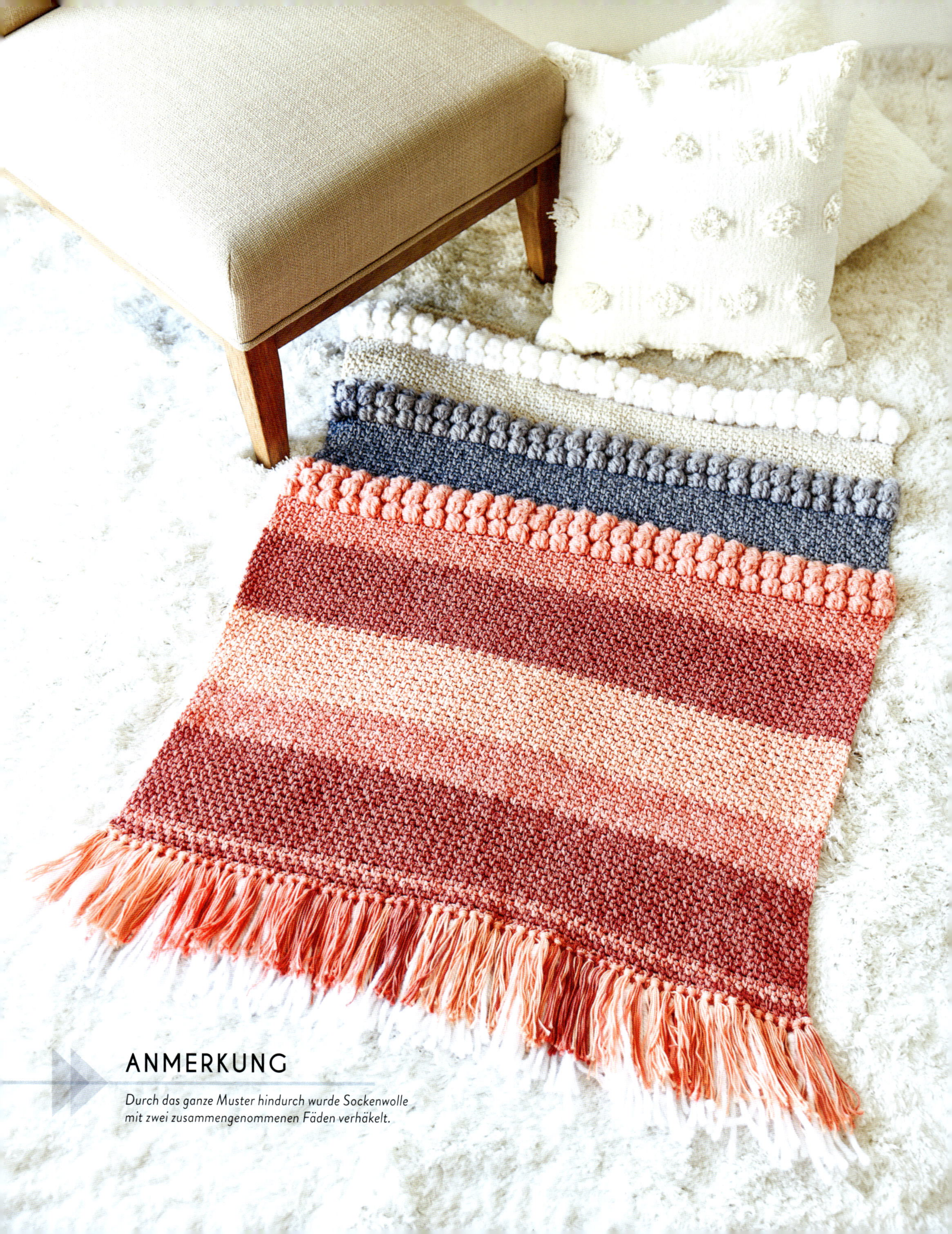

ANMERKUNG

Durch das ganze Muster hindurch wurde Sockenwolle mit zwei zusammengenommenen Fäden verhäkelt.

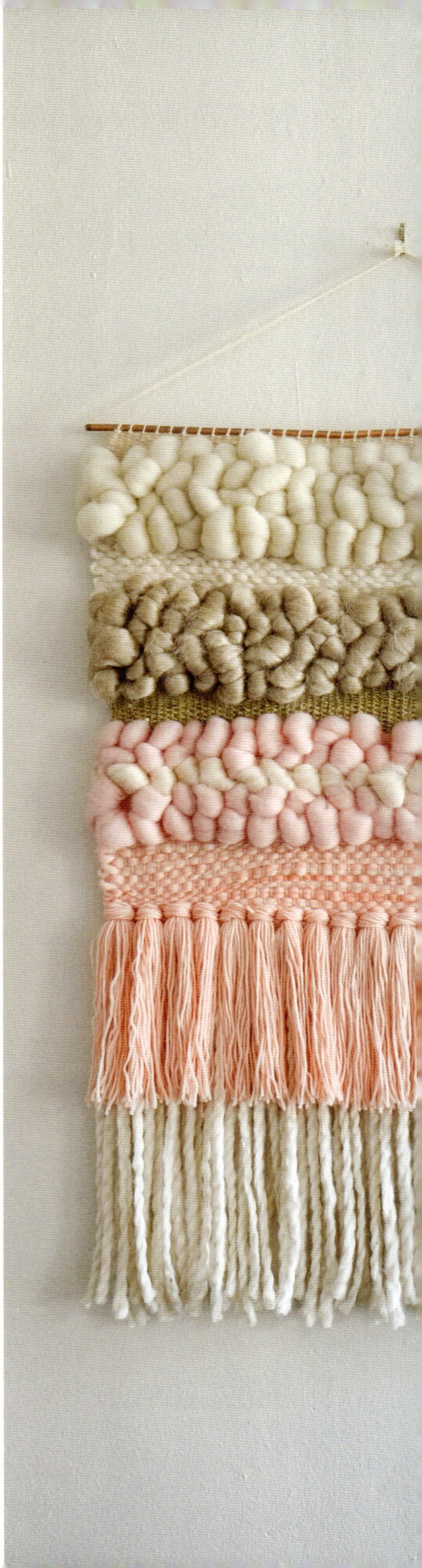

Gebirgskamm

Die Kombination aus einfach gewebten Maschen mit variierenden Noppenstrukturen und Fransen macht diese Decke zu einer perfekten Schmusedecke. Die Farben, Fransen und Strukturen greifen *Blush Gold* von Maryanne Moodie auf und spiegeln in dieser Decke Moodies unverkennbaren Webstil wider.

GRÖSSE BEI FERTIGSTELLUNG

81 × 91,5 cm – exklusive 15 cm Fransen an der Unterkante

GARN

Feines Garn (Sockenwolle).

Hier gezeigt: Scheepjes Catona Denim (100 % Baumwolle; 125 m/50 g): #130 (A), 4 Knäuel; #131 (B), 4 Knäuel; #124 (C), 2 Knäuel; #192 (D), 2 Knäuel; #102 (E), 2 Knäuel.

Dickes Garn #5

Hier gezeigt: Scheepjes Roma Big (100 % Acryl; 132 m/220 g): #56 (F), 1 Knäuel; #2 (G), 1 Knäuel; #1 (H), 2 Knäuel.

HÄKELNADELN

5 mm

5,5 mm

9 mm

Falls notwendig, passen Sie die Nadelstärke an, um die gleiche Maschenprobe zu erhalten.

WEITERE MATERIALIEN

Sticknadel

MASCHENPROBE

15 M und 14 Reihen = 10 cm im Perlmuster mit Nadelstärke 5 mm mit 2 Garnsträngen des feinen Garns.

MASCHENKUNDE

Mit Km verbinden
Die Einzelteile VS an VS aufeinanderlegen und somit auf der RS des Werkstücks die hinteren Maschenglieder mit Km verbinden.

Noppe
(U, in den angegebenen Lm-Bg stechen, U, Schlinge hochziehen, U, das Garn durch 2 Schlingen auf der Nadel ziehen) 4-mal, U, das Garn durch alle 5 Schlingen auf der Nadel ziehen.

Reihe 1 (VS): Mit 2 zusammengenommenen Strängen von Garn A und der 5 mm-Nadel 119 Lm häkeln, 1 fM in die 3. Lm von der Nadel (diese Wm zählt als 1 fM), je 1 fM in jd Lm bis zum Ende der Reihe, wenden – *118 fM.*

Reihe 2: * 1 Lm, die nächste fM ausl, 1 fM in die nächste fM; wdh ab * bis zum Ende der Reihe, wenden.

Reihe 3: * 1 Lm, 1 fM in den nächsten Lm-Bg; wdh ab * bis zum Ende der Reihe, wenden.

Für das **Perlmuster** Reihe 3 wdh.

Reihe 4: Im Perlmuster bis zur letzten M häkeln und zu Garn B wechseln, indem Sie Garn B durch den letzten U der fM ziehen und wenden. Garn A an der RS fallenlassen, sodass es später wieder aufgenommen werden kann. Das Garn nicht unter der Arbeit mitführen. Für das restliche Stück des Musters mit feinem Garn zu den größeren Nadeln (5,5 mm) wechseln.

Reihe 5 und 6: Im Perlmuster weiterhäkeln. Garn B fallenlassen und Garn A aufnehmen.

Reihe 7 und 8: Mit Garn A im Perlmuster häkeln. Garn A befestigen und Garn B aufnehmen. Häkeln Sie über 17 Reihen im Perlmuster mit Garn B, 11 Reihen mit Garn A, 17 Reihen mit Garn C, 17 Reihen mit Garn B und 10 Reihen mit A.

Reihe 81: Mit der VS nach oben und der größten Nadel (9 mm) Garn F mit 1 Km in den 1. Lm-Bg der letzten Reihe einhäkeln, 1 fM in denselben Lm-Bg, * 1 Noppe (s. Maschenkunde) in den nächsten Lm-Bg, 1 fM in den nächsten Lm-Bg; wdh ab * bis zum Reihenende, wenden – *29 Noppen.*

Reihe 82: Je 1 fM in die ersten 2 M, * 1 Noppe in die nächste M, 1 fM in die nächste M; wdh ab * bis zur letzten M, 1 fM in die letzte M, wenden.

Reihe 83: 1 fM in die 1. M, 1 Lm, * 1 Noppe in die nächste M, 1 fM in die nächste M; wdh ab * bis zu den letzten 2 M, 1 Noppe in die nächste M, 1 Stb in die letzte M, wenden. Das Garn befestigen.

Reihe 84: Mit der VS nach oben und der mittleren Nadel (5,5 mm) Garn D mit 1 Km in die 1. M der Reihe einhäkeln, * 1 Lm, 1 fM in den nächsten Lm-Bg; wdh ab * bis zum Ende der Reihe, wenden.

Reihe 85–98: Mit Garn D 14 Reihen im Perlmuster häkeln. Das Garn befestigen.

Reihe 99–101: Mit Garn G und der größten Nadel (9 mm) Reihe 81–83 wdh.

Reihe 102–117: Mit Garn E und der mittleren Nadel (5,5 mm) Reihe 84–98 wdh.

Reihe 118–120: Mit Garn H und der größten Nadel (9 mm) Reihe 81–83 wdh.

Reihe 121 und 122: Mit Garn E und der mittleren Nadel (5,5 mm) Reihe 84 und 85 wdh.

Reihe 123: Zur kleinsten Nadel (5 mm) wechseln und je 1 fM in jd M und jd Lm-Bg bis zum Ende der Reihe, wenden.

Reihe 124: Im Krebsstich (s. Glossar) von links nach rechts in jd M bis zum Ende der Reihe häkeln. Das Garn befestigen.

Anbringen der Fransen an der Unterkante

Fransen aus dickem Garn – angebracht in Reihe 2

80 Fäden von Garn H auf die Länge von 30,5 cm zuschneiden. Nehmen Sie zwei zugeschnittene Fäden und legen Sie sie in der Mitte zusammen. Mit der VS nach oben die große Nadel (9 mm) von hinten nach vorne in den 1. Lm-Bg von Reihe 2 einstechen und die Mitte der zusammengelegten Franse durchziehen, sodass eine Schlinge auf der RS der Arbeit entsteht. Achten Sie darauf, dass die Enden der Fransen gleich lang sind, nehmen Sie Ihre Finger zu Hilfe, um die Schlinge zu sich zu ziehen, und verwenden Sie die große Nadel oder Ihre Finger, um die Enden der Fransen durch die Schlinge hinunterzuziehen. Den Knoten vorsichtig festziehen, um die Franse zu befestigen.
Arbeiten Sie für jede Franse mit 2 Garnstücken und bringen Sie die nächste Franse im nächsten Lm-Bg von Reihe 2 an. * 1 Lm-Bg ausl und Fransen an jd der nächsten 2 Lm-Bg anbringen; wdh ab * bis zum Ende der Reihe, bis alle 80 Fäden für die 40 Lm-Bg aufgebraucht sind.

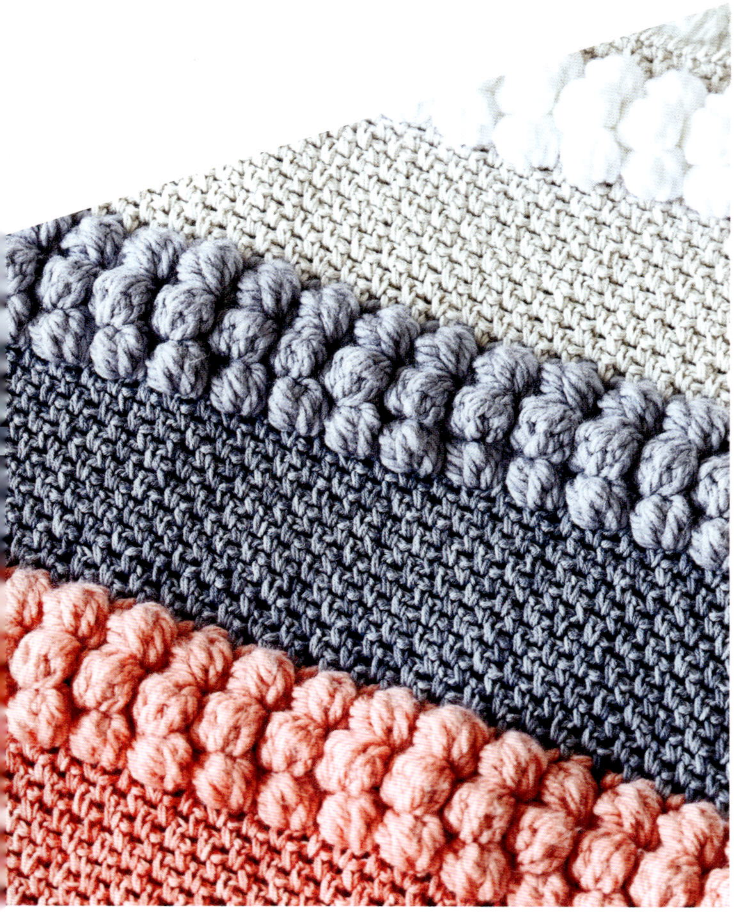

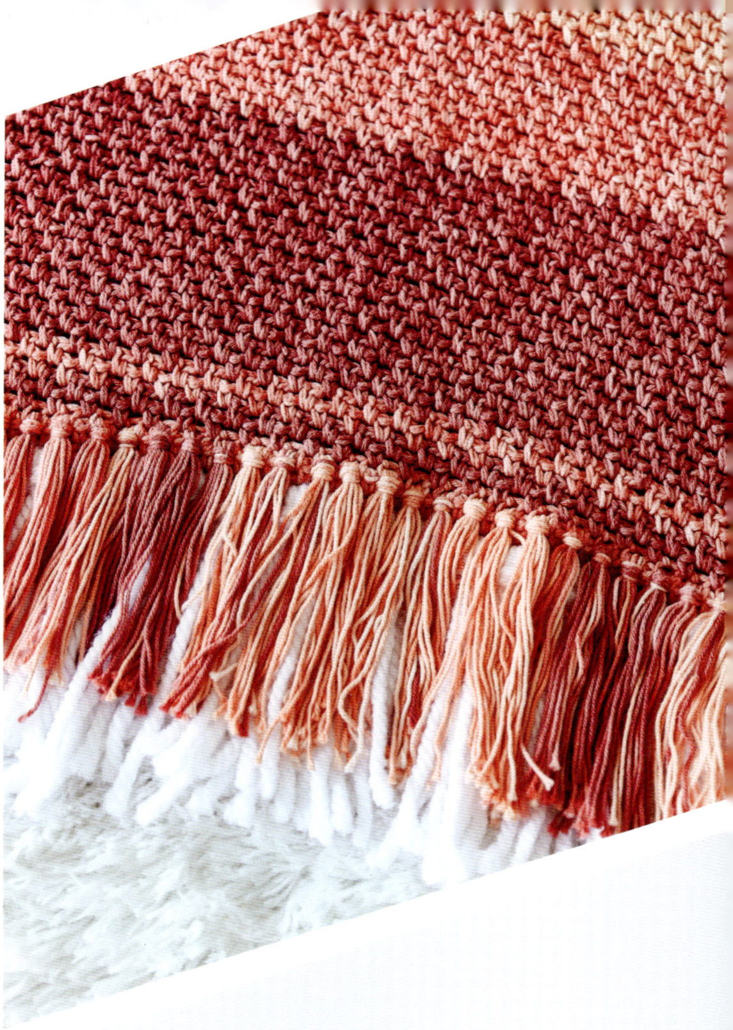

Fransen aus feinem Garn – angebracht in Reihe 4

Schneiden Sie aus dem übriggebliebenen Garn in den Farben A, B und C 236 Fäden in der Länge von 30,5 cm zu. Nehmen Sie 4 Stück von jeder Farbe heraus und legen Sie sie in der Mitte zusammen. Mit der VS nach oben stechen Sie mit der mittleren Nadel (5,5 mm) **von vorne nach hinten** durch den 1. Lm-Bg in Reihe 3 und **von hinten nach vorne** in die 1. fM in Reihe 4. Die Nadel steckt nun in der Arbeit und sticht dabei in Reihe 3 in die Arbeit hinein, um in Reihe 4 wieder herauszukommen. Verwenden Sie die Nadel, um die Fransen zu einer Schlinge zu ziehen, die dem Weg der Nadel folgt, sodass die Schlinge oben auf der VS des Werkstücks endet. Ziehen Sie die Enden der Fransen mit Hilfe der Nadel unten durch die Schlinge und ziehen Sie sie zum Fertigstellen vorsichtig fest. Achten Sie dabei darauf, dass die Enden gleich lang sind. Diesen Vorgang in allen fM von Reihe 4 wdh, sodass über die gesamte Reihe 59 Fransen aufgeteilt sind. Falls notwendig, die Enden beider Fransenschichten zuschneiden, um das Werkstück fertigzustellen.

ANMERKUNG

Diese Decke wurde aus zwei Corner-to-Corner-Elementen (C2C-Technik) und drei Noppenelementen konstruiert. Die Elemente wurden mit dem Überwendlingsstich zusammengenäht, bevor eine einfache Borte hinzugefügt wurde.

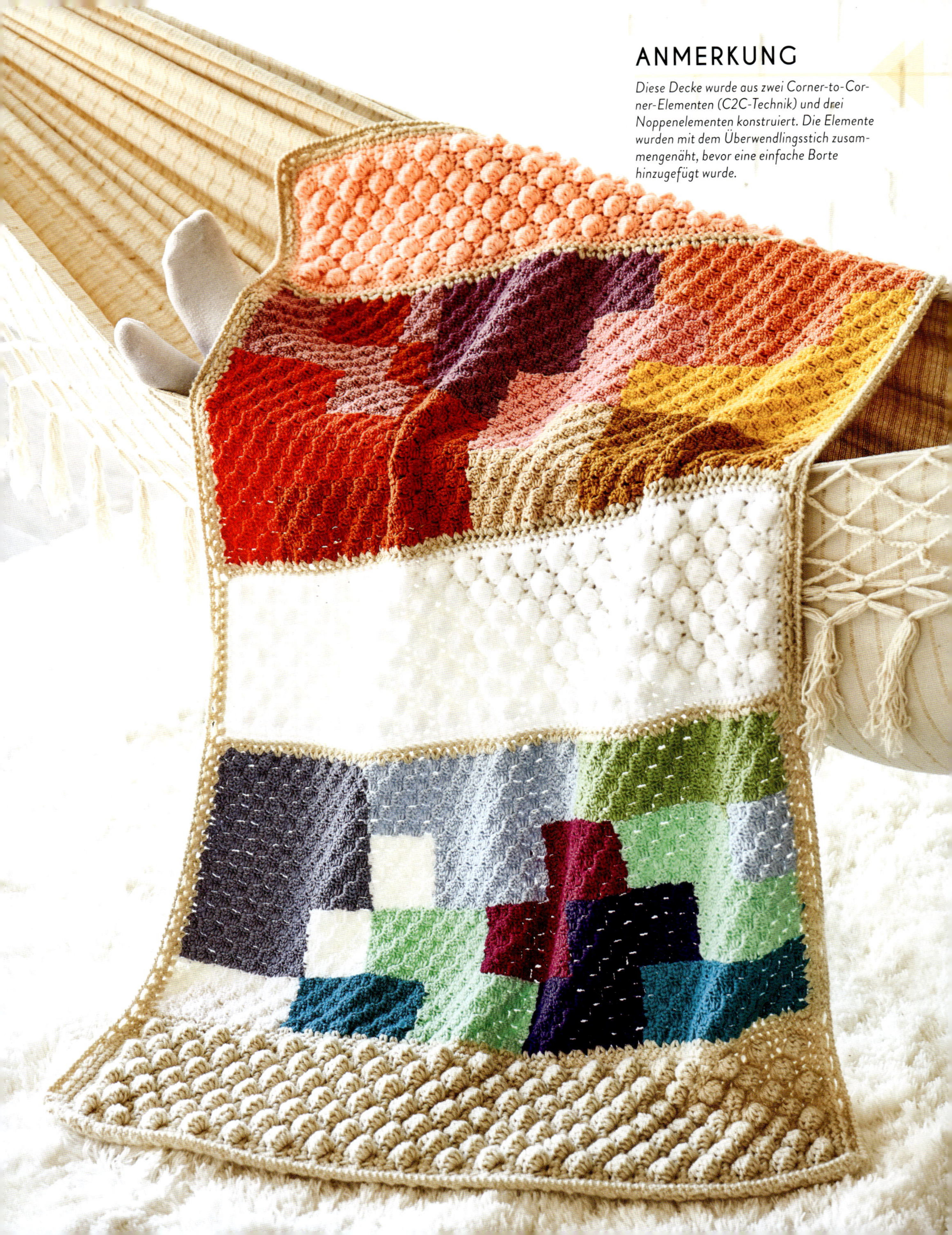

SONNE *und Himmel*

Meine Inspiration für diese besondere Decke habe ich aus Maryanne Moodies Wandbehang *Texture* gezogen. Die Farbblöcke erinnern an die Harmonie der rotgoldenen Farben des Sonnenuntergangs, die mit den kühlen Blautönen des Himmels untertags spielen. Diese Decke beinhaltet Elemente, die in der Corner-to-Corner-Technik gehäkelt werden, und fluffige Noppen als Akzente – langweilige Häkelmomente brauchen Sie hier nicht zu befürchten!

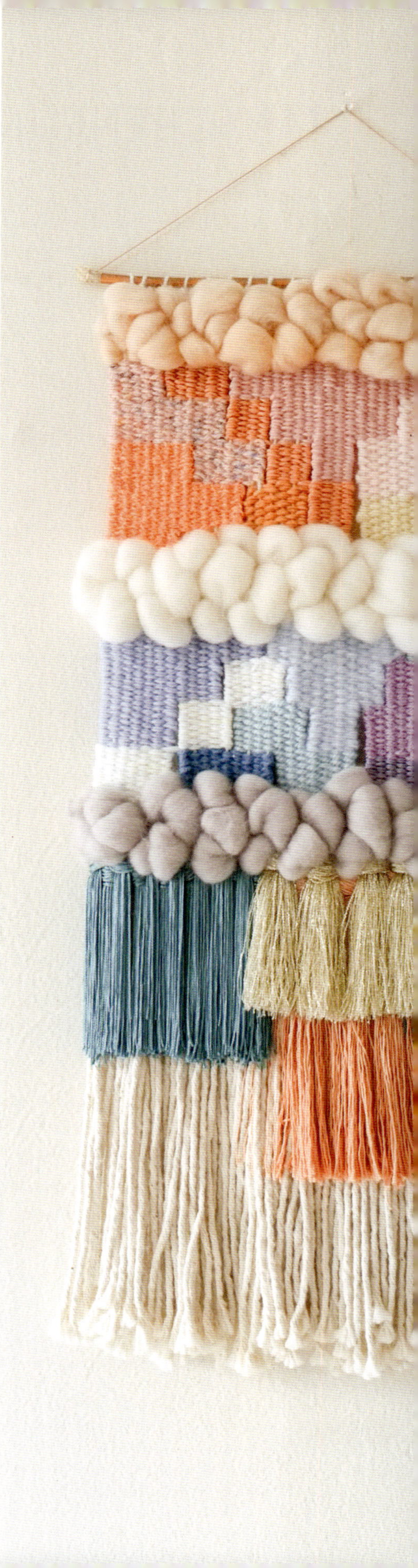

GRÖSSE BEI FERTIGSTELLUNG

84 × 132 cm

GARN

DK-Garn (leichtes Kammgarn)

Hier gezeigt: Scheepjes Merino Soft (50 % Superwash-Merinowolle, 25 % Mikrofaser, 25 % Acryl; 105 m/50 g): Je 1 Knäuel in den folgenden Farben, außer es wird anderes angegeben: #645 Van Eyck (A); #608 Dali (B), 2 Knäuel; #634 Copley (C); #606 Da Vinci (D); #639 Monet (E); #632 Degas (F); #641 Van Gogh (G); #644 Dürer (H); #642 Caravaggio (I); #600 Malevich (J); #612 Vermeer (K); #617 Cézanne (L); #628 Botticelli (M); #610 Turner (N); #636 Carney (O); #638 Hockney (P); #625 Kandinsky (Q).

Scheepjes Colour Crafter (100 % Premiumacryl; 300m/100 g): #2010 Hasselt (R), 2 Knäuel; #1026 Lelystad (S), 2 Knäuel; #1001 Weert (T), 2 Knäuel.

HÄKELNADELN

4,25 mm

10 mm

Falls notwendig, passen Sie die Nadelstärke an, um die gleiche Maschenprobe zu erhalten.

WEITERE MATERIALIEN

Sticknadel

MASCHENPROBE

6 Blöcke = 10 cm im Corner-to-Corner-Muster (C2C) mit der kleineren Nadel.

MASCHENKUNDE

Noppe
(U, Nadel in die angegebene M stechen, U, Schlinge hochziehen, U, das Garn durch 2 Schlingen auf der Nadel ziehen) 4-mal, U, das Garn durch alle 5 Schlingen auf der Nadel ziehen.

1. Corner-to-Corner-Element (C2C 1)

Reihe 1 (RS): In der unteren linken Ecke des Häkelmusters beginnen und mit Garn A und der kleineren Nadel 6 Lm, 1 Stb in die 4. Lm von der Nadel, je 1 Stb in die nächsten 2 Lm, wenden – *1 Block.*

***Anmerkung:** Auf diese Weise beginnen Sie mit der **Corner-to-Corner-Methode**, um eine Decke zu gestalten. Ziehen Sie das Diagramm zur Erklärung zu Rate. Der „3-Stb-Block" wird hier durch das kleine Quadrat in der linken unteren Ecke dargestellt. In Reihe 2 beginnen wir damit, uns in diagonalen Reihen zu bewegen, um das Element zu häkeln, und Farben zu wechseln, wenn dies das Muster vorgibt.*

Reihe 2: 6 Lm, 1 Stb in die 4. Lm von der Nadel und in die nächsten 2 Lm, 1 Km zw Wm und 1. Stb aus Reihe 1, 3 Lm, 3 Stb über die Wm aus Reihe 1, wenden – *2 Blöcke.*

Reihe 3: 6 Lm, 1 Stb in die 4. Lm von der Nadel und in jd der nächsten 2 Lm, 1 Km zw die nächste Wm und 1. Stb in Reihe 2 (s. Diagramm für Stelle), 3 Lm, 3 Stb über die nächsten Wm aus Reihe 2, Km wie zuvor, 3 Lm, 3 Stb über Wm, wenden – *3 Blöcke.*

Reihe 4 und 5: Auf diese Weise fortfahren und dem Häkel- und Farbdiagramm folgen – *5 Blöcke am Ende von Reihe 5.*

Reihe 6: ***Anmerkung:** Das 1. Quadrat im Muster hat eine neue Farbe. Garn A fallenlassen und das fallengelassene Garn auf der RS der Decke behalten – das Garn nicht abschneiden.* Garn B mit 1 Km in das letzte Stb von Reihe 5 einhäkeln, 6 Lm, 1 Stb in die 4. Lm von der Nadel und in jd der nächsten 2 Lm, 1 Km wie zuvor, aber Garn A in der Km holen, da es als nächstes verwendet wird, und Garn B fallenlassen, mit Garn A 3 Lm, 3 Stb über die Wm und die Reihe im Muster weiterhäkeln – 5 Blöcke mit A; 1 Block mit B.

Reihe 7: Über weitere 5 Blöcke hinweg im Muster arbeiten, bis ein Farbwechsel ansteht. Dann Garn A fallenlassen, Garn B aufnehmen und die letzten 2 Blöcke häkeln, wenden – *5 Blöcke mit A; 2 Blöcke mit B.*

Reihen 8–19: Fahren Sie auf diese Weise fort, wechseln Sie die Farben, wie benötigt, und halten Sie das mitgeführte Garn auf der Rückseite der Arbeit. Außerdem müssen Sie Garn C am Beginn von Reihe 16 einhäkeln – *19 Blöcke in 3 Farben am Ende von Reihe 19.*

Reihe 20: Im Muster weiterhäkeln. Arbeiten Sie mit beiden Enden des Knäuels von Garn C, um die Farben des Diagramms zu erhalten – *20 Blöcke.*

Reihen 21–25: Häkeln Sie im Muster weiter und wechseln Sie die Farben, wenn angegeben – *25 Blöcke am Ende von Reihe 25.*

Reihe 26: Im Muster häkeln bis zum letzten Lm-Bg aus 3 Lm, 1 Km zw Stb und Wm wie üblich, jedoch keinen Block auf den letzten Block von R 25 häkeln, je 1 Km in die nächsten 3 Stb, 1 Km unter den nächsten Lm-Bg aus 3 M, um die nächste Reihe zu beginnen.

Reihen 27–54: Im Muster häkeln, 3 Km in die 3 Stb an der Oberseite des Elements und 6 Lm, wie im Diagramm gezeigt, an der Unterseite der Decke häkeln.

Reihen 55–79: Im Muster arbeiten, 3 Km in die 3 Stb an beiden Seiten der Reihe, wie im Diagramm gezeigt, bis die Ecke vollständig abgenommen ist.

2. Corner-to-Corner-Element (C2C 2)

Reihen 1–19: Häkeln Sie wie für das 1. C2C-Elements, folgen Sie dabei aber dem Diagramm von C2C 2.

Reihe 20: Wie Reihe 26 des 1. C2C-Elements häkeln.

Reihen 21–55: Wie Reihe 27–55 des 1. C2C-Elements häkeln, dabei nur an der Oberkante abnehmen.

Reihen 56–74: Wie Reihe 56–79 des 1. C2C-Elements häkeln, dabei an beiden Rändern abnehmen. Das Garn befestigen.

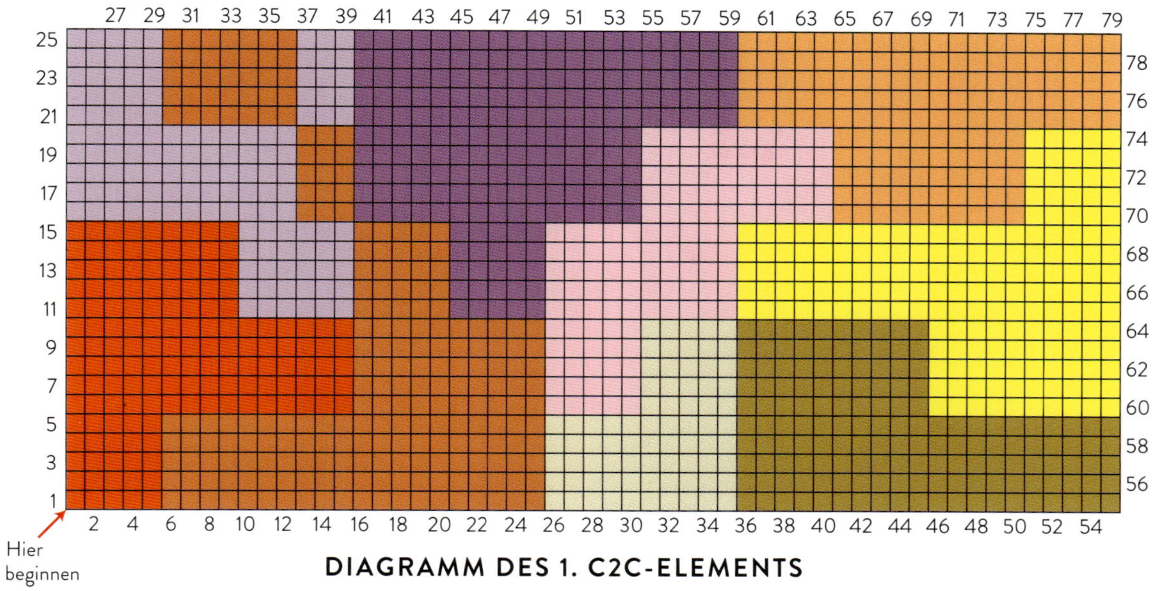

DIAGRAMM DES 1. C2C-ELEMENTS

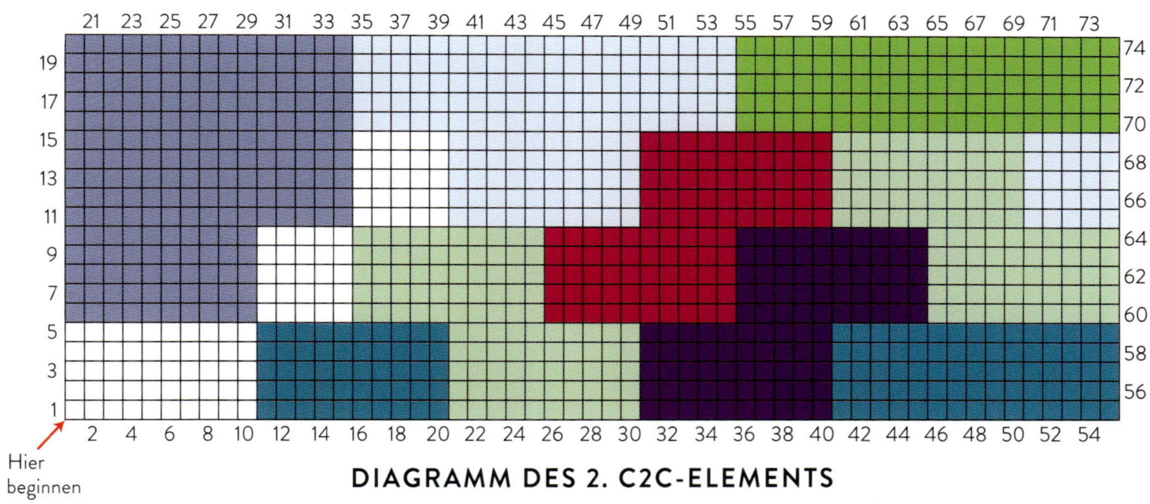

DIAGRAMM DES 2. C2C-ELEMENTS

FARBAUFSCHLÜSSELUNG

= 645 A	= 644 H	= 636 O
= 608 B	= 642 I	= 638 P
= 634 C	= 600 J	= 625 Q
= 606 D	= 612 K	= 2011 R
= 639 E	= 617 L	= 1026 S
= 632 F	= 628 M	= 1001 T
= 641 G	= 614 N	

Noppenelemente

Anmerkung: *Je 1 Element in den Farben R, S und T häkeln.*

Reihe 1 (VS): Mit doppelt genommenem Garn und der größeren Nadel 16 Lm, 1 fM in die 2. Lm von der Nadel (Wm zählt nicht als M), je 1 fM in jd Lm bis zum Ende der Reihe, wenden – *15 fM.*

Reihe 2: 1 fM in die 1. M, [1 Noppe (s. Maschenkunde) in die nächste M, je 1 fM in die nächsten 3 M] 3-mal, 1 Noppe in die nächste M, 1 fM in die letzte M, wenden – *4 Noppen.*

Anmerkung: *Die Noppen werden auf der RS gehäkelt und dann auf die VS durchgedrückt.*

Reihe 3: Je 1 fM in jd M bis zum Ende der Reihe, wenden.

Reihe 4: Je 1 fM in die ersten 3 M, (1 Noppe in die nächste M, je 1 fM in die nächsten 3 M) bis zum Ende der Reihe, wenden – *3 Noppen.*

Reihe 5: Je 1 fM in jd M bis zum Ende der Reihe, wenden.

Reihen 6–75: Reihe 2–4 wdh und mit Reihe 3 des Musters enden.

Umrandungen der Elemente

1. C2C-Element: Mit 2 zusammengenommenen Fäden von Garn R und der größeren Nadel 1 Km in die Ecke vor einer langen Seite häkeln, * 3 fM in die Ecke, 73 fM gleichmäßig bis zum Ende der langen Seite des Elements, dabei ca. 3 fM pro 4 Blöcke aus 3 Stb, 3 fM in die Ecke, 18 fM gleichmäßig bis zum Ende der kurzen Seite; 1-mal wdh ab *, 1 Km in die 1. fM. Das Garn befestigen.

2. C2C-Element: Mit 2 zusammengenommenen Fäden von Garn R und der größeren Nadel 1 Km in die Ecke vor einer langen Seite häkeln, * 3 fM in die Ecke, 73 fM gleichmäßig bis zum Ende der langen Seite des Elements, dabei ca. 3 fM pro 4 Blöcke aus 3 Stb, 3 fM in die Ecke, 14 fM gleichmäßig bis zum Ende der kurzen Seite; 1-mal wdh ab *, 1 Km in die 1. fM. Das Garn befestigen.

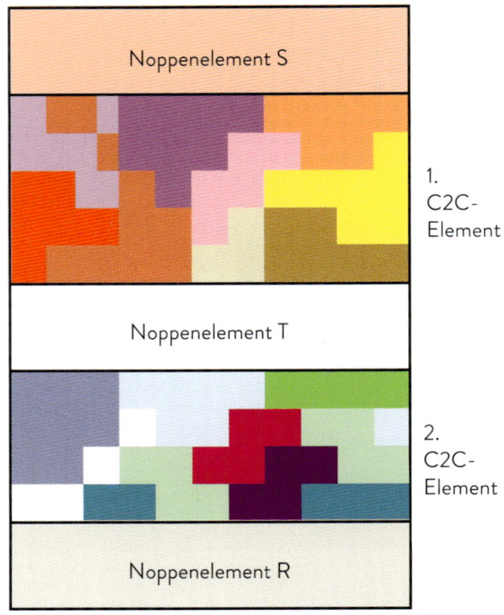

SCHEMATISCHE DARSTELLUNG

LEGENDE DER MASCHEN

- = Luftmasche (Lm)
- = Kettmasche (Km)
- = Stäbchen (Stb)
- = Gruppe aus 3 Stb/ 1 Quadrat im Muster

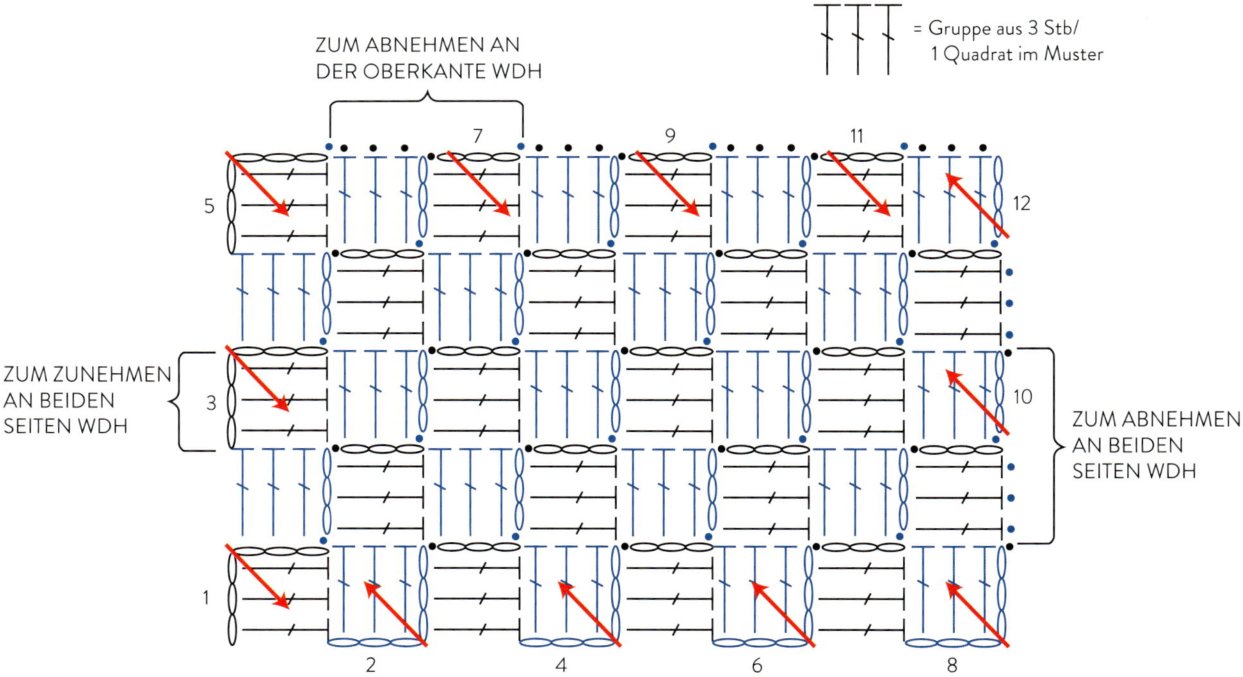

REDUZIERTE DARSTELLUNG: CORNER-TO-CORNER-ELEMENT

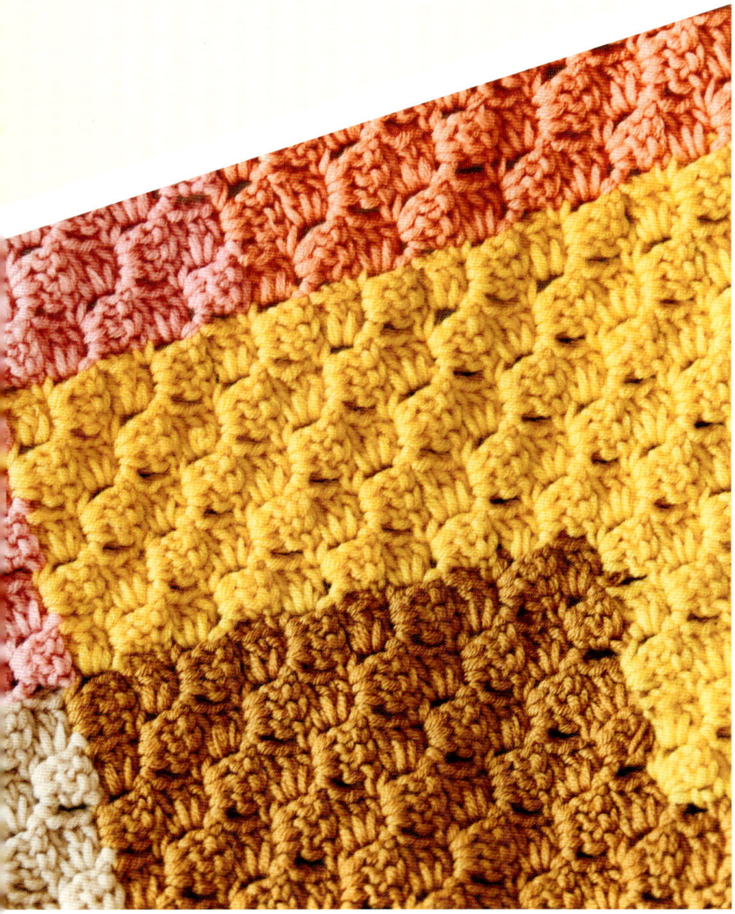

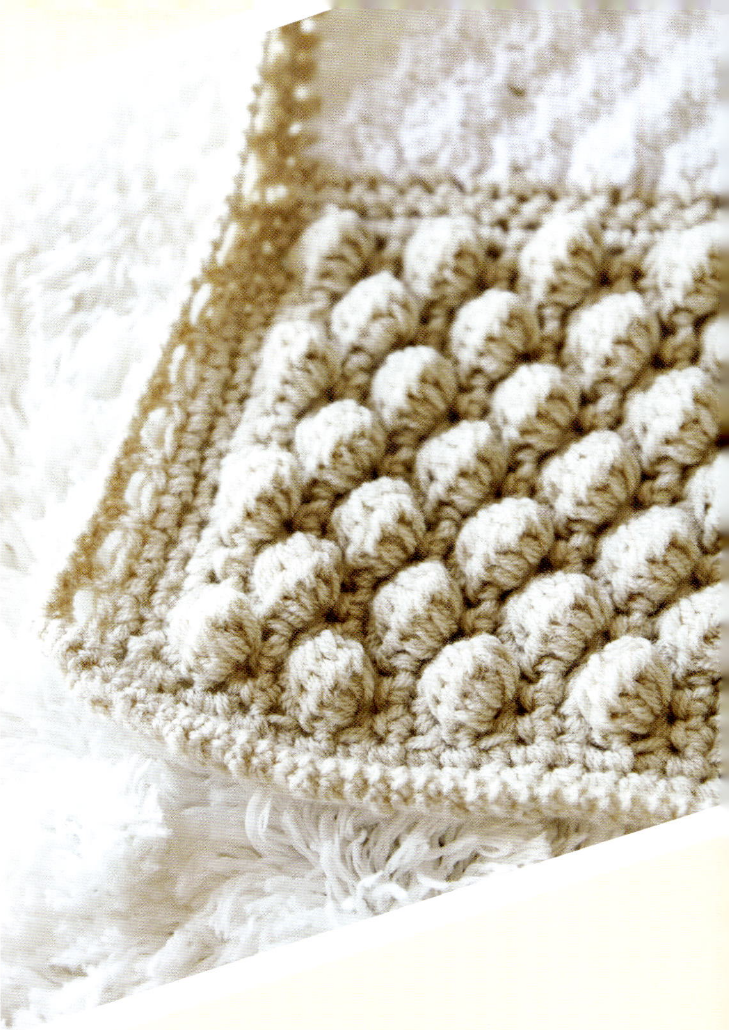

Die Elemente zusammenfügen

Legen Sie die Elemente, wie in der schematischen Darstellung gezeigt, auf. Schneiden Sie ein Stück von Garn R (doppelt genommen) so ab, dass es ein bisschen länger als die doppelte Länge der Elemente ist. Halten Sie die beiden oberen Elemente RS an RS aneinander und häkeln Sie entlang der M Km durch die mittlere fM der rechten Kante an beiden Elementen, sodass Sie durch beide Schlingen der M stechen. Die Elemente im Überwendlingsstich mit einer Sticknadel zusammennähen. Am Ende des Elements das Garn befestigen.Noch 3-mal wdh, bis alle 5 Elemente miteinander verbunden sind.

Borte

Runde 1: Mit 2 zusammengenommenen Strängen von Garn R und der größeren Nadel 1 Km in eine Ecke, * 3 fM in die M in der Ecke, je 1 fM in jd M bis zur nächsten Ecke (eine gerade Maschenanzahl häkeln); wdh ab * rundherum, 1 Km in die 1. fM. Das Garn befestigen.

Anmerkung: *Vergewissern Sie sich, dass die einander gegenüberliegenden Seiten dieselbe Anzahl an fM aufweisen.*

Runde 2: Mit der VS nach oben und mit der kleineren Nadel, 1 Strang von Garn R mit 1 Km in einer M in der Ecke einhäkeln, * (1 fM, 3 Lm, 1 fM) in die M in der Ecke, (2 Lm, die nächste M ausl, 1 fM in die nächste M) bis zu den letzten 2 M vor der M in der Ecke, 3 Lm; wdh ab * rundherum, die Runde mit 1 Km in die 1. fM schließen.

Runde 3: 1 Km in den Lm-Bg in der Ecke, * 3 fM in den Lm-Bg in der Ecke, (1 fM in die nächste fM, 2 fM in den nächsten Lm-Bg) bis zur nächsten Ecke, 1 fM in die letzte fM vor der M in der Ecke; wdh ab * rundherum, die Rd mit 1 Km in die 1. fM schließen.

Runde 4: Von links nach rechts im Krebsstich (s. Glossar) in jd M rundherum häkeln, die Rd mit 1 Km in den 1. Krebsstich beenden.

Anmerkung: *Keine zusätzlichen M in die Ecken häkeln, um eine saubere abgerundete Ecke zu erhalten.*

Das Garn befestigen.

KAPITEL 2

Digitale Kunst

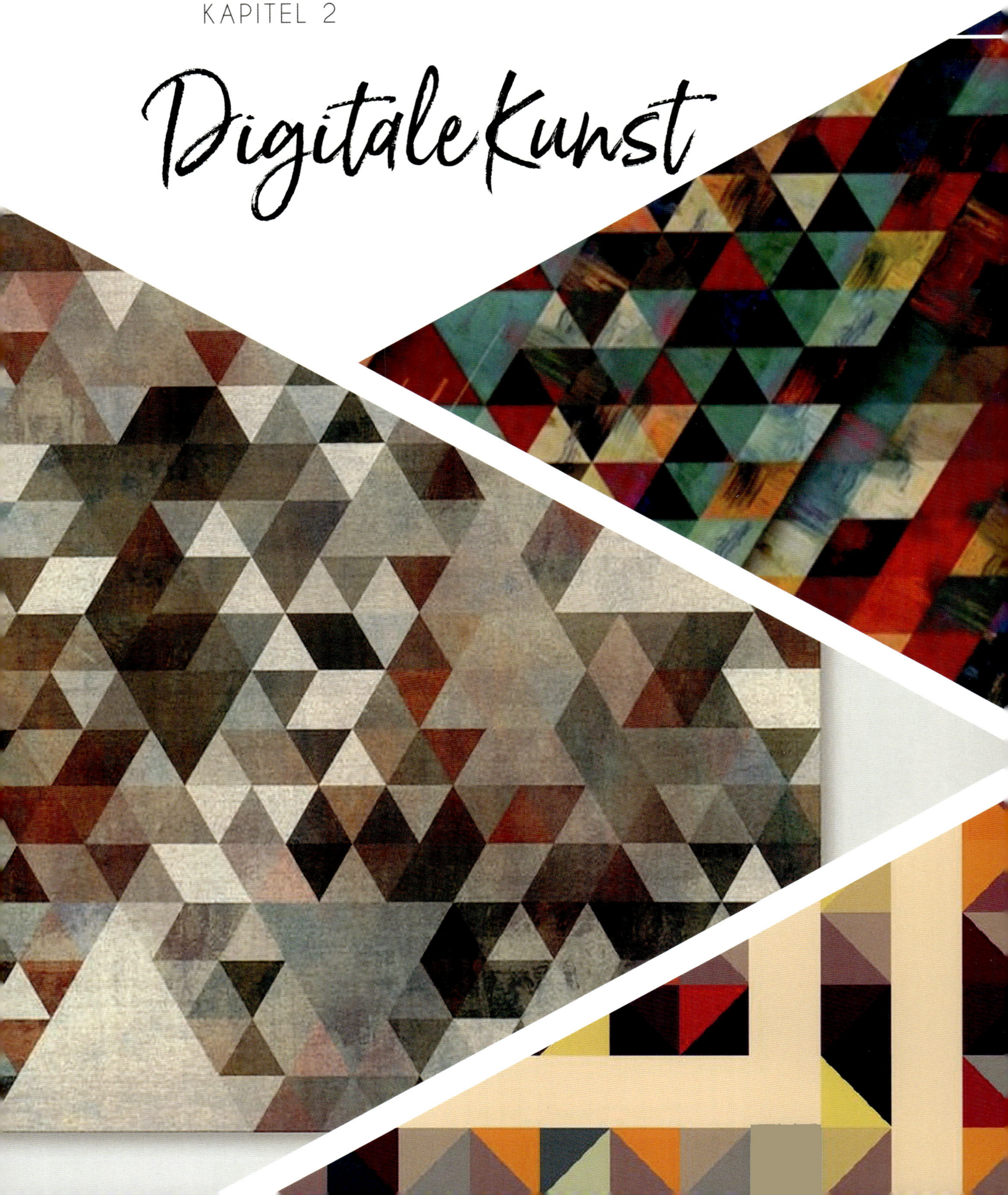

FRANCISCO VALLE

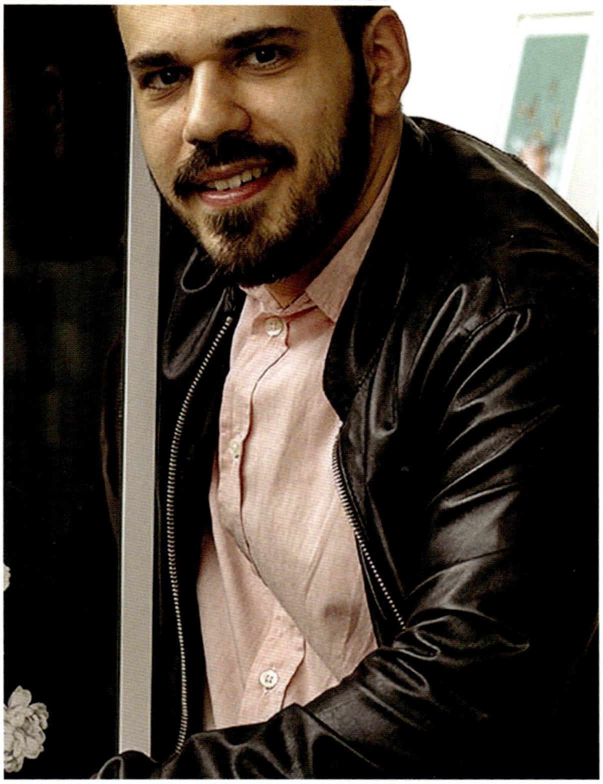

DER KÜNSTLER

Francisco Valle ist brasilianischer Digitalkünstler mit Sitz in Belo Horizonte. Er hat einen Hochschulabschluss sowohl in feinen Künsten als auch in Werbekommunikation, was seinen Arbeiten eine große stilistische Bandbreite von höchst detaillierten Acrylgemälden bis hin zu minimalistischen graphischen Illustrationen verleiht. Sein einzigartiger Schaffensprozess als Digitalmaler beinhaltet das Entwickeln von Texturen mit Acrylfarben auf Papier und das Fotografieren der Oberfläche, um diese in seinen digitalen Werken übereinanderzulegen. Franciscos Arbeit findet man in den Magazinen *Latin American Illustration, Luerzer's Magazine Archive 200 Best Digital Artists* sowie weltweit in Inneneinrichtungs-, Kunst- und Deko-Accessoires-Läden und auch in ausgesuchten Online-Shops.

DIE INSPIRATION

Die Idee, Inspiration aus Digitaldrucken zu ziehen, um ein Stück Textilkunst zu erschaffen, das man in den Händen halten und sich sogar darin einwickeln kann, ist eine befreiende ästhetische Erfahrung. Francisco Valle produziert digitale Kunstwerke mit Stilen, die von Komplexität bis zu sich wiederholender Geradlinigkeit rangieren, was sich perfekt als Inspiration für die Textilkunst eignet. Wenn ich sein Gesamtwerk durchstöbere, inspirieren mich die vielen geometrischen Stücke, die er mit einfachen Linien und Dreiecken ohne Unterlass konstruiert hat. Die Verwendung von kräftigen Juwelenfarbtönen in frischen Arrangements und fotografierten auf Papier gemalten Texturen haucht neues Leben in diese kleine Form mit drei Seiten ein, die wir als so selbstverständlich ansehen. Auf diese Weise bewirkt Valles Arbeit etwas, das wir auch erreichen können – durch das Häkeln und das Erschaffen kleiner Motive mit Struktur, die dann zu einem geometrischen Kunstwerk zusammengefügt werden.

Die Decken in diesem Kapitel sind einen kleinen Schritt von der Ausgangslage des allesbeherrschenden Quadrats entfernt. Für diese Entwürfe habe ich mich bemüht, mit einem Fuß fest in der Tradition der Wiederholung symmetrischer Formen stehenzubleiben, um jedoch gleichzeitig einen Schritt in die moderne Richtung des Designs mit Dreiecksmotiven zu gehen. Ich habe die *Graffiti*-Decke als Hommage an die kräftigen Farben und die strahlenden Street-Art-Werke entworfen, die denselben Namen tragen und mich von Valles *Geometric Sun* inspirieren lassen.

Für das Werkstück in gedeckteren Farben, *Facettenreich,* habe ich mich von *Triangles Rusty* inspirieren lassen und Spitzendreiecksmotive aneinandergefügt und diese mit einer lustigen Büschelmaschenborte umrandet. Schlussendlich wurde *Kuschelecke* von dem Kunstwerk *Geometric Triangles Perspective* inspiriert, das die traditionellen Granny-Square-Muster aufgreift und mit einer modernisierten Verwendungsweise zu einem Design kombiniert.

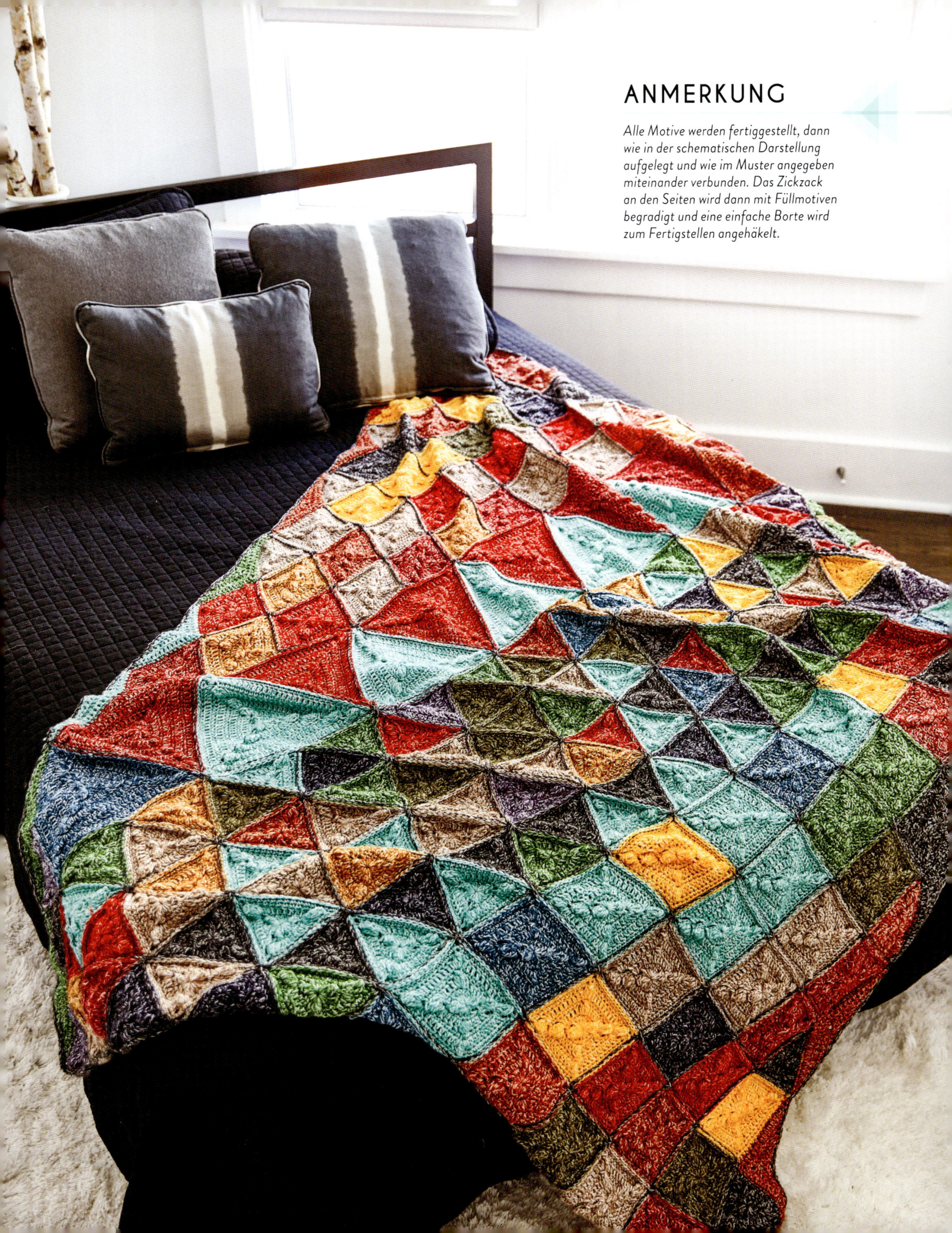

ANMERKUNG

Alle Motive werden fertiggestellt, dann wie in der schematischen Darstellung aufgelegt und wie im Muster angegeben miteinander verbunden. Das Zickzack an den Seiten wird dann mit Füllmotiven begradigt und eine einfache Borte wird zum Fertigstellen angehäkelt.

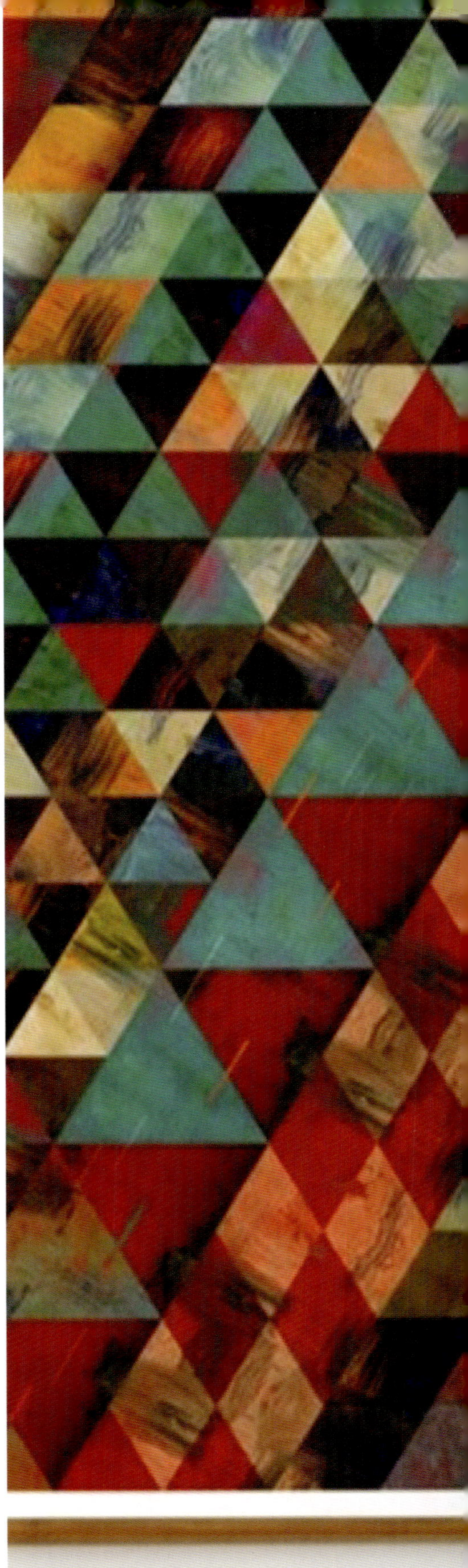

Geometric Sun von Francisco Valle

Graffiti

Francisco Valles *Geometric Sun* ist die Inspiration für dieses farbenfrohe und texturreiche Werkstück. In dem Moment, in dem ich die Farben von Franciscos digitalem Kunstwerk gesehen habe, musste ich diese Palette unbedingt in ein einzigartiges und modernes Deckendesign einbinden. *Graffiti* ist gewagt und voller pulsierender Energie, genauso wie die farbenfrohe lebendige Kunst seines Namensvetters – eine kraftvolle Enthüllung des leidenschaftlichen Künstlerherzens!

GRÖSSE BEI FERTIGSTELLUNG

147,5 × 216 cm

GARN

DK-Garn (leichtes Kammgarn)

Hier gezeigt: Scheepjes Colour Crafter Velvet (100 % Acryl; 300 m/100 g): #844 Hepburn (A), 3 Knäuel; #846 Monroe (B), 2 Knäuel; #852 Garland (C), 2 Knäuel; #847 Bogart (D), 2 Knäuel; #841 Kelly (E), 3 Knäuel; #860 Fonda (F), 1 Knäuel; #853 Leigh (G), 1 Knäuel; #855 Chaplin (H), 1 Knäuel; #854 Turner (I), 1 Knäuel; #858 Martin (J), 1 Knäuel; #850 Crawford (K), 3 Knäuel; #845 Astaire (L), 1 Knäuel; #842 Taylor (M), 1 Knäuel.

HÄKELNADELN

4,25 mm

5,5 mm

6 mm zum Zusammenfügen der Motive

Falls notwendig, passen Sie die Nadelstärke an, um die gleiche Maschenprobe zu erhalten.

WEITERE MATERIALIEN

Sticknadel

MASCHENPROBE

1 kleines Dreieck misst 11,5 cm an einer Seite, im angegebenen Muster mit der mittleren Nadel (5,5 mm) gehäkelt und nicht gespannt.

MASCHENKUNDE

Stehende Stäbchen-Muschel (st Stb-Muschel)
(1 st Stb, 3 Stb) in dieselbe M oder denselben Lm-Bg (zählt als 1 Stb-Muschel).

Stehendes Doppelstäbchen (st DStb)
1 fM, 2 Lm.

Stehende Doppelstäbchen-Muschel (st Dstb-Muschel)
(1 st DStb, 3 DStb) in dieselbe M oder denselben Lm-Bg (zählt als DStb-Muschel).

Noppe aus Stäbchen (Stb-Noppe)
Die Nadel von vorne nach hinten durch die 1. M der Stb-Muschel und von hinten nach vorne durch die 4. M der Stb-Muschel stechen, dabei in beide M häkeln und mit (1 fM, 1 Lm, 1 fM) die Stb-Muschel schließen, sodass eine Stb-Noppe entsteht.

Noppe aus Stäbchen ohne Luftmaschen (Stb-Noppe ohne Lm)
Die Nadel von vorne nach hinten durch die 1. M der Stb-Muschel und von hinten nach vorne durch die 4. M der Stb-Muschel stechen, dabei in beide M häkeln, mit 1 fM die Stb-Muschel schließen, sodass eine Stb-Noppe entsteht.

Muschel aus Stäbchen (Stb-Muschel)
4 Stb in dieselbe M/denselben Lm-Bg.

Noppe aus Doppelstäbchen mit 1 Lm (DStb-Noppe mit 1 Lm)
Die Nadel von vorne nach hinten durch die 1. M der DStb-Muschel und von hinten nach vorne durch die 4. M der DStb-Muschel, dabei in beide M häkeln und mit (1 fM, 1 Lm, 1 fM) die DStb-Muschel schließen, sodass eine DStb-Noppe entsteht.

Noppe aus Doppelstäbchen mit 3 Lm (DStb-Noppe mit 3 Lm)
Die Nadel von vorne nach hinten durch die 1. M der DStb-Muschel und von hinten nach vorne durch die 4. M der DStb-Muschel, dabei in beide M häkeln und mit (1 fM, 3 Lm, 1 fM) die DStb-Muschel schließen, sodass eine DStb-Noppe entsteht.

Muschel aus Doppelstäbchen (DStb-Muschel)
4 DStb in dieselbe M/denselben Lm-Bg.

Kleines Dreieck

Anmerkung: *Häkeln Sie insgesamt 140 Stück in den folgenden Farben: A = 13, B = 10, C = 6, D = 4, E = 17, F = 4, G = 17, H = 7, I = 16, J = 12, K = 22, L = 9, M = 3*

Runde 1: Mit der mittleren Nadel (5,5 mm) 4 Lm häkeln, die Rd mit 1 Km in die 4. Lm von der Nadel schließen, um einen Ring zu bilden. 1 st Stb-Muschel (s. Maschenkunde) in den Ring, * 1 Lm, 3 Stb in den Ring, 1 Lm **, 1 Stb-Muschel (s. Maschenkunde) in den Ring; 1-mal wdh ab *, 1-mal wdh von * bis **, die Rd nicht schließen, sondern direkt zu Rd 2 übergehen – *3 Stb-Muscheln; 6 Lm-Bg, 9 Stb.*

Runde 2: * 1 Stb-Noppe (s. Maschenkunde), 1 fM in den nächsten Lm-Bg, je 1 fM in die nächsten 3 M, 1 fM in den nächsten Lm-Bg; wdh ab * rundherum, die Rd mit 1 Km in die 1. fM schließen – *21 fM; 3 Lm-Bg.*

Runde 3: 1 Km in den 1. Lm-Bg, 1 st DStb-Muschel (s. Maschenkunde) in den 1. Lm-Bg, * 1 Lm, 2 Stb in die nächste fM, je 1 Stb in die nächsten 5 M, 2 Stb in die nächste M, 1 Lm **, 1 DStb-Muschel (s. Maschenkunde) in den Lm-Bg; wdh ab * rundherum, die letzte Wdh bei ** beenden und die Rd nicht schließen, sondern direkt zu Rd 4 übergehen – *3 DStb-Muscheln; 6 Lm-Bg; 27 Stb.*

Runde 4: * 1 DStb-Noppe (s. Maschenkunde) , 1 fM in den nächsten Lm-Bg, je 1 fM in die nächsten 9 M, 1 fM in den nächsten Lm-Bg; wdh ab * rundherum, die Rd mit 1 Km in die 1. fM schließen – *39 fM; 3 Lm-Bg.*

Runde 5: 1 Km in den nächsten Lm-Bg, * 3 fM in denselben Lm-Bg, je 1 fM in die nächsten 13 M; wdh ab * rundherum, die Rd mit 1 Km in die 1. fM schließen – *48 fM.*
Das Garn befestigen.

Großes Dreieck

Anmerkung: *Häkeln Sie insgesamt 17 Stück in den folgenden Farben: A = 5, B = 3, C = 2, D = 4, J = 1, M = 2.*

Runde 1–4: Mit der kleinsten Nadel (4,25 m) gleich häkeln wie für das kleine Dreieck bis Runde 4.

Runde 5: Zur mittleren Nadel (5,5 mm) wechseln. 1 Km in den 1. Lm-Bg, 1 st DStb-Muschel in den 1. Lm-Bg, * 1 Lm, 2 Stb in die nächste fM, je 1 Stb in die nächsten 11 M, 2 Stb in die nächste M, 1 Lm **, 1 DStb-Muschel (s. Maschenkunde) in den nächsten Lm-Bg; 1-mal wdh ab * ; 1-mal wdh von * bis **, die Runde nicht schließen – *3 DStb-Muscheln; 6 Lm-Bg, 45 Stb.*

LEGENDE DER MASCHEN

- = Luftmasche (Lm)
- = Kettmasche (Km)
- = feste Masche (fM)
- = halbes Stäbchen (hStb)
- = Stäbchen (Stb)
- = Doppelstäbchen (DStb)
- = stehendes Stäbchen (st Stb)
- = stehendes Doppelstäbchen (st Dstb)
- = Muschel aus stehenden Stäbchen (st Stb-Muschel)
- = Muschel aus Stäbchen (Stb-Muschel)
- = Muschel aus stehenden Doppelstäbchen (st DStb-Muschel)
- = Muschel aus Doppelstäbchen (Dstb-Muschel)
- = für Noppe in beide M häkeln

FÜLLMOTIV

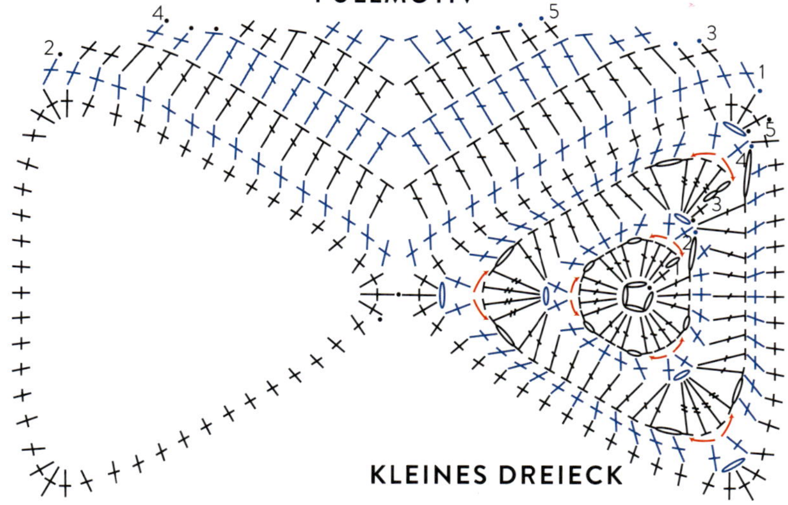

KLEINES DREIECK

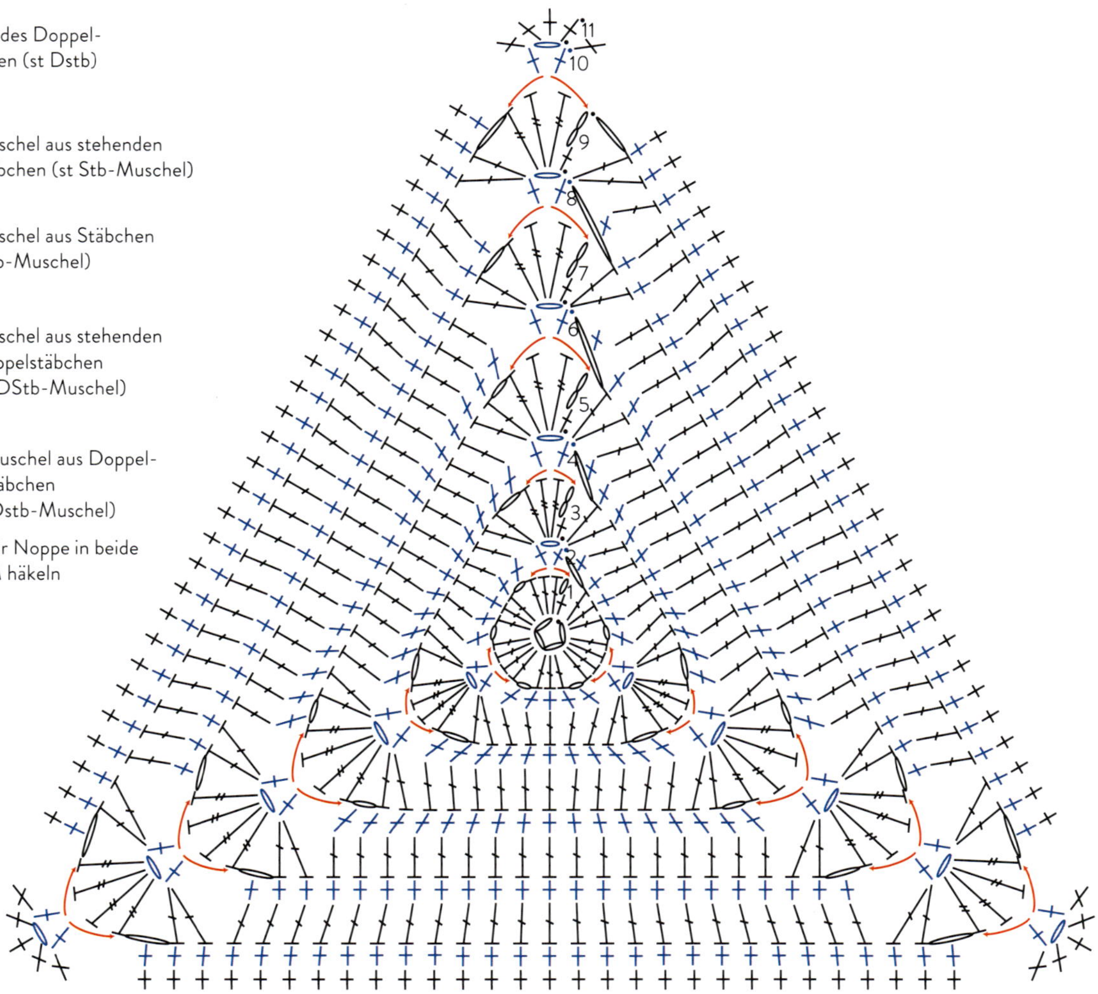

GROSSES DREIECK

Runde 6: * 1 DStb-Noppe mit 1 Lm, 1 fM in den nächsten Lm-Bg, je 1 fM in die nächsten 15 M, 1 fM in den nächsten Lm-Bg; wdh ab * rundherum, die Rd mit 1 Km in die 1. fM schließen – *57 fM; 3 Lm-Bg.*

Runde 7: 1 Km in den 1. Lm-Bg, 1 st DStb-Muschel in den 1. Lm-Bg, * 1 Lm, 2 Stb in die nächste fM, je 1 Stb in die nächsten 17 M, 2 Stb in die nächste M, 1 Lm **, 1 DStb-Muschel in den Lm-Bg; 1-mal wdh ab *; 1-mal wdh von * zu **, die Rd nicht schließen – *3 DStb-Muscheln; 6 Lm-Bg; 63 Stb.*

Runde 8: * 1 DStb-Noppe mit 1 Lm, 1 fM in den nächsten Lm-Bg, je 1 fM in die nächsten 21 M, 1 fM in den nächsten Lm-Bg; wdh ab * rundherum, die Rd mit 1 Km in die 1. fM schließen – *75 fM; 3 Lm-Bg.*

Runde 9: 1 Km in den 1. Lm-Bg, 1 st DStb-Muschel in den 1. Lm-Bg, * 1 Lm, 2 Stb in die nächste fM, je 1 Stb in die nächsten 23 M, 2 Stb in die nächste M, 1 Lm **, 1 DStb-Muschel in den Lm-Bg; 1-mal wdh ab *; 1-mal wdh von * zu **, die Rd nicht schließen – *3 DStb-Muscheln; 6 Lm-Bg; 81 Stb.*

Runde 10: * 1 DStb-Noppe mit 1 Lm, 1 fM in den nächsten Lm-Bg, je 1 fM in die nächsten 27 M, 1 fM in den nächsten Lm-Bg; wdh ab * rundherum, die Rd mit 1 Km in die 1. fM schließen – *93 fM; 3 Lm-Bg.*

Runde 11: 1 Km in den 1. Lm-Bg, 3 fM in denselben Lm-Bg, je 1 fM in die nächsten 31 M; wdh ab * rundherum, die Rd mit 1 Km in die 1. fM schließen – *102 fM.*
Das Garn befestigen.

Raute

Anmerkung: *Häkeln Sie insgesamt 84 Stück in den folgenden Farben: A = 7, B = 10, C = 7, D = 10, E = 7, F = 11, G = 1, H = 6, I = 2, K = 13, L = 6, M = 4.*

Runde 1: Mit der mittleren Nadel (5,5 mm) 4 Lm häkeln und die Rd mit 1 Km in die 4. Lm von der Nadel schließen, um einen Ring zu erhalten. 1 st DStb-Muschel in den Ring, * 1 Lm, (1 Stb, 1 hStb, 1 fM, 1 hStb, 1 Stb) in den Ring, 1 Lm **, 1 DStb-Muschel in den Ring; 1-mal wdh von * bis **, die Rd nicht schließen – *2 DStb-Muscheln; 4 Lm-Bg; 4 Stb; 4 hStb, 2 fM.*

Runde 2: * 1 DStb-Noppe mit 3 Lm (s. Maschenkunde), 1 fM in den nächsten Lm-Bg, je 1 fM in die nächsten 5 M, 1 fM in den nächsten Lm-Bg; 1-mal wdh ab *, die Rd mit 1 Km in die 1. fM schließen – *18 fM; 2 Lm-Bg.*

Runde 3: 1 Km in den 1. Lm-Bg, 1 st DStb-Muschel in den 1. Lm-Bg, * 1 Lm, 2 Stb in die nächste fM, je 1 Stb in die nächsten 3 M, 1 Lm, 1 Stb-Muschel in die nächste M, 1 Lm, je 1 Stb in die nächsten

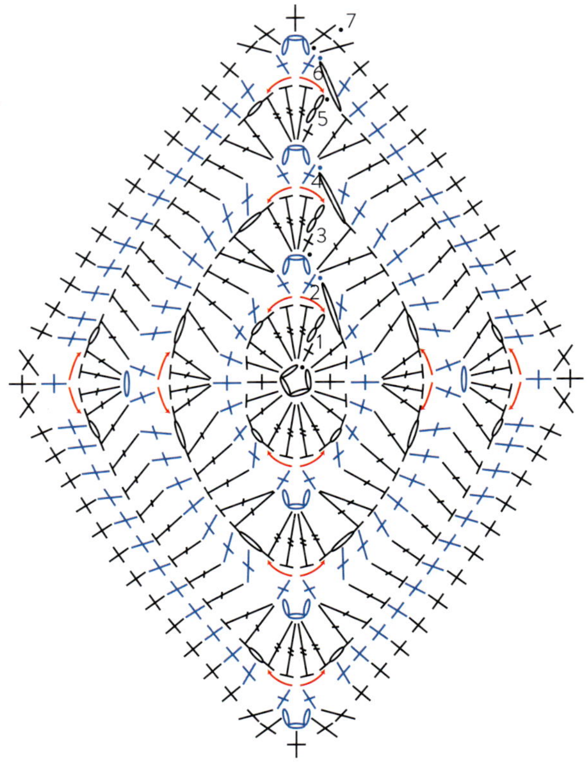

RAUTE

LEGENDE DER MASCHEN

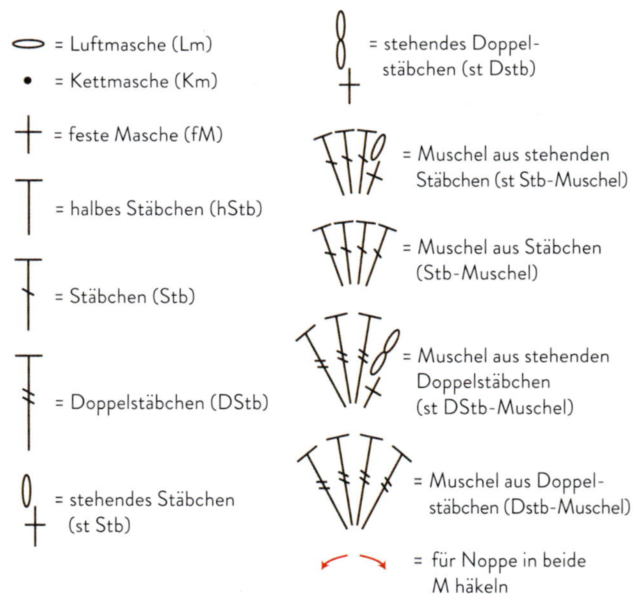

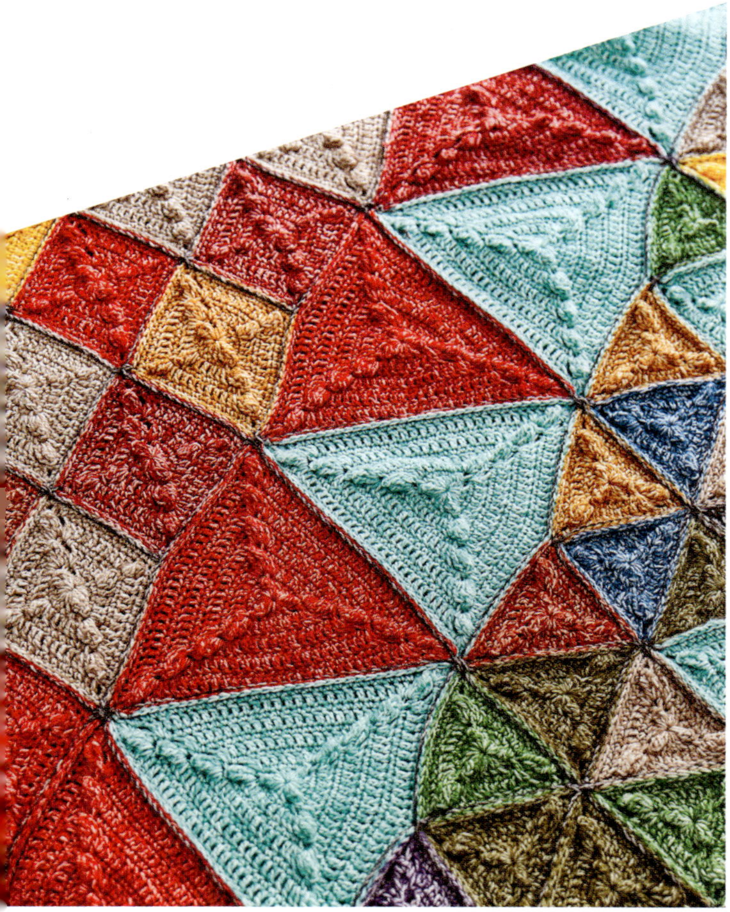

3 M, 2 Stb in die nächste M, 1 Lm **, 1 DStb-Muschel in den Lm-Bg; 1-mal wdh von * zu **, die Rd nicht schließen – *2 DStb-Muscheln; 2 Stb-Muscheln; 8 Lm-Bg; 20 Stb.*

Runde 4: * 1 DStb-Noppe mit 3 Lm, 1 fM in den nächsten Lm-Bg, je 1 fM in jd der nächsten 5 M, 1 fM in den nächsten Lm-Bg, 1 Stb Noppe, 1 fM in den nächsten Lm-Bg, je 1 fM in die nächsten 5 M, 1 fM in den nächsten Lm-Bg; 1-mal wdh ab *, die Rd mit 1 Km in die 1. fM beenden – *36 fM; 4 Lm-Bg.*

Runde 5: 1 Km in den 1. Lm-Bg, 1 st DStb-Muschel in den 1. Lm-Bg, * 1 Lm, 2 Stb in die nächste fM, je 1 Stb in die nächsten 8 M, 1 Lm, 1 Stb-Muschel in den nächsten Lm-Bg, 1 Lm, je 1 Stb in die nächsten 8 M, 2 Stb in die nächste M, 1 Lm **, 1 Dstb-Muschel in den nächsten Lm-Bg; 1-mal wdh von * zu **, die Rd nicht schließen – *2 DStb-Muscheln; 2 Stb-Muscheln; 8 Lm-Bg; 40 Stb.*

Runde 6: * 1 DStb-Noppe mit 3 Lm, 1 fM in den nächsten Lm-Bg, je 1 fM in die nächsten 10 M, 1 fM in den nächsten Lm-Bg, 1 Stb-Noppe ohne Lm (s. Maschenkunde), 1 fM in den nächsten Lm-Bg, je 1 fM in die nächsten 10 M, 1 fM in den nächsten Lm-Bg; 1-mal wdh ab *, die Rd mit 1 Km in die 1. fM schließen – *54 fM; 2 Lm-Bg.*

Runde 7: 1 Km in den 1. Lm-Bg, 3 fM in den 1. Lm-Bg, * je 1 fM in die nächsten 13 M, 3 fM in die nächste M, je 1 fM in die nächsten 13 M **, 3 fM in den nächsten Lm-Bg; 1-mal wdh von * zu **, die Rd mit 1 Km in die 1. fM schließen – *64 fM*. Das Garn befestigen.

Die Blöcke miteinander verbinden

Legen Sie die Blöcke, wie in der schematischen Darstellung gezeigt, auf. Verbinden Sie sie mithilfe der großen Nadel (6 mm) und Garn A. Arbeiten Sie in diagonalen und horizontalen Reihen und häkeln Sie die Blöcke mit Km an den hinteren Maschengliedern wie folgt zusammen: Nehmen Sie zwei nebeneinanderliegende Motive mit den RS aneinander auf und häkeln Sie Km durch die hinteren Schlingen beider Motive bis zum Ende der Reihe.

Ohne das Garn abzuschneiden, nehmen Sie das nächste Motivpaar auf und fahren Sie auf diese Weise nach unten hin fort, bis Sie das Ende des letzten Motivs erreicht haben. Nun das Garn befestigen und die Enden vernähen. Jede nachfolgende Reihe aus Quadraten zusammenhäkeln, bis alle diagonalen und horizontalen Reihen miteinander verbunden sind.

TIPP

Wenn Sie verbinden und auf eine bereits fertige Verbindung stoßen, häkeln Sie 1 Lm, um diese zu „überqueren". Wird diese Lm ausgelassen, kann die Decke sich verziehen oder sich kräuseln, wo die Ecken auf die Motive stoßen.

Die Zickzack-Seiten füllen

Häkeln Sie 18 Stück in verschiedenen Farben oder in den Farben der schematischen Darstellung.

Reihe 1: Mit der mittleren Nadel (5,5 mm) Garn A mit 1 Km in einer Ecke direkt vor der Zickzackseite einhäkeln. Je 1 fM in die nächsten 17 M bis zum Ende des 1. Motivs, je 1 fM in die nächsten 17 M bis zum Ende des 2. Motivs, wenden.

Reihe 2: 1 Km in die 1. M, je 1 fM in die nächsten 2 M, 1 hStb in die nächste M, je 1 Stb in die nächsten 12 M, die nächsten 2 M ausl, je 1 Stb in die nächsten 12 M, 1 hStb in die nächste M, je 1 fM in die nächsten 2 M, wenden.

Reihe 3: Je 1 Km in jd der ersten 3 M, je 1 fM in die nächsten 2 M, 1 hStb in die nächste M, je 1 Stb in die nächsten 8 M, die nächsten

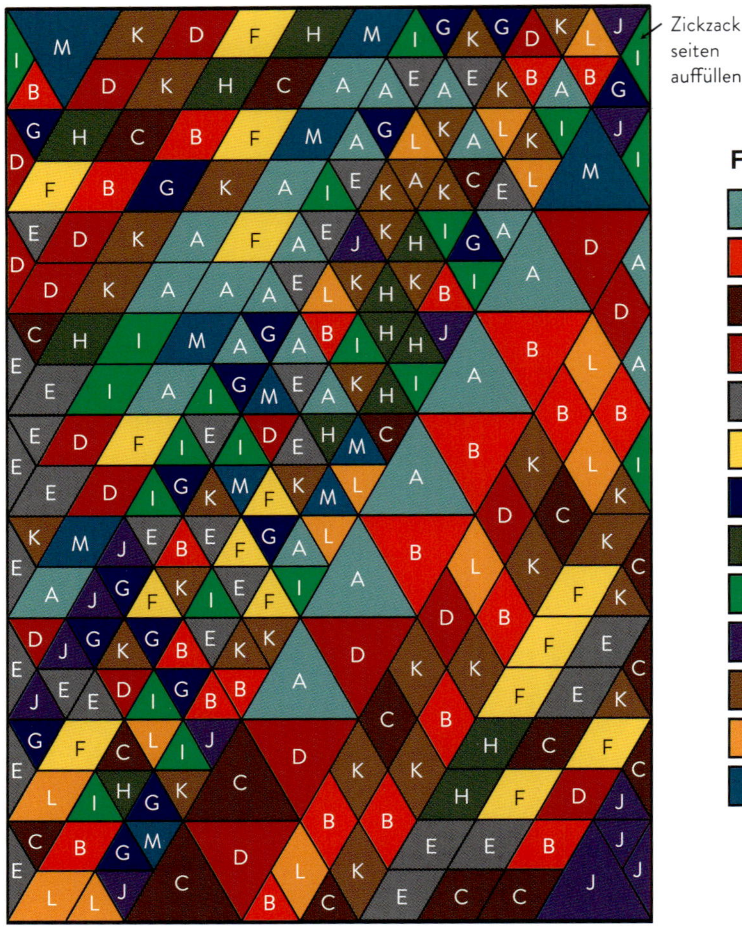

SCHEMATISCHE DARSTELLUNG

FARBAUFSCHLÜSSELUNG

- = #844 Hepburn (A)
- = #856 Monroe (B)
- = #852 Garland (C)
- = #847 Bogart (D)
- = #841 Kelly (E)
- = #860 Fonda (F)
- = #853 Leigh (G)
- = #855 Chapolin (H)
- = #854 Turner (I)
- = #858 Martin (J)
- = #850 Crawford (K)
- = #845 Astaire (L)
- = #842 Taylor (M)

2 M ausl, je 1 Stb in die nächsten 8 M, 1 hStb in die nächste M, je 1 fM in die nächsten 2 M, wenden.

Reihe 4: 1 Km in jd der ersten 3 M, je 1 fM in die nächsten 2 M, 1 hStb in die nächste M, je 1 Stb in die nächsten 4 M, die nächsten 2 M ausl, je 1 Stb in die nächsten 4 M, 1 hStb in die nächste M, je 1 fM in die nächsten 2 M, wenden.

Reihe 5: 1 Km in jd der ersten 3 M, je 1 fM in die nächsten 2 M, 1 hStb in die nächste M, die nächsten 2 M ausl, 1 hStb in die nächste M, je 1 fM in die nächsten 2 M. Das Garn befestigen.

Für die 8 weiteren dreieckigen Lücken auf dieser Seite der Arbeit wiederholen, dann auf der anderen Seite, bis die Decke ein vollständiges Rechteck ist.

Anmerkung: *Ich habe viele der Lückenfüller aus verschiedenen Garnresten in den Farben B–M gehäkelt, um sicher zu sein, dass ich genug Garn für die Borte habe.*

Borte

Mit der mittleren Nadel (5,5 mm) Garn A mit 1 Km in einer Ecke einhäkeln, * 3 fM in die M in der Ecke, gleichmäßig fM bis zur nächsten Ecke häkeln; wdh ab * rundherum, die Rd mit 1 Km in die 1. fM schließen. Das Garn befestigen und die Enden vernähen.

TIPP

Bringen Sie 2 fM an die Seite eines jd Stb und 3 fM an die Seite eines jd DStb. Achten Sie darauf, an den gegenüberliegenden Seiten des Werkstücks gleich viele fM zu häkeln.

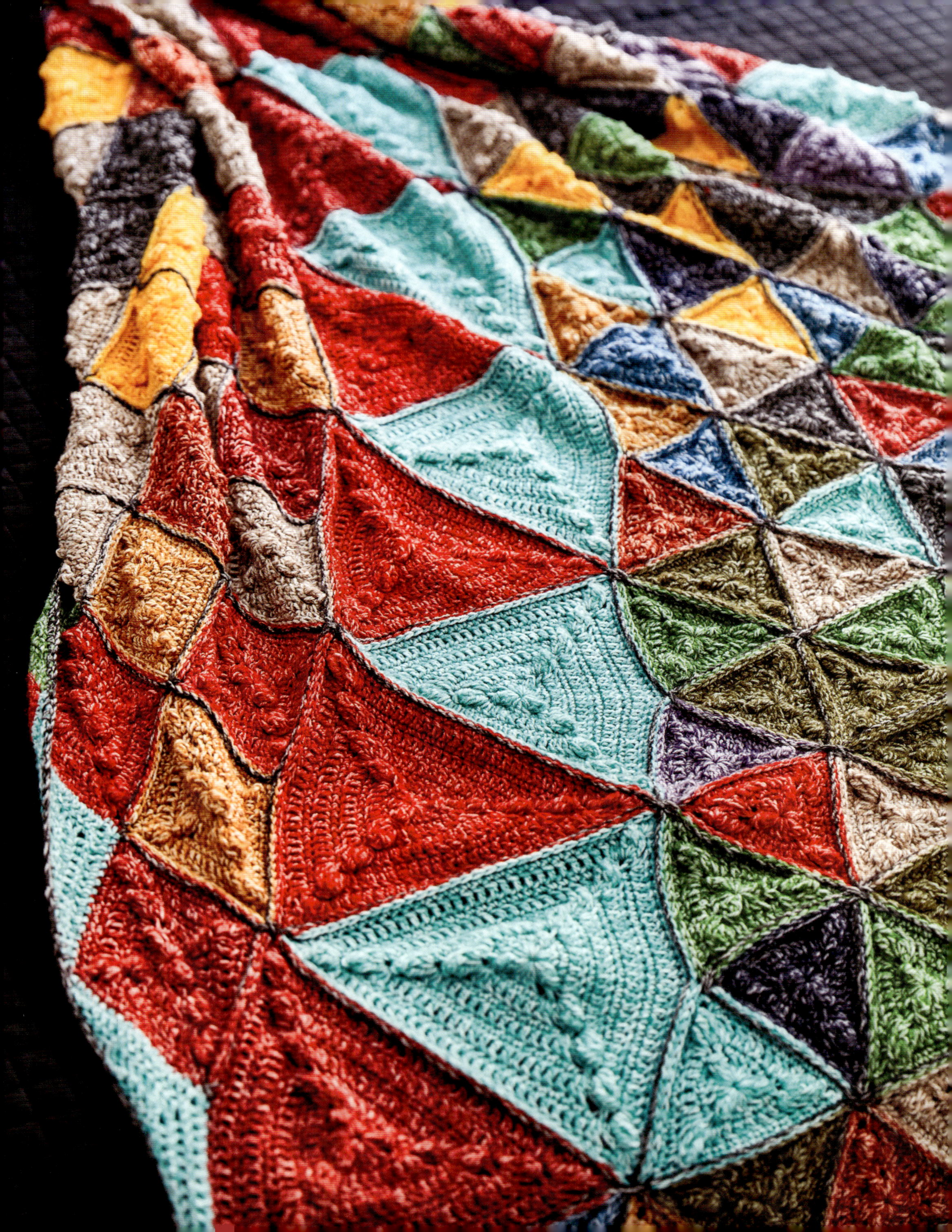

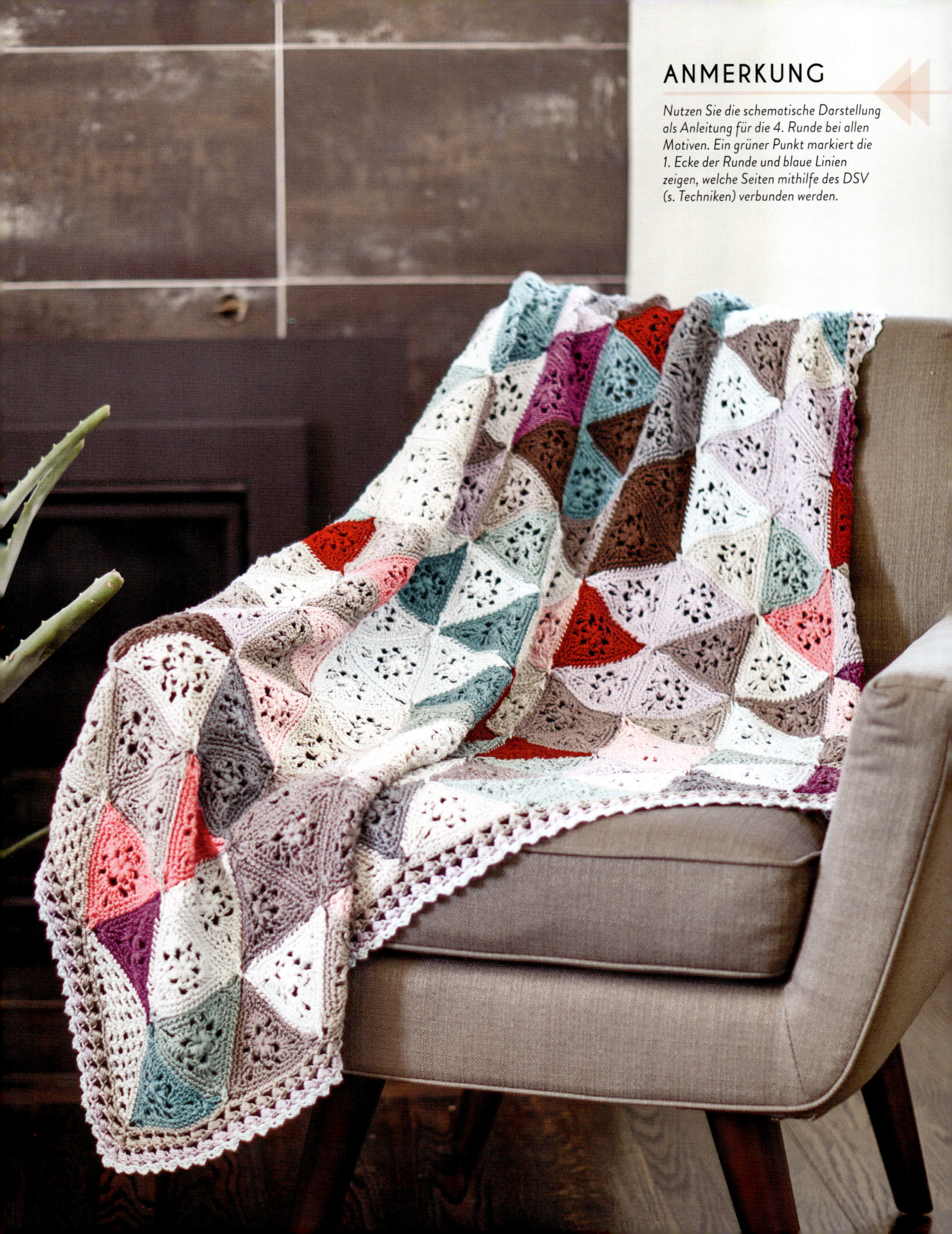

ANMERKUNG

Nutzen Sie die schematische Darstellung als Anleitung für die 4. Runde bei allen Motiven. Ein grüner Punkt markiert die 1. Ecke der Runde und blaue Linien zeigen, welche Seiten mithilfe des DSV (s. Techniken) verbunden werden.

Triangles Rusty von Francisco Valle

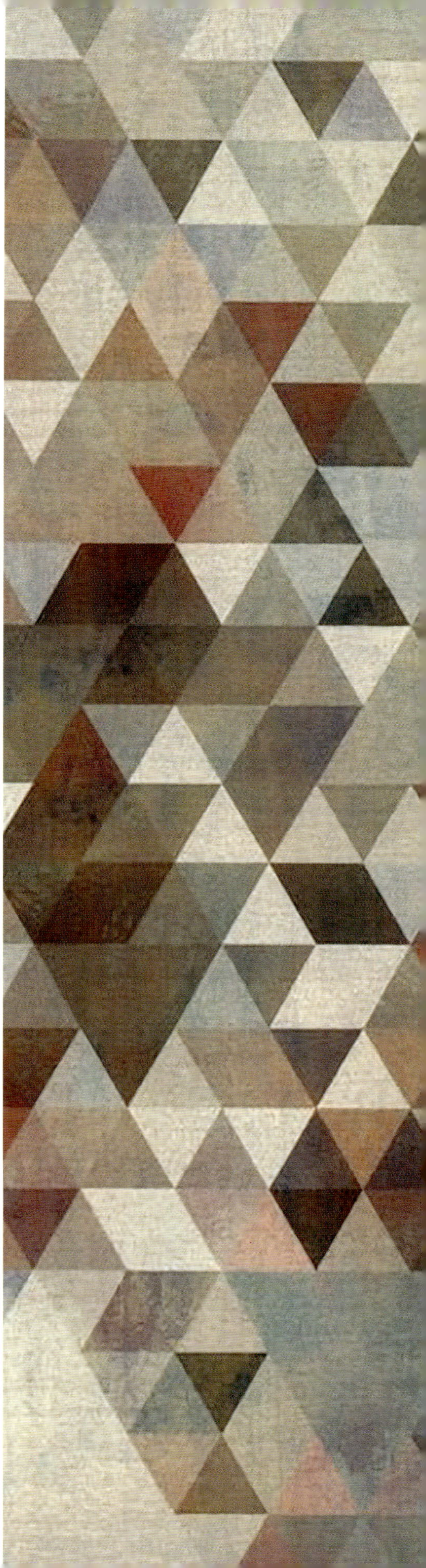

Facettenreich

Inspiriert von dem hypnotisierenden Werk *Triangles Rusty* von Digitalkünstler Francisco Valle, ist *Facettenreich* eine Hommage an die rustikalen, traditionellen und wohligen Motive aus Häkelspitze. Diese Dreiecke noch unter der Arbeit miteinander zu verbinden, macht süchtig und man ist so zufrieden, wenn man dabei zusehen kann, wie die Ecken perfekt aneinanderwachsen. Kombinieren Sie die Büschelmaschen der Motivmitte mit einer pfiffigen Büschelmaschenborte und Sie erhalten ein feines, feminines Werkstück, das, wie hier gezeigt, aus 100 % Pima-Baumwolle gefertigt, üppig fällt und warmhält – eine perfekte Decke für kühle Frühlingsabende auf der Hollywoodschaukel!

GRÖSSE BEI FERTIGSTELLUNG

122 × 122 cm

GARN

DK-Garn (leichtes Kammgarn)

Hier gezeigt: Cascade Yarns Ultra Pima (100 % Pima-Baumwolle; 200 m/100 g): je 1 Strang, außer es ist anders angegeben: #3731 Alaska Sky (A), 2 Stränge; #3720 Sage (B); #3707 Purple Ice (C), 2 Stränge; #3798 Suede (D), 2 Stränge; #3713 Wine (E); #3716 Chocolate (F); #3806 Grape Juice (G); #3729 Grey (H); #3757 Zen Green (I); #3759 Taupe (J); #3711 China Pink (K); #3712 Primrose (L); #3797 Dark Sea Foam (M); #3801 Silver (N).

HÄKELNADEL

3,75 mm

Falls notwendig, passen Sie die Nadelstärke an, um die gleiche Maschenprobe zu erhalten.

WEITERE MATERIALIEN

Sticknadel

MASCHENPROBE

1 Dreiecksmotiv misst 10 cm, von der oberen Spitze gerade hinunter zur Grundlinie, gespannt.

MASCHENKUNDE

Stehende Büschelmasche (St Bm)
Die Schlinge auf Höhe der Bm hochziehen, (U, die Nadel in den Fadenring stechen, U, eine Schlinge in Arbeitshöhe hochziehen) 2-mal, U, das Garn durch die 5 Schlingen auf der Nadel ziehen.

Picot
3 Lm, 1 fM in die 3. Lm von der Nadel.

Büschelmasche (Bm)
(U, die Nadel in den Fadenring oder den angegeben Lm-Bg einstechen, U, eine Schlinge in Arbeitshöhe hochziehen) 3-mal, U, das Garn durch 7 Schlingen auf der Nadel ziehen.

Motiv

Runde 1 (VS): Mit der der schematischen Darstellung entsprechenden richtigen Farbe für das Motiv einen Fadenring machen, 1 st Bm (s. Maschenkunde) in den Ring, [3 Lm, 1 Bm (s. Maschenkunde), 5 Lm, 1 Bm] 2-mal in den Ring, 3 Lm, 1 Bm in den Ring, am Garnende ziehen, um den Fadenring zuzuziehen, 2 Lm, 1 Stb auf die st Bm, sodass die nächste Rd in der Mitte dieses „falschen Lm-Bg aus 5 Lm“ beginnt. – *6 Bm; 3 Lm-Bg aus 3 M; 3 Lm-Bg aus 5 M.*

Runde 2: 1 st DStb (s. Maschenkunde) um den falschen Lm-Bg aus 5 M, 1 Lm, 3 Stb in denselben Lm-Bg, * 2 Lm, 1 fM in den nächsten Lm-Bg, 2 Lm, (3 Stb, 1 Lm, 1 DStb, 1 Lm, 3 Stb) in den nächsten Lm-Bg aus 5 Lm; 1-mal wdh ab *, 2 Lm, 1 fM in den nächsten Lm-Bg, 2 Lm, 3 Stb in den 1. Lm-Bg, 1 Lm, die Rd nicht schließen – *3 DStb; 18 Stb; 3 fM; 6 Lm-Bg aus 2 M; 6 Lm-Bg aus 1 M.*

Runde 3: * (1 fM, 1 Lm, 1 fM) in das DStb aus Rd 2, 1 fM in den nächsten Lm-Bg, je 1 fM in die nächsten 3 M, je 2 fM in die nächsten 2 Lm-Bg, je 1 fM in die nächsten 3 M, 1 fM in den nächsten Lm-Bg; 2-mal wdh ab *, die Rd mit 1 Km in die 1. fM schließen, das Garn nicht abschneiden – *42 fM; 3 Lm-Bg mit 1 Lm.*

Mit der Verbindungsrunde weitermachen.

Verbindung

Motiv 1

Runde 4: 1 Km in den nächsten Lm-Bg, * (1 hStb, 1 Stb, 3 Lm, 1 Stb, 1 hStb) in den Lm-Bg **(glatte Ecke gehäkelt)**, je 1 fM in die nächsten 14 M **(glatte Seite gehäkelt)**; 2-mal wdh ab *, die Rd mit 1 Km in das 1. hStb schließen. Das Garn befestigen. *0 Seiten verbunden; 0 Ecken verbunden.*

Motiv 2–10

Runde 4: 1 Km in den nächsten Lm-Bg, * 1 glatte Ecke in den Lm-Bg häkeln, glatte Seite häkeln; 1-mal wdh ab *, (1 hStb, 1 Stb, 1 Lm, das vorige Motiv mit einer Ecke nach unten halten, in den oberen rechten Lm-Bg 1 DSV (s. Techniken), 1 Lm über den Lm-Bg überziehen, 1 Lm, 1 Stb, 1hStb) in den Lm-Bg in der Ecke, die glatte Seite häkeln und die Rd mit 1 Km in das 1. hStb schließen. Das Garn befestigen. Motiv 1–10 werden in einer Linie miteinander verbunden und bilden die Oberkante der Decke. *0 Seiten verbunden; 1 Ecke zw jd Motiv verbunden.*

Motiv 11–19

Runde 4: Der schematischen Darstellung für die Farbwahl und die Platzierung des Motivs folgend, 1 Km in den nächsten Lm-Bg, eine glatte Ecke in den Lm-Bg, * 1 fM in die 1. M, DSV in die entsprechende M von Motiv 2, (1 fM, 1 DSV) in jd der nächsten 12 M, dabei diese Seite mit der Seite von Motiv 2 verbinden, 1 fM in die nächste M (Seiten verbunden) **, (1 hStb, 1 Stb, 1 Lm, 1 DSV um die Verbindung zw Motiv 1 und 2 und 1 Lm über die Verbindung ziehen, 1 Lm, 1 Stb, 1 hStb) in den Lm-Bg in der Ecke des aktuellen Motivs; 1-mal wdh von * zu **, dabei mit der Seite von Motiv 1 verbinden, eine glatte Ecke in den nächsten Lm-Bg, eine glatte Seite arbeiten, die Rd mit 1 Km in das 1. hStb schließen. Das Garn befestigen – *2 Seiten verbunden; 1 Ecke verbunden.*

Motiv 20

Rd 4: 1 Km in den nächsten Lm-Bg, glatte Ecke in den Lm-Bg, glatte Seite (1 hStb, 1 Stb, 1 Lm, 1 DSV in die Lm-Schlinge in der glatten Ecke in der Diagonalen (in diesem Fall ist es die glatte Ecke von Motiv 12), 1 Lm über die glatte Ecke ziehen, 1 Lm, 1 Stb, 1 hStb) in den Lm-Bg (Ecke verbunden), Seite mit der danebenliegenden Seite von Motiv 11 verbinden, mit Motiv 1 in der Ecke verbinden, glatte Seite häkeln, die Rd mit 1 Km in das 1. hStb schließen. Das Garn befestigen – *1 Seite verbunden; 2 Ecken verbunden.*

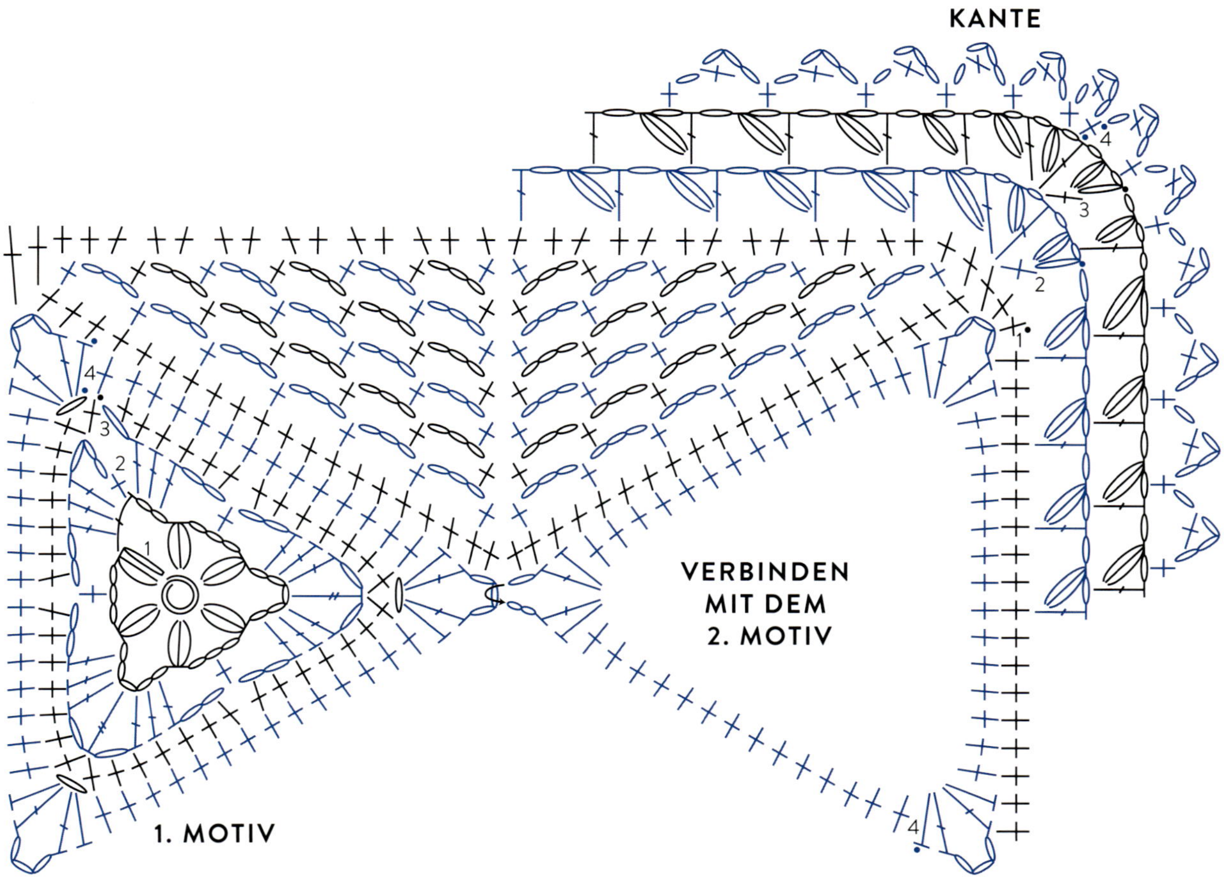

LEGENDE DER MASCHEN

- = Schlinge hochziehen an der Nadel
- = Luftmasche (Lm)
- = Kettmasche (Km)
- = feste Masche (fM)
- = halbes Stäbchen (hStb)
- = Stäbchen (Stb)
- = Doppelstäbchen (Dstb)
- = stehende Büschelmasche (st Bm)
- = Büschelmasche (Bm)

Motive 21–28

Runde 4: Häkeln Sie wie für Motiv 20, achten Sie aber darauf, die Eckverbindungen in der 2. und 3. Ecke zu häkeln, indem Sie DSV in den glatten Ecken diagonal vom Motiv verwenden. Z. B. wird die 2. Ecke von Motiv 21 durch DSV mit der glatten Ecke von Motiv 13 verbunden und die 3. Ecke wird durch DSV mit der glatten Ecke von Motiv 11 verbunden – *1 Seite verbunden; je 2 Ecken in jd Motiv verbunden.*

Motiv 29

Runde 4: 1 Km in den nächsten Lm-Bg, glatte Ecke, Seitenverbindung mit Motiv 20, Eckverbindung mit Motiv 11, glatte Seite, glatte Ecke, glatte Seite, die Rd mit 1 Km in das 1. hStb schließen. Das Garn befestigen – *1 Seite verbunden; 1 Ecke verbunden.*

FARBAUFSCHLÜSSELUNG

= #3731 Alaska Sky (A)	= #3759 Taupe (J)
= #3720 Sage (B)	= #3711 China Pink (K)
= #3707 Purple Ice (C)	= #3712 Primrose (L)
= #3798 Suede (D)	= #3797 Dark Sea Foam (M)
= #3713 Wine (E)	= #3801 Silver (N)
= #3716 Chocolate (F)	1, 2, 3 … = Motivnummer
= #3806 Grape Juice (G)	• = Anfangsecke
= #3729 Grey (H)	—— = Verbindungsseite
= #3757 Zen Green (I)	

Motive 30–38

Runde 4: Häkeln Sie wie für Motiv 11–19, aber verbinden Sie die 2. Ecke durch DSV mit dem diagonalen Motiv. Z.B. wird die 2. Ecke bei Motiv 30 mit Hilfe von DSV mit Motiv 2 verbunden *– 2 Seiten verbunden; 1 Ecke von jd Motiv verbunden.*

Motiv 39

Rnd 4: 1 Km in den nächsten Lm-Bg, glatte Ecke, glatte Seite, Eckverbindung mit Motiv 30, Seitenverbindung, Eckverbindung mit Motiv 29, glatte Seite, die Rd mit 1 Km in das 1. hStb schließen – *1 Seite verbunden; 2 Ecken verbunden.* Das Garn befestigen.

Motive 40–48

Runde 4: Häkeln Sie wie für Motive 20–28.

Restliche Motive

Runde 4: Häkeln Sie wie für die vorigen Motive, achten Sie aber auf die Platzierung der Motive, damit die richtigen Seiten und Ecken miteinander verbunden werden. Verbinden Sie bei den letzten 9 Motiven die 3. Ecke mit der angrenzenden glatten Ecke, dabei durch die glatte Ecke des dazwischenliegenden Motivs häkeln. So spiegelt sich der ordentliche Effekt der oberen Dreiecksreihe hier wider.

Die Zickzackränder auffüllen

Erste Dreieckslücke

Reihe 1: Das Garn mit der in der schematischen Darstellung angegebenen Farbe mit 1 Km in die 1. Schlinge in der Ecke in Motiv 38 einhäkeln, 1 fM in dieselbe Schlinge, je 1 fM in die nächsten 18 M, je 1 fM in die nächsten 2 Lm-Bg in der Ecke, je 1 fM in die nächsten 18 M, 1 fM in den letzten Lm-Bg in der Ecke von Motiv 10, wenden – *40 fM.*

Reihe 2: * [1 fM in die nächste fM, 3 Lm, die nächsten 2 M ausl] 6-mal, 1 fM in die nächste M, ** die nächsten 2 M ausl; 1-mal wdh von * zu **, wenden.

Reihe 3: 1 Km in den nächsten Lm-Bg, 1 fM in denselben Lm-Bg, [3 Lm, 1 fM in den nächsten Lm-Bg] 5-mal, [1 fM in den nächsten Lm-Bg, 3 Lm] 5-mal, 1 fM in den nächsten Lm-Bg, wenden.

Reihe 4: 1 Km in den nächsten Lm-Bg, 1 fM in denselben Lm-Bg, [3 Lm, 1 fM in den nächsten Lm-Bg] 4-mal, [1 fM in den nächsten Lm-Bg, 3 Lm] 4-mal, 1 fM in den nächsten Lm-Bg, wenden.

Reihe 5: 1 Km in den nächsten Lm-Bg, 1 fM in denselben Lm-Bg, [3 Lm, 1 fM in den nächsten Lm-Bg] 3-mal, [1 fM in den nächsten Lm-Bg, 3 Lm] 3-mal, 1 fM in den nächsten Lm-Bg, wenden.

Reihe 6: 1 Km in den nächsten Lm-Bg, 1 fM in denselben Lm-Bg, [3 Lm, 1 fM in den nächsten Lm-Bg] 2-mal, [1 fM in den nächsten Lm-Bg, 3 Lm] 2-mal, 1 fM in den nächsten Lm-Bg, wenden.

Reihe 7: 1 Km in den nächsten Lm-Bg, 1 fM in denselben Lm-Bg, 3 Lm, je 1 fM in die nächsten 2 Lm-Bg, 3 Lm, 1 fM in den nächsten Lm-Bg, wenden.

Reihe 8: 1 Km in den nächsten Lm-Bg, 1 fM in denselben Lm-Bg, 1 fM in den nächsten Lm-Bg. Das Garn befestigen.

Für die restlichen 11 Dreieckslücken wiederholen; für die Farben der schematischen Darstellung folgen.

Borte

Runde 1: Mit der VS nach oben Garn D mit 1 Km in einen der Lm-Bg in der Ecke direkt vor einer Zickzackseite einhäkeln, 3 fM in dieselbe Ecke, * je 1 fM in die Seite der ersten 2 M der Dreieckslücke, je 2 fM in die nächsten 6 Lm-Bg, je 1 fM in die nächsten 2 fM, je 2 fM in die nächsten 6 Lm-Bg, je 1 fM in die letzten 2 M der Dreieckslücke, je 1 fM in die nächsten 2 Lm-Bg in der Ecke; 5-mal wdh ab *, dabei die letzten 2 M bei der letzten Wdh auslassen, 3 fM in den nächsten Lm-Bg in der Ecke, ** je 1 fM in die nächsten 18 M entlang des 1. Motivs, je 1 fM in die nächsten 2 Lm-Bg in der Ecke; 9-mal wdh ab **, dabei die letzten 2 M bei der letzten Wdh auslassen, 3 fM in den nächsten Lm-Bg in der Ecke, auf diese Weise entlang der restlichen 2 Seiten arbeiten, die Rd mit 1 Km in die 1. fM schließen.

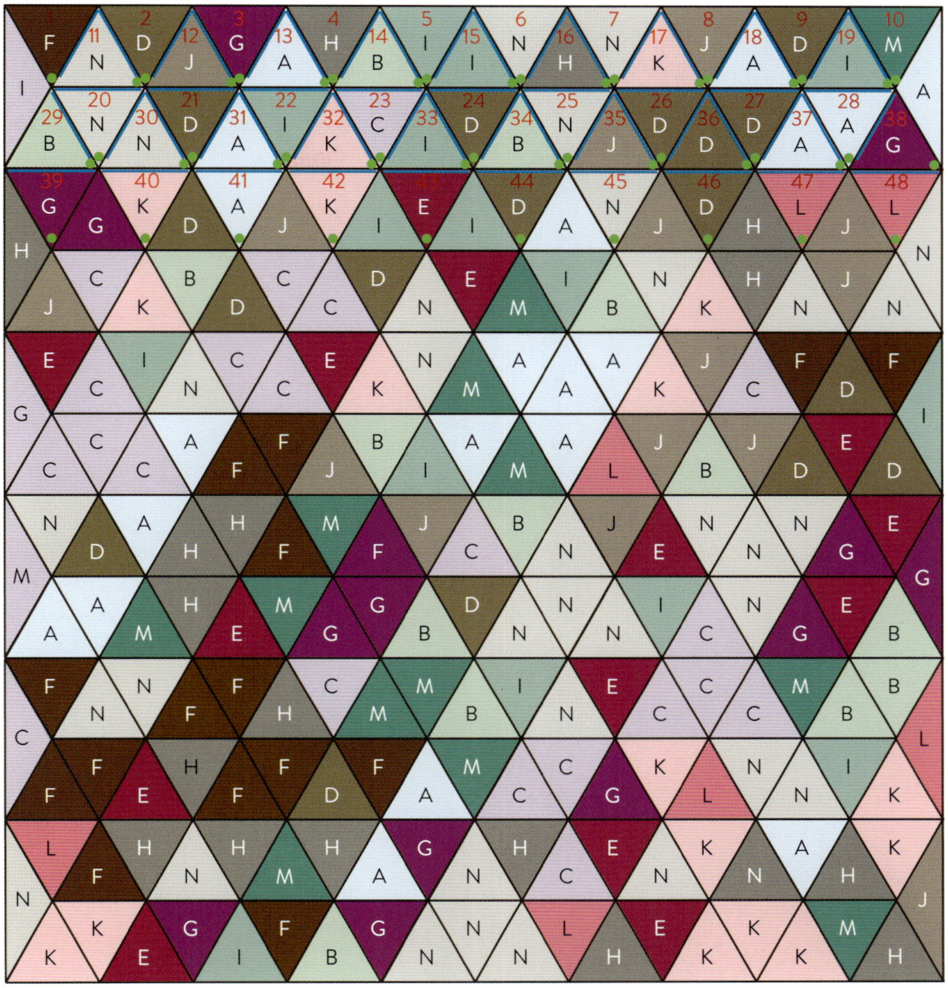

SCHEMATISCHE DARSTELLUNG

Runde 2: 1 Km in die nächste fM, (1 st Stb [siehe Glossar], 1 Lm, 1 Bm um 1 st Stb, 1 Lm, [1 Stb, 1 Lm, 1 Bm um das letzte Stb, 1 Lm] 2-mal) in die fM in der Ecke **(Anfangsecke gehäkelt)**, * (die nächsten 2 M ausl, 1 Stb in die nächste M, 1 Lm, 1 Bm um das letzte Stb, 1 Lm) entlang der Seite bis zur nächsten M in der Ecke **, [1 Stb in die M in der Ecke, 1 Lm, 1 Bm um das letzte Stb, 1 Lm] 3-mal **(Ecke gehäkelt)**; wdh ab * rundherum, dabei die letzte Wdh bei ** beenden, die Rd mit 1 Km auf das st Stb schließen. Das Garn befestigen.

Reihe 3: Mit der VS nach oben Garn C mit 1 Km in Lm direkt vor der Bm in der Ecke aus Reihe 2 einhäkeln, Anfangsecke in denselben Lm-Bg, (1 Stb auf die Lm direkt vor der nächsten Bm, 1 Lm, 1 Bm um das letzte Stb, 1 Lm) bis zur nächsten Bm in der Ecke, Ecke auf den Lm-Bg direkt vor der Bm häkeln, auf diese Weise um die Decke herumarbeiten und die Rd mit 1 Km auf das 1. st Stb schließen. Das Garn befestigen.

Reihe 4: Mit der VS nach oben Garn A mit 1 Km in der Lm direkt vor der Bm in der Ecke von Reihe 3 einhäkeln, (1 fM, 1 Picot [siehe Maschenkunde], 1 Lm, 1 fM) in denselben Lm-Bg **(Picot-Ecke gehäkelt)**, (1 Picot, 1 Lm, 1 fM) in den nächsten Lm-Bg direkt vor der nächsten Bm) bis zur Bm in der Ecke, 1 Picot-Ecke in den Lm-Bg direkt vor der Bm in der Ecke. Rund um die Decke auf diese Weise weiterarbeiten und die Rd mit 1 Km in die 1. fM schließen, wenn Sie die 1. Ecke erreicht haben. Das Garn befestigen und die Enden vernähen.

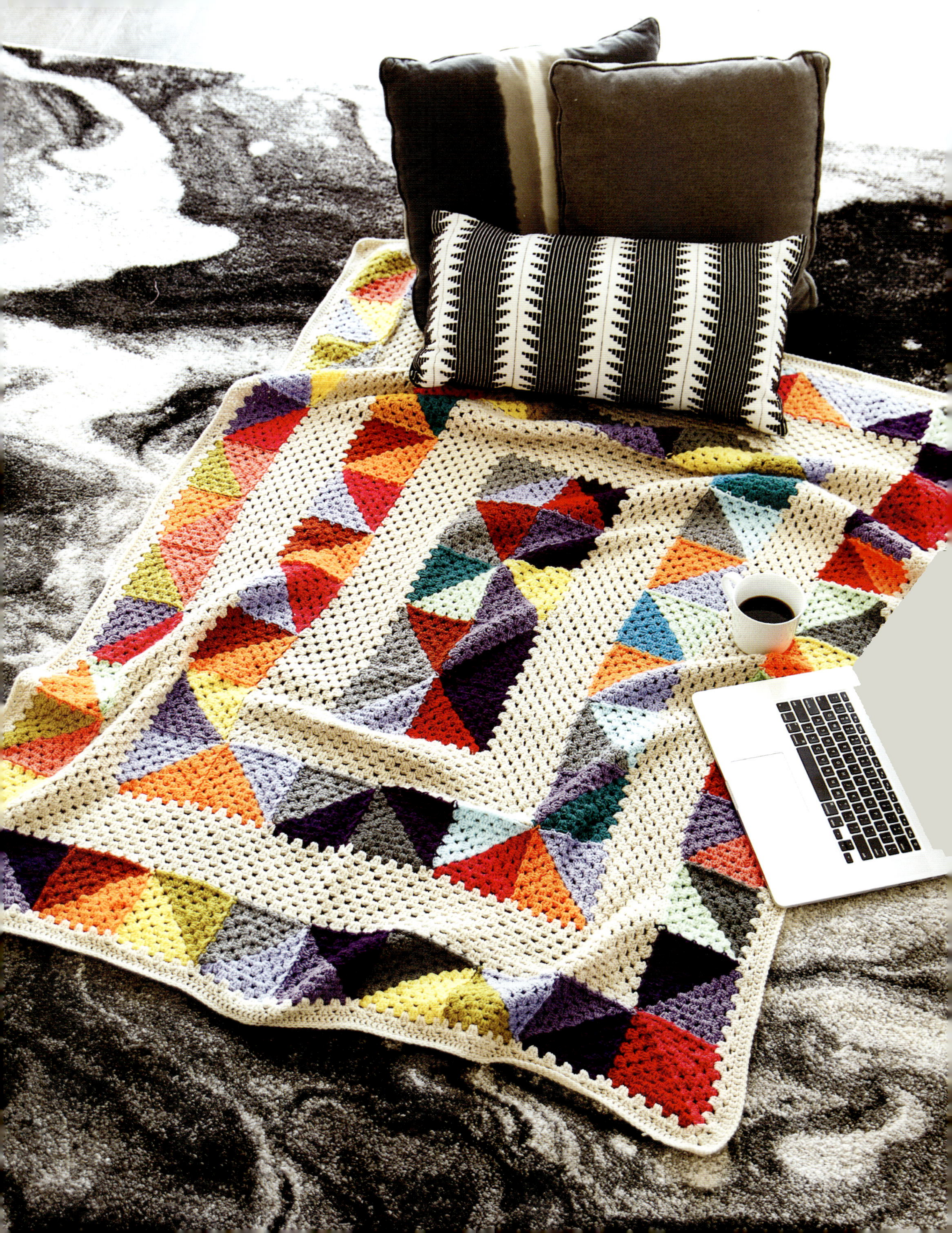

Kuschelecke

Inspiriert von Francisco Valles *Geometric Triangles Perspective,* ist *Kuschelecke* eine bildhübsche, zeitlose Ergänzung zu jeder Form der Raumdekoration. Die pfiffige Mischung für das gewisse kuschelige Extra aus lustigen Granny Squares und Runden im einfarbigen Granny-Muster erfordert definitiv Ihre Aufmerksamkeit, ist aber dennoch einfach genug, um es in einem gemütlichen Sessel mit hochgelegten Beinen neben dem Kamin während eines Familienfernsehabends häkeln zu können.

GRÖSSE BEI FERTIGSTELLUNG

122 × 157,5 cm

GARN

DK-Garn (leichtes Kammgarn)

Hier gezeigt: Scheepjes Colour Crafter (100 % Acryl; 300 m/100 g): #1218 Zandvoort (A), 5 Knäuel; #1099 Wolvega (B), 1 Knäuel; #2018 Pollare (C), 1 Knäuel; #1188 Rhenen (D), 1 Knäuel; #1277 Amstelveen (E), 1 Knäuel; #2007 Spa (F), 1 Knäuel; #1435 Apeldoorn (G), 1 Knäuel; #1246 Maastricht (H), 1 Knäuel; #1712 Nijmegen (I), 1 Knäuel; #1316 Almelo (J), 1 Knäuel; #1034 Urk (K), 1 Knäuel; #2012 Knokke (L), 1 Knäuel; #1062 Dordrecht (M), 1 Knäuel; #1114 Eindhoven (N), 1 Knäuel; #2008 Leuven (O), 1 Knäuel; #2002 Gent (P), 1 Knäuel; #1132 Leek (Q), 1 Knäuel; #1723 Vlissingen (R), 1 Knäuel.

HÄKELNADELN

5 mm für die Decke

4 mm für die letzten 2 Runden der Borte

Falls notwendig, passen Sie die Nadelstärke an, um die gleiche Maschenprobe zu erhalten.

WEITERE MATERIALIEN

Sticknadel

MASCHENPROBE

Die ersten 3 Rd von Quadrat 1 im vorgestellten Muster = 10 × 10 cm mit einer Nadelstärke von 5 mm und gespannt.

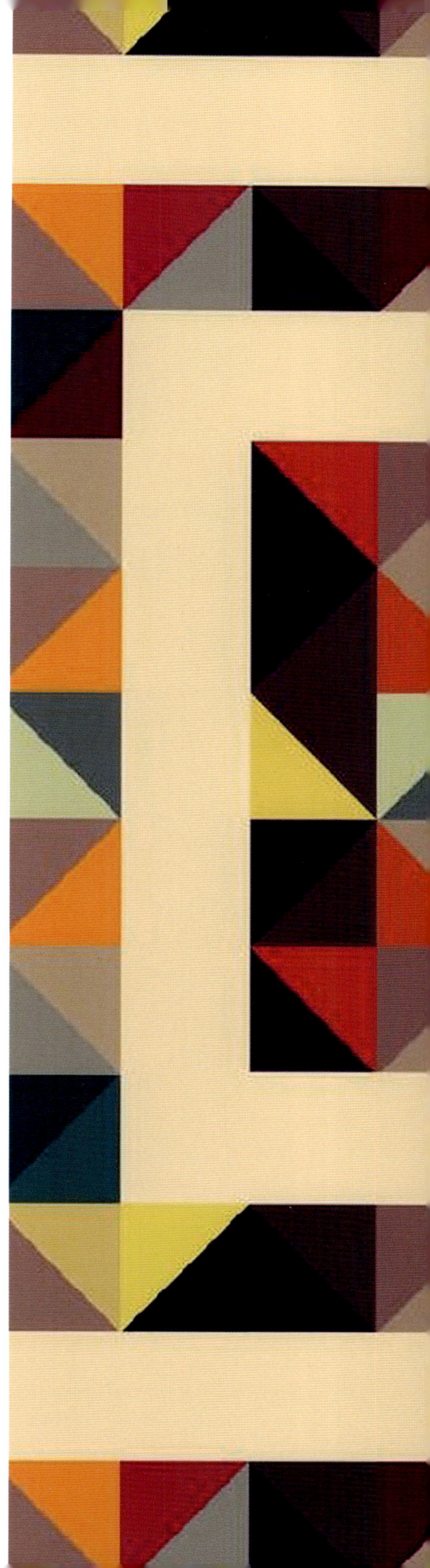

Mit Abschnitt 1 in der Mitte der Decke beginnend, werden diagonale Granny-Squares bis zur letzten Rd gehäkelt und noch während der Arbeit in der letzten Runde mit dem Werkstück verbunden. Verwenden Sie das Häkeldiagramm als generellen Leitfaden für das Muster und als geschriebene Anleitung für Informationen über die diagonale Farbgestaltung. Die Quadrate sind nach ihrer Reihenfolge für das Verbinden nummeriert, wobei dieses im Uhrzeigersinn rund um die Decke herum geschieht. Andere Quadrate werden hervorgehoben, um für Klarheit im Muster zu sorgen. Jedes Quadrat wird aus zwei Farben gehäkelt, wie in der schematischen Darstellung von *Kuschelecke* gezeigt. Die erste Farbe in jedem Quadrat ist ein gedeckter Grauton, die zweite Farbe liegt auf der anderen Seite der Diagonale des Quadrats

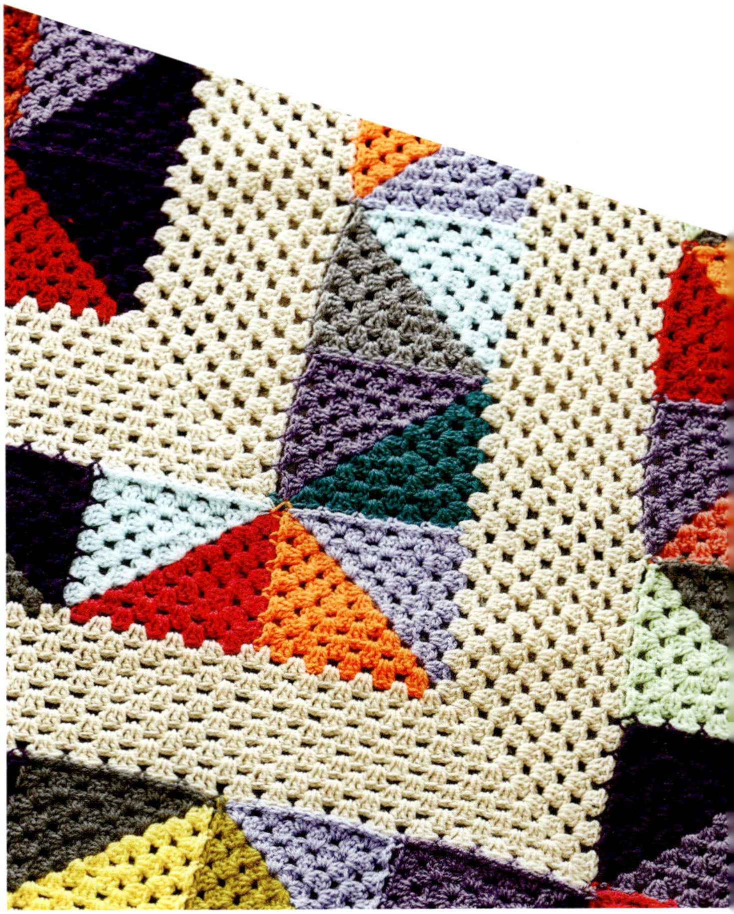

Diagonales Granny-Square (DGS) Abschnitt 1

Quadrat 1

Runde 1 (VS): Mit der größeren Nadel (5 mm) und der angegebenen gedeckten Farbe 1 vom 1. Quadrat 3 Lm häkeln, für einen Ring die Rd mit 1 Km in die 3. Lm von der Nadel schließen, mit der 1. Farbe 1 st Stb (s. Glossar) in den Ring, 2 Stb in den Ring, 1 Lm, 3 Stb in den Ring, den U des letzten Stb mit Farbe 2 häkeln (Farbwechsel gemacht), mit Farbe 2 [1 Lm, 3 Stb] 2-mal in den Ring, die Rd mit 1 fM auf das st Stb schließen, wenden – *12 Stb; 4 Lm-Bg.*

Anmerkung: *Häkeln Sie nicht einfach über das Garn, wenn Sie es nicht verwenden. Stattdessen lassen Sie das Garn, wie beschrieben, einfach fallen, um es später wiederaufzunehmen.*

Runde 2 (RS): Mit Farbe 2 (1 st Stb, 2 Stb) in den 1. Lm-Bg, (3 Stb, 1 Lm, 3 Stb) in den nächsten Lm-Bg (Ecke gehäkelt), 3 Stb in den nächsten Lm-Bg, dabei im letzten U des 3. Stb zu Farbe 1 wechseln, 1 Lm, 3 Stb in denselben Lm-Bg (Ecke mit Farbwechsel gehäkelt), 1 Ecke in den nächsten Lm-Bg häkeln, 3 Stb in den 1. Lm-Bg in der Ecke, die Rd mit 1 fM auf das st Stb, wenden – *24 Stb; 4 Lm-Bg.*

Runde 3: Mit Farbe 1 (1 st Stb, 2 Stb) in den 1. Lm-Bg, 3 Stb zw die Mg aus 3 Stb, Ecke in den nächsten Lm-Bg, 3 Stb zw die Mg aus 3 Stb, Ecke mit Farbwechsel in den nächsten Lm-Bg, weiterarb mit Farbe 2, 3 Stb zw die Mg aus 3 Stb, Ecke in den nächsten Lm-Bg, 3 Stb zw die Mg aus 3 Stb, 3 Stb in den 1. Lm-Bg in der Ecke, die Rd mit 1 fM auf das st Stb schließen, wenden – *36 Stb; 4 Lm-Bg.*

Runde 4: Mit Farbe 2 (1 st Stb, 2 Stb) in den 1. Lm-Bg, [3 Stb zw die Mg aus 3 Stb] 2-mal, Ecke in den nächsten Lm-Bg, [3 Stb zw die Mg aus 3 Stb] 2-mal, Ecke mit Farbwechsel in den nächsten Lm-Bg, weiterarb mit Farbe 1, [3 Stb zw die Mg aus 3 Stb] 2-mal, Ecke in den nächsten Lm-Bg, [3 Stb zw die Mg aus 3 Stb] 2-mal, 3 Stb in den 1. Lm-Bg in der Ecke, die Rd mit 1 fM auf das st Stb schließen, wenden – *48 Stb; 4 Lm-Bg.*

Runde 5: Mit Farbe 1 (1 st Stb, 2 Stb) in den 1. Lm-Bg, [3 Stb zw die Mg aus 3 Stb] 3-mal, Ecke in den nächsten Lm-Bg, [3 Stb zw die Mg aus 3 Stb] 3-mal, Ecke mit Farbwechsel in den nächsten Lm-Bg, weiterarb mit Farbe 2, [3 Stb zw die Mg aus 3 Stb] 3-mal, Ecke in den nächsten Lm-Bg, [3 Stb zw die Mg aus 3 Stb] 3-mal, 3 Stb in den 1. Lm-Bg in der Ecke, 1 Lm, die Rd mit 1 Km auf das st Stb schließen. Das Garn befestigen. – *60 Stb; 4 Lm-Bg.*

Quadrat 2

Runde 1–4: Rd 1–4 von Quadrat 1 wdh.

Runde 5: Mit Farbe 1 (1 st Stb, 2 Stb) in den 1. Lm-Bg, [3 Stb zw die Mg aus 3 Stb] 3-mal, 3 Stb in den nächsten Lm-Bg, 1 Km in die Ecke von Quadrat 1 in Farbe 2 (s. schematische Darstellung für Platzierung), 3 Stb in denselben Lm-Bg in der Ecke des

RUNDEN IM GRANNY-MUSTER

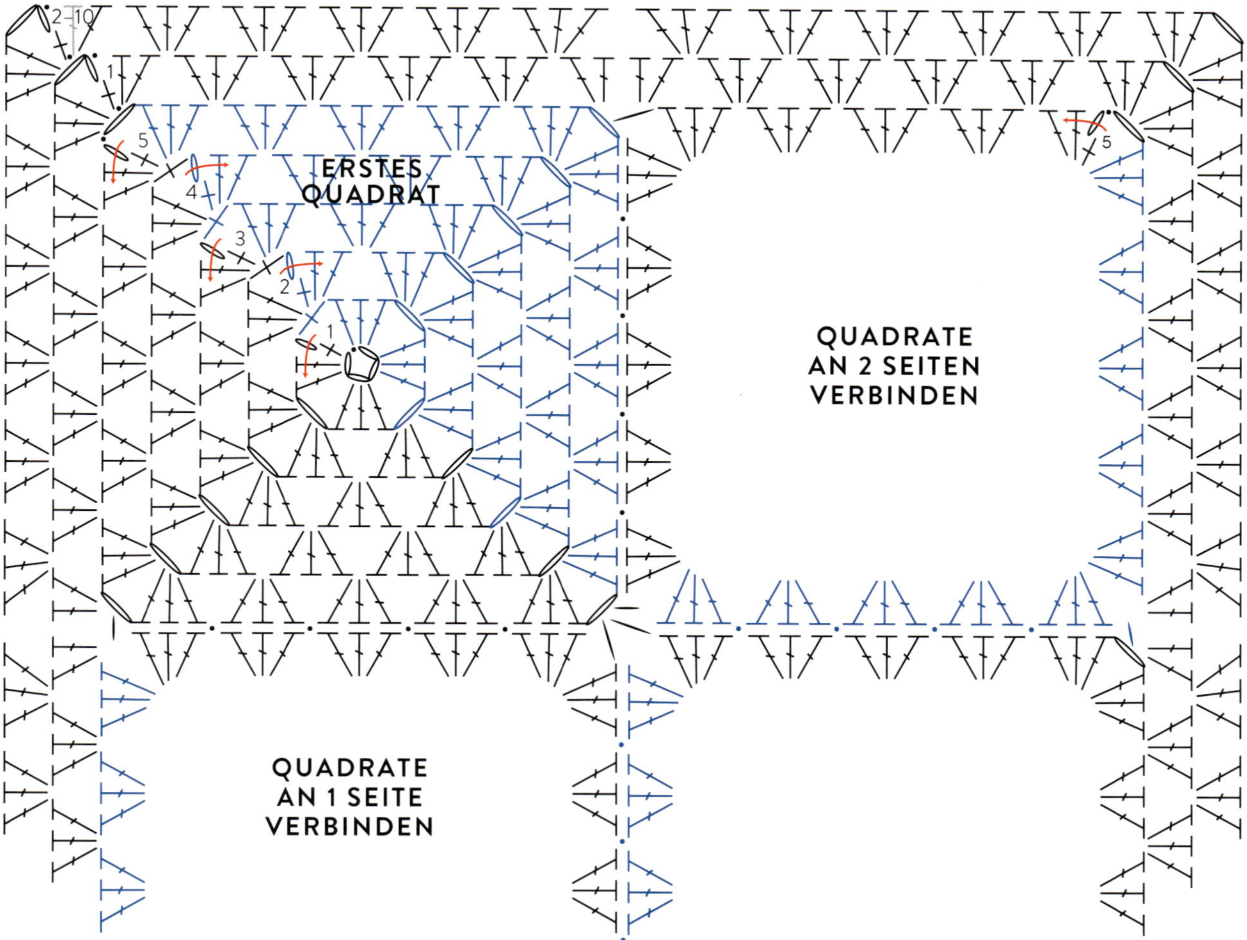

aktuellen Quadrats, [1 Km zw die entsprechenden Mg aus 3 Stb des vorigen Quadrats, 3 Stb zw die Mg aus 3 Stb des aktuellen Quadrats] 3-mal, 1 Km zw die entsprechenden Mg aus 3 Stb des vorigen Quadrats, 3 Stb in den nächsten Lm-Bg in der Ecke, 1 Km in den entsprechenden Lm-Bg in der Ecke des vorigen Quadrats, zu Farbe 2 wechseln und 3 Stb in denselben Lm-Bg in der Ecke, [3 Stb zw die Mg aus 3 Stb] 3-mal, Ecke in den nächsten Lm-Bg, [3 Stb zw die Mg aus 3 Stb] 3-mal, 3 Stb in den 1. Lm-Bg in der Ecke, 1 Lm, die Rd mit 1 Km auf das st Stb beenden – *1 Seite verbunden.*

Das Garn befestigen.

Quadrat 3

Runde 1–4: Rd 1–4 von Quadrat 1 wdh.

LEGENDE DER MASCHEN

= Luftmasche (Lm)

= Kettmasche (Km)

= feste Masche (fM)

= Stäbchen (Stb)

= stehendes Stäbchen (st Stb)

Runde 5: Mit Farbe 1 (1 st Stb, 2 Stb) in den 1. Lm-Bg, [3 Stb zw die Mg aus 3 Stb] 3-mal, Ecke in den nächsten Lm-Bg, [3 Stb zw die Mg aus 3 Stb] 3-mal, Ecke mit Farbwechsel in den nächsten Lm-Bg, weiterarb mit Farbe 2, [3 Stb zw die Mg aus 3 Stb] 3-mal, 3 Stb in den nächsten Lm-Bg in der Ecke, 1 Km in die entsprechende Ecke von Quadrat 2 in Farbe 2 (s. schematische Darstellung für Platzierung), 3 Stb in denselben Lm-Bg in der Ecke des aktuellen Quadrats, [1 Km zw die entsprechenden Mg aus 3 Stb des vorigen Quadrats, 3 Stb zw die Mg aus 3 Stb des aktuellen Quadrats] 3-mal, 1 Km zw die entsprechenden Mg aus 3 Stb des vorigen Quadrats, 3 Stb in den nächsten Lm-Bg in der Ecke, 1 Lm, die Rd mit 1 Km auf das st Stb schließen – *1 Seite verbunden.* Das Garn befestigen.

Quadrat 4

Gleich häkeln wie Quadrat 2, dabei mit der Unterkante von Quadrat 3 verbinden.

Quadrat 5

Gleich häkeln wie Quadrat 3, dabei mit der Unterkante von Quadrat 4 verbinden.

Quadrat 6

Gleich häkeln wie Quadrat 3, dabei mit der rechten Seite von Quadrat 5 verbinden.

Quadrat 7

Runde 1–4: Rd 1–4 von Quadrat 1 wdh.

Runde 5: Mit Farbe 1 (1 st Stb, 2 Stb) in den 1. Lm-Bg, [3 Stb zw die Mg aus 3 Stb] 3-mal, Ecke in den nächsten Lm-Bg, [3 Stb zw die Mg aus 3 Stb] 3-mal, 3 Stb in den nächsten Lm-Bg in der Ecke, 1 Km in die entsprechende obere rechte Ecke von Quadrat 6 (s. schematische Darstellung), zu Farbe 2 wechseln, [1 Km zw die entsprechenden Mg aus 3 Stb des vorigen Quadrats, 3 Stb zw die Mg aus 3 Stb des aktuellen Quadrats] 3-mal, 1 Km zw die entsprechenden Mg aus 3 Stb des vorigen Quadrats, 3 Stb in den nächsten Lm-Bg in der Ecke, 1 Km in den entsprechenden Lm-Bg in der Ecke von Quadrat 5, 3 Stb in denselben Lm-Bg in der Ecke des aktuellen Quadrats, [1 Km zw die entsprechenden Mg aus 3 Stb des vorigen Quadrats, 3 Stb zw die Mg aus 3 Stb des aktuellen Quadrats] 3-mal, 1 Km zw die entsprechenden Mg aus 3 Stb des vorigen Quadrats, 3 Stb in den nächsten Lm-Bg in der Ecke, 1 Lm, die Rd mit 1 Km auf das st Stb schließen – *2 Seiten verbunden.* Das Garn befestigen.

Quadrat 8

Runde 1–4: Rd 1–4 von Quadrat 1 wdh.

Runde 5: Mit Farbe 1 (1 st Stb, 2 Stb) in den 1. Lm-Bg, [3 Stb zw die Mg aus 3 Stb] 3-mal, 3 Stb in den nächsten Lm-Bg, 1 Km in die Ecke von Quadrat 7 in Farbe 1 (s. schematische Darstellung), 3 Stb in denselben Lm-Bg in der Ecke des aktuellen Quadrats, [1 Km zw die entsprechenden Mg aus 3 Stb des vorigen Quadrats, 3 Stb zw die Mg aus 3 Stb des aktuellen Quadrats] 3-mal, 1 Km zw die entsprechenden Mg aus 3 Stb des vorigen Quadrats, 3 Stb in den nächsten Lm-Bg in der Ecke, 1 Km in den entsprechenden Lm-Bg in der Ecke des vorigen Quadrats, zu Farbe 2 wechseln, [1 Km zw die entsprechenden Mg aus 3 Stb des vorigen Quadrats, 3 Stb zw die Mg aus 3 Stb des aktuellen Quadrats] 3-mal, 1 Km zw die entsprechenden Mg aus 3 Stb des vorigen Quadrats, 3 Stb in den nächsten Lm-Bg in der Ecke, 1 Lm, die Rd mit 1 Km auf das st Stb beenden – *2 Seiten verbunden.* Das Garn befestigen.

Quadrat 9

Arbeiten Sie gleich wie für Quadrat 7, verbinden es aber mit der Oberkante von Quadrat 8 und der rechten Seite von Quadrat 2.

Quadrat 10

Arbeiten Sie gleich wie für Quadrat 8, verbinden es aber mit der Oberkante von Quadrat 9 und der rechten Seite von Quadrat 1.

Die ersten Runden im Granny-Muster

Runde 1: Mit der größeren Nadel (5 mm) Garn A (Hauptfarbe des Hintergrunds) mit 1 Km in einen Lm-Bg in der Ecke einhäkeln, (1 st Stb, 1 Lm, 3 Stb) in denselben Lm-Bg, * 3 Stb zw die Mg aus 3 Stb bis zu der Stelle, an der zwei DGS-Ecken aufeinanderstoßen. Diese Stelle arbeiten, wie folgt: 2 Stb in die 1. Ecke, 2 Stb in die 2. Ecke (zählt als 1 Mg aus 3 Stb in der nächsten Rd), 3 Stb bis zum Lm-Bg in der Ecke **, (3 Stb, 1 Lm, 3 Stb) in den Lm-Bg in der Ecke; wdh ab * rundherum, dabei die letzte Wdh bei ** beenden und sichergehen, dass alle Stellen, an denen 2 DGS aufeinanderstoßen, wie in der Erklärung bearbeitet werden, 2 Stb in die Ecke zum Vervollständigen, die Rd mit 1 Km auf das st Stb schließen.

Runde 2–10: 1 Km in den 1. Lm-Bg, (1 st Stb, 1 Lm, 3 Stb) in den 1. Lm-Bg, * 3 Stb zw die Mg aus 3 Stb bis zur nächsten Ecke **, (3 Stb, 1 Lm, 3 Stb) in den Lm-Bg in der Ecke; wdh ab * rundherum, die letzte Wdh bei ** beenden, 2 Stb in die 1. Ecke zum Vervollständigen, die Rd mit 1 Km auf das st Stb schließen.

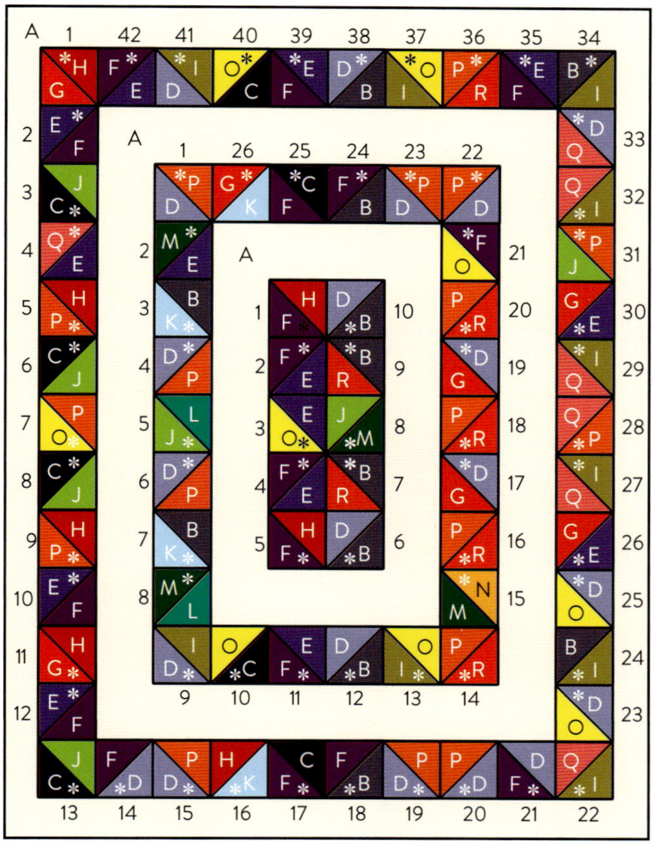

SCHEMATISCHE DARSTELLUNG

FARBAUFSCHLÜSSELUNG

- = #1218 Zandvoort (A)
- = #1099 Wolvega (B)
- = #2018 Pollare (C)
- = #1188 Rhenen (D)
- = #1277 Amstelveen (E)
- = #2007 Spa (F)
- = #1435 Apeldoorn (G)
- = #1246 Maastricht (H)
- = #1712 Nijmegen (I)
- = #1316 Almelo (J)
- = #1034 Urk (K)
- = #2012 Knokke (L)
- = #1062 Dordrecht (M)
- = #1114 Eindhoven (N)
- = #2008 Leuven (O)
- = #2002 Gent (P)
- = #1132 Leek (Q)
- = #1723 Vlissingen (R)

* zeigt 1. Seite des Quadrats an

DGS Abschnitt 2

Quadrat 1

Runde 1–5: Arbeiten Sie gleich wie für Quadrat 1 aus Abschnitt 1, häkeln Sie es aber mit 1 Km an der Ecke, die die Ecke des Granny-Musters berührt (s. schematische Darstellung).

Quadrate 2–26

Runde 1–5: Wie die Quadrate in Abschnitt 1 häkeln, aber an das vorige Quadrat und den entsprechenden Abschnitt der Runde mit dem Granny-Muster häkeln, dabei den Anweisungen für Quadrat 7 oder 8 (an zwei Seiten verbunden) entsprechend folgen.

Weitere Runden im Granny-Muster

Runde 1–10: Mit der größeren Nadel (5 mm) und Garn A wie die ersten Runden im Granny-Muster häkeln.

DGS Abschnitt 3

Quadrat 1–42

Häkeln Sie wie für DGS Abschnitt 2, aber mit den weiteren Runden im Granny-Muster verbinden.

Borte

Runde 1 und 2: Mit der größeren Nadel (5 mm) und Garn A die ersten 2 Runden im ersten Granny-Muster häkeln.

Runde 3: Mit der kleineren Nadel (4 mm) 1 Km in den 1. Lm-Bg, (1 st Stb, 1 Lm, 2 Stb) in den 1. Lm-Bg, * je 1 Stb in jd M bis zur nächsten Ecke **, (2 Stb, 1 Lm, 2 Stb) in den Lm-Bg in der Ecke; wdh ab * rundherum, die letzte Wdh bei ** beenden, 1 Stb in die 1. Ecke zum Vervollständigen, die Rd mit 1 Km auf das st Stb beenden.

Runde 4: 1 Km in den 1. Lm-Bg, * 3 fM in den 1. Lm-Bg, je 1 fM in jd M rundherum **, 3 fM in den Lm-Bg in der Ecke; wdh ab * rundherum, die letzte Wdh bei ** beenden und die Rd mit 1 Km in die 1. fM schließen. Das Garn befestigen und die Garnenden vernähen.

KAPITEL 3

Stoffdesign

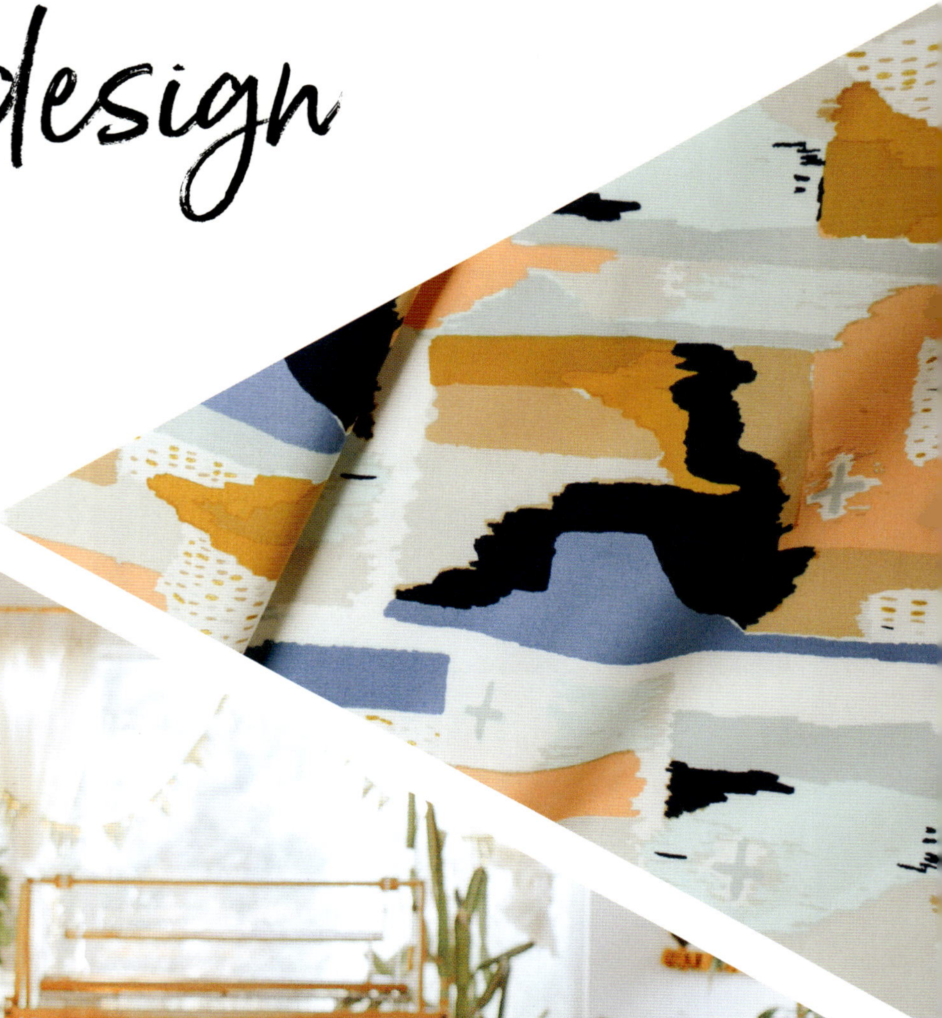

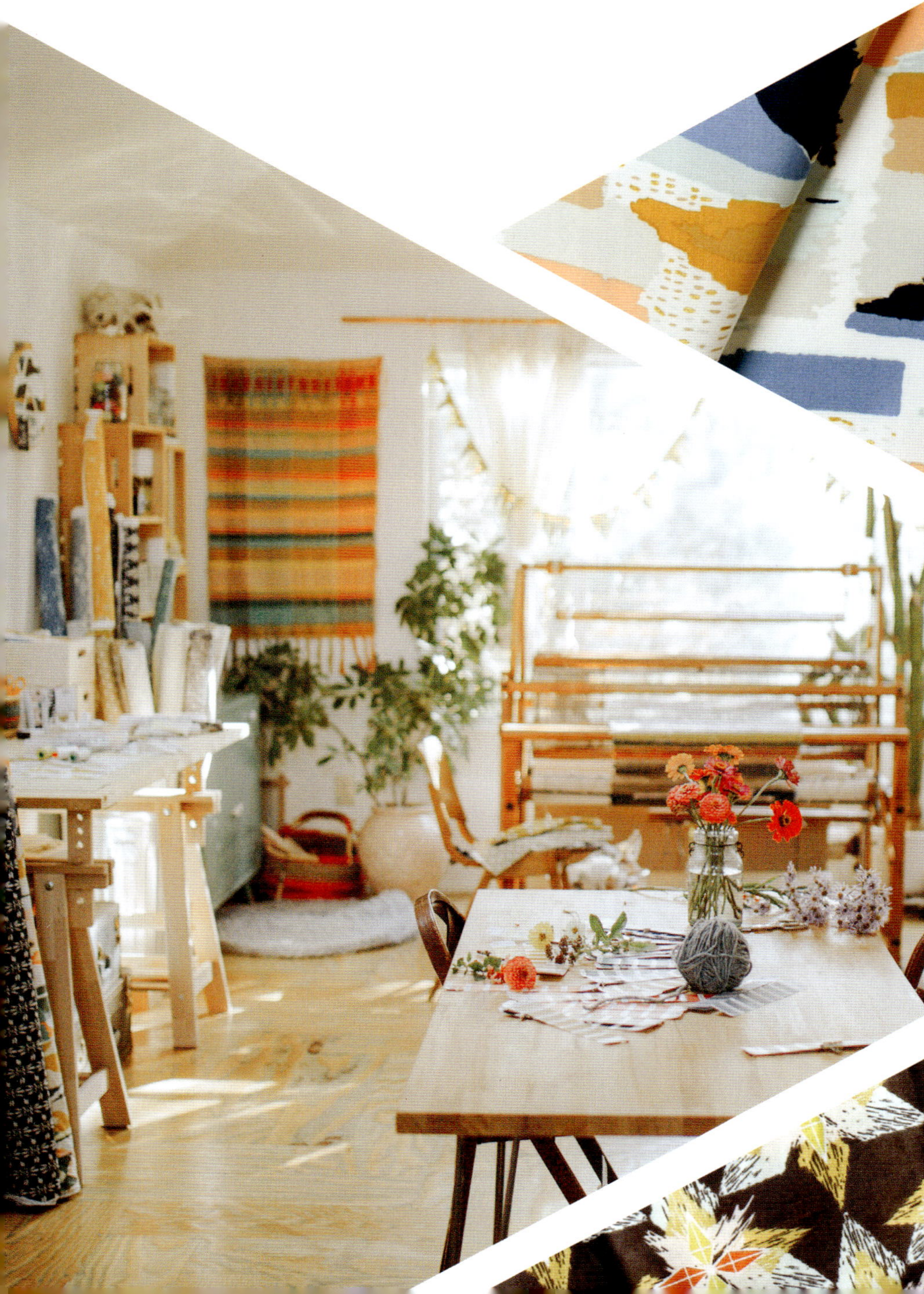

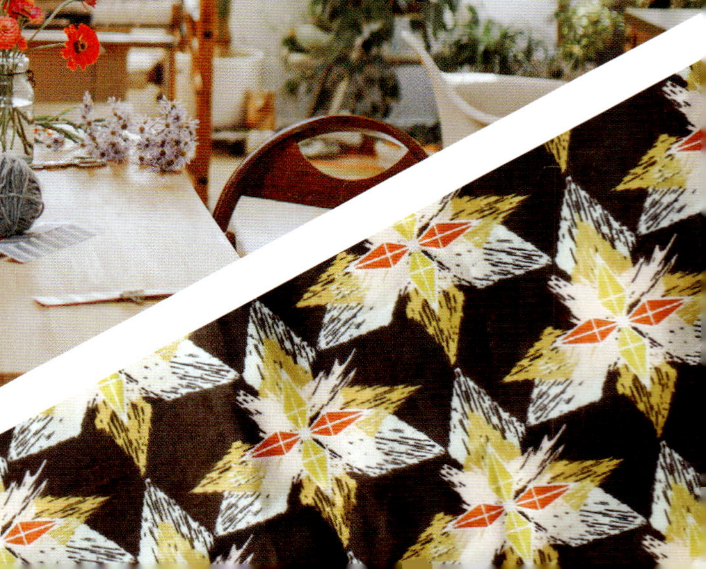

APRIL RHODES

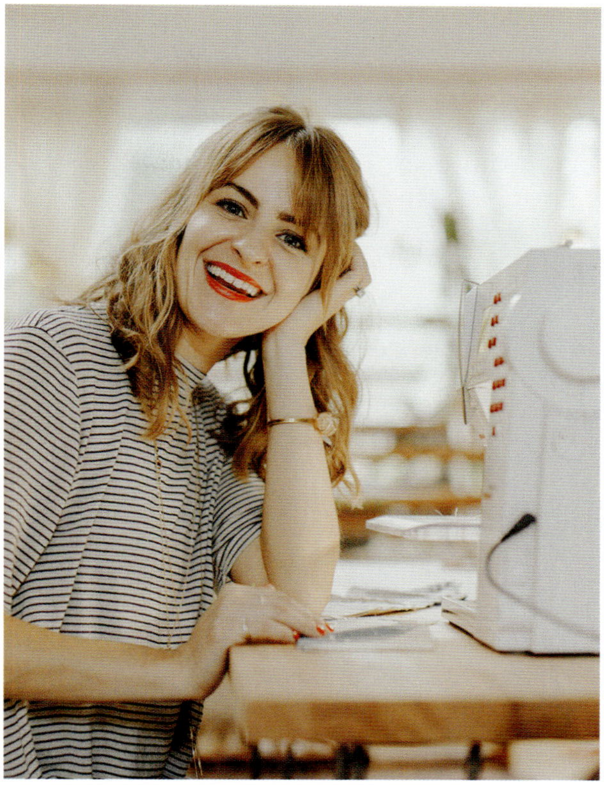

DIE KÜNSTLERIN

April Rhodes ist eine in allen Handarbeitsdingen ambitionierte Textildesignerin, die in ihrer Heimatstadt Columbus in Ohio lebt. Sie ist berühmt für ihre modernen Stoffdesigns, die sie selbst als „freigeistig, erdig und frech" bezeichnet. Sie arbeitet eng mit *Art Gallery Fabrics* zusammen, um geniale Stoffkollektionen zu entwerfen, die oft geometrische Formen und neutrale Farben einbinden, um einmalige Muster zu erzeugen. Wenn April nicht gerade ein neues Handwerk für sich entdeckt – seit Neuestem ist es das Stricken –, setzt sie sich für Sachen ein, an die sie glaubt, und ist aktiv bei Wohltätigkeiten und Spendensammlungen für Umwelt- und Menschenrechtsbelange.

DIE INSPIRATION

Textildesign an sich ist ein Prozess, der Elemente der beiden letzten Kapitel kombiniert: Digitales Design und Textilkunst. Im Falle von April Rhodes beginnt das moderne und freigeistige Design am Computer und wird dann als Stoffkollektion zusammen mit Art Gallery Fabrics gedruckt. Aprils fertiges Produkt ist unverwechselbarer Stoff, der durch die organischen geometrischen Designs die ursprüngliche Sehnsucht wachruft, sich mit den eigenen Wurzeln zu verbinden und von der Natur berührt zu werden. Es ist diese erdige Verbindung, die mich Inspiration aus Aprils Arbeit ziehen lässt und sie in meine eigene Kunst einfließen lassen kann, um Deckenmuster zu gestalten, die zugleich organisch in ihrem Design und visuell modern sind.

Mit den drei Projekten in diesem Kapitel werden wir innovative Wege entdecken, um den gestalterischen Freiraum auf einer rechteckigen Decke zu füllen, genau so, wie das Textildesign versucht, ein Stoffdreieck kreativ zu füllen. Zu diesem Zweck leihen sich diese Muster Elemente aus dem Freiformhäkeldesign, was sie so unterhaltsam und bezaubernd macht. *Boho Desert,* ein erfrischend zeitgenössiches Muster, das von Aprils Stoff *Arid Horizon* inspiriert wurde, ist aus einzelnen Elementen konstruiert, jedes mit seinen eigenen Farben und einzigartigen Strukturen. *Abstraktes Karree* ist ein komplex aussehendes Motiv, das auf pfiffige Art wiederholt wird und das aus ihrem Stoffdesign *Painted Morale* schöpft. Zu guter Letzt verschiebt *Wanderlust,* eine Decke, die sich an *Sylph's Freedom Flower* orientiert, die Grenzen des Designs, indem sie höchst unterschiedliche Muster kombiniert, um ein optisch herausragendes Kunstwerk entstehen zu lassen.

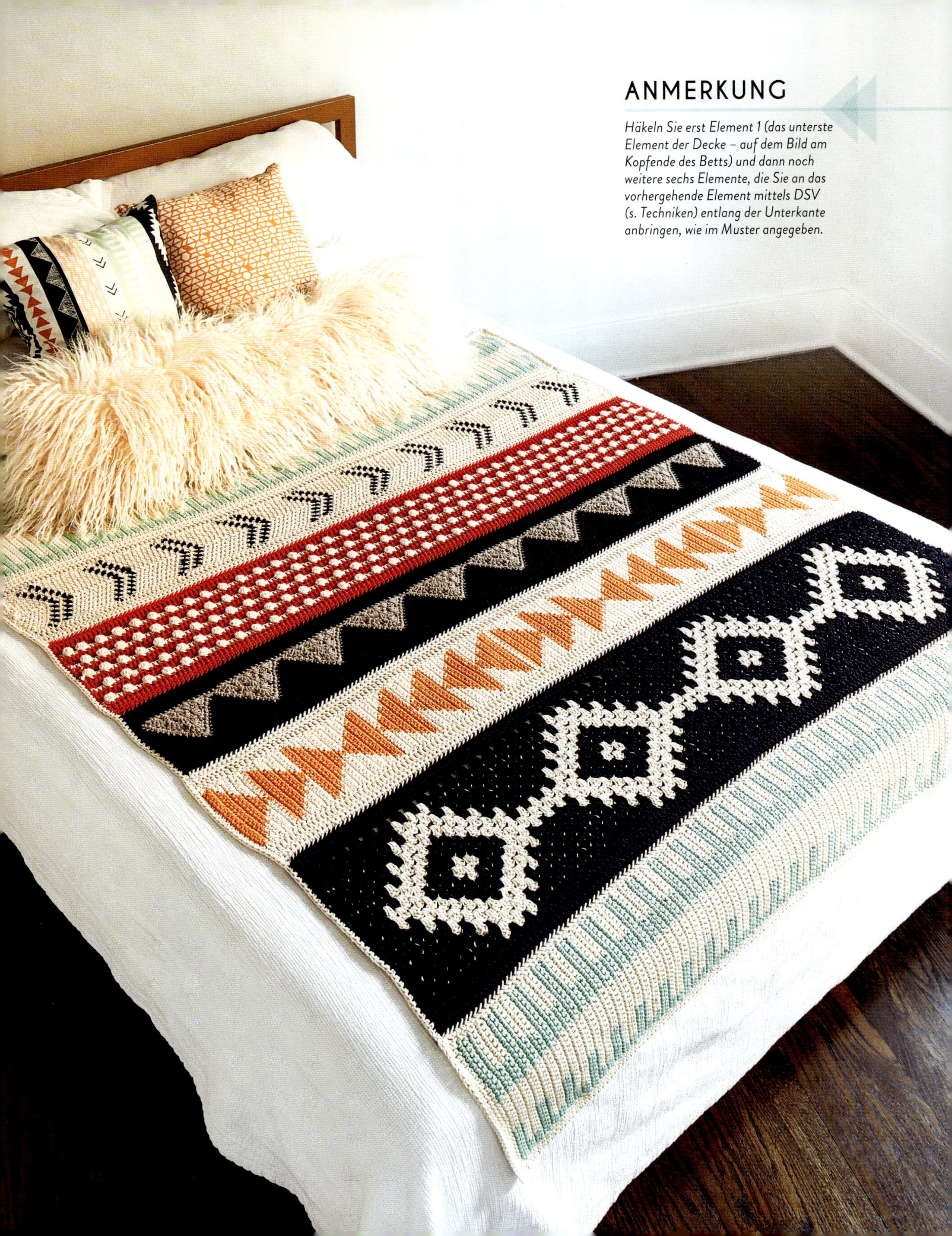

ANMERKUNG

Häkeln Sie erst Element 1 (das unterste Element der Decke – auf dem Bild am Kopfende des Betts) und dann noch weitere sechs Elemente, die Sie an das vorhergehende Element mittels DSV (s. Techniken) entlang der Unterkante anbringen, wie im Muster angegeben.

BOHO-Wüste

Stellen Sie sich vor, wie Sie diese Decke an einem kühlen Morgen über Ihre Schultern legen, in dem Wissen, dass Sie so ein freigeistiges und gedankenvolles Stück selbstgemacht haben. Jeder Stoff, den April Rhodes entwirft, schenkt auch ein friedliches Gefühl, das mich immer zum Kreativsein anregt. *Arid Horizon* hat mich sofort angezogen und das Ergebnis ist eine Art Maschen-Best-Of, das Sie das Häkeln genauso genießen lässt wie die Freude an der fertigen Decke.

GRÖSSE BEI FERTIGSTELLUNG

127 × 152 cm

GARN

Arangarn/Kammgarn (mittleres Garn).

Hier gezeigt: Wool and the Gang Shiny Happy Cotton (100 % Pima-Baumwolle; 142 m/100 g): #02 Ivory White (A), 12 Knäuel; #18 Magic Mint (B), 3 Knäuel; #05 Midnight Blue (C), 5 Knäuel; #17 Coral Crush (D), 3 Knäuel; #09 Timberwolf (E), 1 Knäuel; #15 Mellow Yellow (F), 2 Knäuel.

HÄKELNADELN

5,5 mm für alle Elemente und Elementränder

5 mm für die Borte der Decke

Falls notwendig, passen Sie die Nadelstärke an, um die gleiche Maschenprobe zu erhalten.

WEITERE MATERIALIEN

Sticknadel

MASCHENPROBE

14 M und 14 Reihen = 10 cm in fM, gespannt.

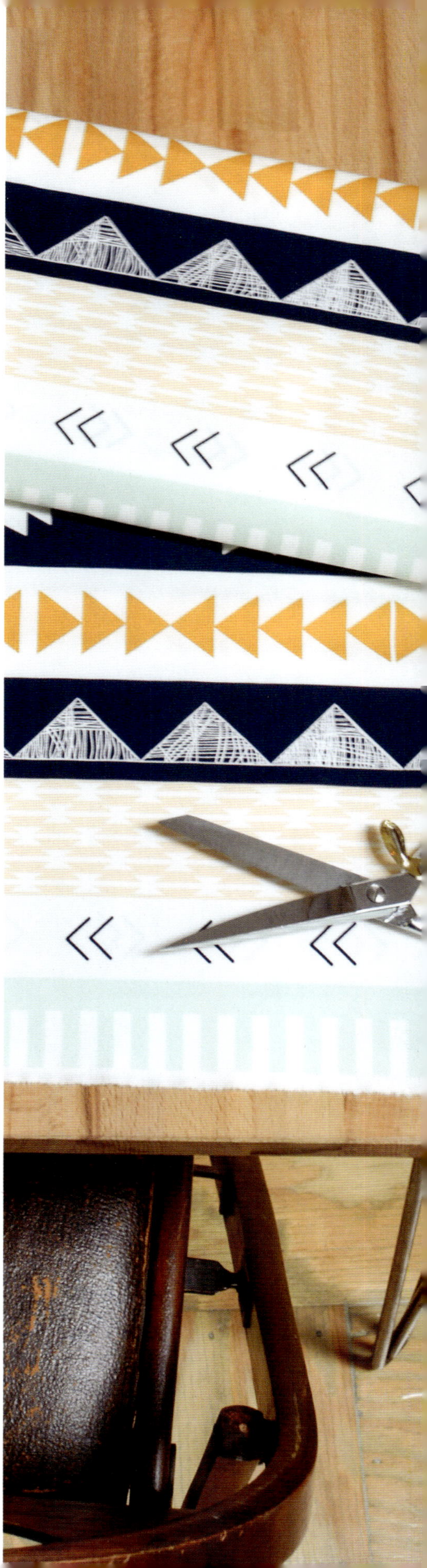

MASCHENKUNDE

Noppe
(U, die Nadel in die nächste M einstechen, U, das Garn durch die M ziehen, U, das Garn durch 2 Schlingen auf der Nadel ziehen) 5-mal, U, das Garn durch alle 6 Schlingen auf der Nadel ziehen.

Zunahme
(1 fM, 1 Lm, 1 fM) in dieselbe M oder denselben Lm-Bg, wie angegeben.

Element 1

Anmerkung: *Das gesamte Element wird mit fM in Reihen hin und her gehäkelt, Farben werden gewechselt, indem Sie das Garn der neuen Farbe durch 2 Schlingen auf der Nadel während des letzten U der letzten fM in der alten Farbe ziehen. Häkeln Sie über das Garn, das Sie nicht verwenden.*

Reihe 1: Mit Garn A und der größeren Nadel (5,5 mm) 29 Lm häkeln, 1 fM in die 2. Lm von der Nadel (Wm zählt nicht als M), je 1 fM in jd Lm bis zum Ende der Reihe, in der letzten fM zu Garn B wechseln, wenden – *28 fM*. Reihe 1 von Element 1 im Farbdiagramm gehäkelt.

Reihe 2: Folgen Sie dem Farbdiagramm von Element 1 und häkeln Sie mit Garn B weiter, Garn A unter den M mitführen und je 1 fM in jd der ersten 9 M, in der letzten fM zu Garn A wechseln, Garn B mitführen und je 1 fM in die nächsten 8 M, in der letzten M zu Garn B wechseln und Garn A mitführen, je 1 fM in die nächsten 10 M und in der letzten M zu Garn A wechseln, Garn B mitführen, 1 fM in die letzte M, wenden.

Reihe 3–7: Folgen Sie dem Farbdiagramm von Element 1 für die Farbwechsel und häkeln Sie fM in Reihen.

Reihe 8–169: Reihe 2–7 wdh (27-mal).

Reihe 170–172: Reihe 2–4 wdh.

Reihe 173: Nur mit Garn A je 1 fM in jd M bis zum Ende der Reihe. Das Garn befestigen.

Umrandung des Elements

Runde 1: Mit der VS nach oben Garn A mit 1 Km in die Ecke oben rechts vor einer langen Seite einhäkeln, * 3 fM in die M in der Ecke, 148 fM gleichmäßig bis zum Ende der langen Seite, 3 fM in die nächste Ecke, 25 fM gleichmäßig bis zum Ende der kurzen Seite; wdh ab * rundherum, die Rd mit 1 Km in die 1. fM schließen.

Runde 2: 1 Km in die nächste fM, * 3 fM in die mittlere M der Ecke, je 1 fM in jd M bis zur nächsten Ecke; wdh ab * rundherum, die Rd mit 1 Km in die 1. fM schließen. Das Garn befestigen.

Element 2

Reihe 1: Mit Garn A 3 Lm häkeln, 1 Km in die 3. Lm, um einen Ring zu bilden, 1 st Stb (s. Glossar) in den Ring, 8 Stb in den Ring, wenden.

Reihe 2: Zun (s. Maschenkunde) in die 1. M, * 1 Lm, die nächste M ausl, 1 fM in die nächste M, 1 Lm, die nächste M ausl, Zun in die nächste M; 1-mal wdh ab *, wenden.

Reihe 3: Zun in den 1. Lm-Bg, (1 Lm, 1 fM in den nächsten Lm-Bg) bis zum Lm-Bg in der Mitte, 1 Lm, Zun im Lm-Bg in der Mitte, (1 Lm, 1 fM in den nächsten Lm-Bg) bis zum letzten Lm-Bg, 1 Lm, Zun in den letzte Lm-Bg, wenden.

Reihe 4: Reihe 3 wdh.

Reihe 5 (Musterreihe): 1 fM in den 1. Lm-Bg, (1 Lm, 1 fM in den nächsten Lm-Bg) bis zum Lm-Bg in der Mitte, 1 Lm, Zun in den Lm-Bg in der Mitte, (1 Lm, 1 fM in den nächsten Lm-Bg) bis zum letzten Lm-Bg, 1 Lm, 1 fM in den letzten Lm-Bg, wenden.

Reihe 6–8: Reihe 5 wdh.

Reihe 9: Garn A fallenlassen, um es später wieder aufzunehmen, und Garn C einhäkeln. Mit Garn C Reihe 5 wdh, nicht wenden. Garn C fallenlassen, um es später wieder aufzunehmen.

Reihe 10 und 11: Garn A aufnehmen, Reihe 5 wdh, nach Reihe 11 nicht wenden. Garn A fallenlassen, Garn C aus der vorletzten R aufnehmen.

Reihe 12: Mit Garn C Reihe 5 wdh. Garn C befestigen und Garn A aufnehmen.

Reihe 13–23: Mit Garn A Reihe 5 wdh.

Reihe 24–138: Reihe 9–23 wdh (8-mal), dabei die Farbwechsel einhalten.

Reihe 139–142: Mit Garn A Reihe 5 wdh. Das Garn befestigen.

Ecken füllen für ein bündiges Ende

Rechte Seite
Reihe 1: Mit der VS nach oben Garn A mit 1 Km in den 1. Lm-Bg einhäkeln, 1 fM in denselben Lm-Bg, (1 Lm, 1 fM in den nächsten Lm-Bg) bis zum Ende der Reihe, dabei die letzte fM in den Lm-Bg in der Mitte häkeln, wenden.

Reihe 2–5: 1 fM in den 1. Lm-Bg, (1 Lm, 1 fM in den nächsten Lm-Bg) bis zum Ende der Reihe, wenden.

	B	B	B	A	A	A	A	A	A	A	A	A	A	A	A	A	A	B	B	B	B	A	A	A	A	A	A	A	7
6	B	B	B	A	A	A	A	A	A	A	A	A	A	A	A	A	A	B	B	B	B	A	A	A	A	A	A	A	
	B	B	B	A	A	A	A	A	A	A	A	A	A	A	A	A	A	B	B	B	B	A	A	A	A	A	A	A	5
4	B	B	B	B	B	B	B	B	B	A	A	A	A	A	A	A	A	B	B	B	B	B	B	B	B	B	B	A	
	B	B	B	B	B	B	B	B	B	A	A	A	A	A	A	A	A	B	B	B	B	B	B	B	B	B	B	A	3
2	B	B	B	B	B	B	B	B	B	A	A	A	A	A	A	A	A	B	B	B	B	B	B	B	B	B	B	A	
	A	A	A	A	A	A	A	A	A	A	A	A	A	A	A	A	A	A	A	A	A	A	A	A	A	A	A	A	1

SCHEMATISCHE DARSTELLUNG ELEMENT 1

LEGENDE ZU ELEMENT 1

- □ = #02 Ivory White (A)
- ■ = #18 Magic Mint (B)

Reihe 6: 1 fM in den Lm-Bg. Das Garn befestigen.

Linke Seite

Reihe 1–6: Mit der RS nach oben Garn A in den 1. Lm-Bg wieder einhäkeln und Reihe 1–6 wdh wie für die rechte Seite. Das Garn befestigen.

Umrandung des Elements

Lange Seite 1

Reihe 1: Mit der VS nach oben Garn A in die obere rechte Ecke vor einer langen Seite einhäkeln und sichergehen, dass die „C-Pfeile" in die richtige Richtung zeigen wie am Foto des fertigen Werkstücks, 1 st Stb in die 1. M, 151 Stb gleichmäßig bis zum Ende der langen Seite häkeln, wenden.

Reihe 2: 1 fM in jd M bis zum Ende der Reihe. Das Garn befestigen.

Lange Seite 2

Wiederholen Sie Reihe 1 und 2 der Langen Seite 1 an der unteren langen Seite des Elements. Das Garn nicht abschneiden und auf die VS drehen.

Verbindungsrunde

Anmerkung: *Lesen Sie sich die Anleitung vor dem Häkeln vollständig durch!*

Die Elemente zum Verbinden vorbereiten: Legen Sie Element 2 über Element 1, sodass die Unterkante von Element 2 auf der Oberkante von Element 1 liegt.

Mit Garn A fortfahren, 2 fM in die 1. M, die Schlinge von der Nadel nehmen und die Nadel in die mittlere M der Ecke von Element 1 stechen, in die Schlinge einstechen, DSV (s. Techniken) zur VS der Arbeit, 1 fM in dieselbe M, um die Ecke fertigzustellen, DSV in die ggü liegende M von Element 1, (1 fM in die nächste M des aktuellen Element, DSV an das vorige Element), und mit der 2. fM der nächsten 3 fM in der Ecke enden, 1 fM zum Vervollständigen in dieselbe Ecke, 17 fM gleichmäßig bis zum Ende der kurzen Seite des Elements, 3 fM in die 3. Ecke, je 1 fM in jd M entlang der Oberkante bis zur nächsten Ecke, 3 fM in das Stb in der Ecke, 17 fM gleichmäßig bis zum Ende der kurzen Seite des Elements, die Rd mit 1 Km in die 1. fM schließen. Das Garn befestigen.

Element 3

Reihe 1 (RS): Mit Garn D 155 Lm, 1 Stb in die 4. Lm von der Nadel (Wm zählt als 1 Stb), 1 Stb in jd Lm bis zum Ende der Reihe, wenden – *153 Stb.*

Reihe 2: 1 fM in jd M bis zum Ende der Reihe, zu Garn A in der letzten M wechseln, wenden – *153 fM.*

Reihe 3: Mit Garn A je 1 fM in jd der ersten 2 M, Noppe (s. Maschenkunde) in die nächste M, * je 1 fM in die nächsten 3 M, 1 Noppe in die nächste M; wdh ab * bis zu den letzten 2 M, je 1 fM in die letzten 2 M, nicht wenden. Garn A befestigen – *38 Noppen, 115 fM.*

Reihe 4: Mit der RS nach oben Garn D in die 1. M einhäkeln, 1 st Stb in die 1. M, 1 Stb in jd M bis zum Ende der Reihe, wenden – *153 Stb.*

Reihe 5: 1 fM in jd M bis zum Ende der Reihe, zu Garn A in der letzten M wechseln, wenden.

Reihe 6: Mit Garn A je 1 fM in jd der ersten 4 M, 1 Noppe in die nächste M, * je 1 fM in die nächsten 3 M, 1 Noppe in die nächste M; wdh ab * bis zu den letzten 4 M, je 1 fM in jd der letzten 4 M, nicht wenden. Garn A befestigen – *37 Noppen.*

Reihe 7: Reihe 4 wdh.

Reihe 8–12: Reihe 2–6 wdh.

Reihe 13–17: Reihe 7–11 wdh. Das Garn befestigen.

Umrandung der Borte

Verbindungsrunde

Die Elemente zum Verbinden wie zuvor vorbereiten, sodass die Unterkante von Element 3 auf der Oberkante von Element 2 zu liegen kommt. Mit der VS nach oben Garn D in der unteren linken Ecke von Element 3 einhäkeln. Arbeiten Sie wie für die Umrandung von Element 2, häkeln Sie aber 22 fM gleichmäßig bis zum Ende der kurzen Seiten des Elements, die Runde mit 1 Km in die 1. fM schließen. Das Garn befestigen.

Element 4

Basisdreieck (10-mal häkeln)

Reihe 1 (VS): Mit Garn E 3 Lm häkeln, mit 1 Km in die 3. Lm von der Nadel einen Ring bilden, 1 st Stb in den Ring, (1 Lm, 3 Stb) 2-mal in den Ring, 1 Lm, 1 Stb in den Ring, wenden – *8 Stb; 3 Lm-Bg.*

Reihe 2: 1 st Stb in die 1. M, 1 Lm, 3 Stb in den nächsten Lm-Bg, (3 Stb, 1 Lm, 3 Stb) in den nächsten Lm-Bg, 3 Stb in den nächsten Lm-Bg, 1 Lm, 1 Stb in die letzte M, wenden – *14 Stb; 3 Lm-Bg.*

Reihe 3: 1 st Stb in die 1. M, 1 Lm, 3 Stb in den 1. Lm-Bg, 3 Stb zw die Mg aus 3 Stb, (3 Stb, 1 Lm, 3 Stb) in den nächsten Lm-Bg, 3 Stb zw die Mg aus 3 Stb, 3 Stb in den nächsten Lm-Bg, 1 Lm, 1 Stb in die letzte M – *20 Stb; 3 Lm-Bg.* Das Garn befestigen.

Die Basisdreiecke verbinden

Anmerkung: *Die Basisdreiecke werden Ende an Ende zu einem Streifen zusammengehäkelt.*

Verbindungsrunde: Das 1. Basisdreieck mit der VS nach oben halten und Garn E in das st Stb aus Reihe 3 einhäkeln, 1 fM in dieselbe M, * 1 fM in den nächsten Lm-Bg, je 1 fM in jd M bis zum nächsten Lm-Bg, 3 fM in den nächsten Lm-Bg, fM häkeln bis zum nächsten Lm-Bg, 1 fM in den nächsten Lm-Bg **, die letzte M des Basisdreiecks ungehäkelt lassen, das Garn nicht abschneiden und das nächste Basisdreieck aufnehmen, das st Stb ausl; wdh ab * entlang der nächsten 8 Basisdreiecke, dabei die letzte Wdh bei ** beenden, sodass ein Streifen entsteht, 1 fM in die letzte M, die Arbeit drehen, um entlang der Unterkante des Streifens zu arbeiten und gleichmäßig 152 fM häkeln. Das Garn befestigen.

Anmerkung: *Häkeln Sie 15 fM entlang der Unterkante eines jd Basisdreiecks, plus 1 fM extra am Anfang und Ende der Reihe an der Unterkante.*

Die Dreieckslücken schließen

Anmerkung: *In diesem Schritt werden Anfang und Ende des Dreiecksstreifens in das Rechteck integriert, wobei Sie an der rechten Seite des Streifens beginnen. Dann werden die Dreiecke in der Mitte gefüllt, um die Lücken des langen rechteckigen Elements zu schließen.*

Rechte Seite

Reihe 1 (VS): Das erste Dreieck mit der VS nach oben halten und Garn C mit 1 Km in die 1. fM einhäkeln, 1 fM in dieselbe M, je 1 fM in jd M bis zum Ende der Reihe, dabei die letzte fM in die mittlere „Spitzen-fM" des 1. Dreiecks häkeln, wenden – *13 M.*

Reihe 2: 3 st Stb zus häkeln in die ersten 3 M, je 1 Stb in die nächsten 7 M, 3 Stb zus häkeln (s. Glossar) über die letzten 3 M, wenden.

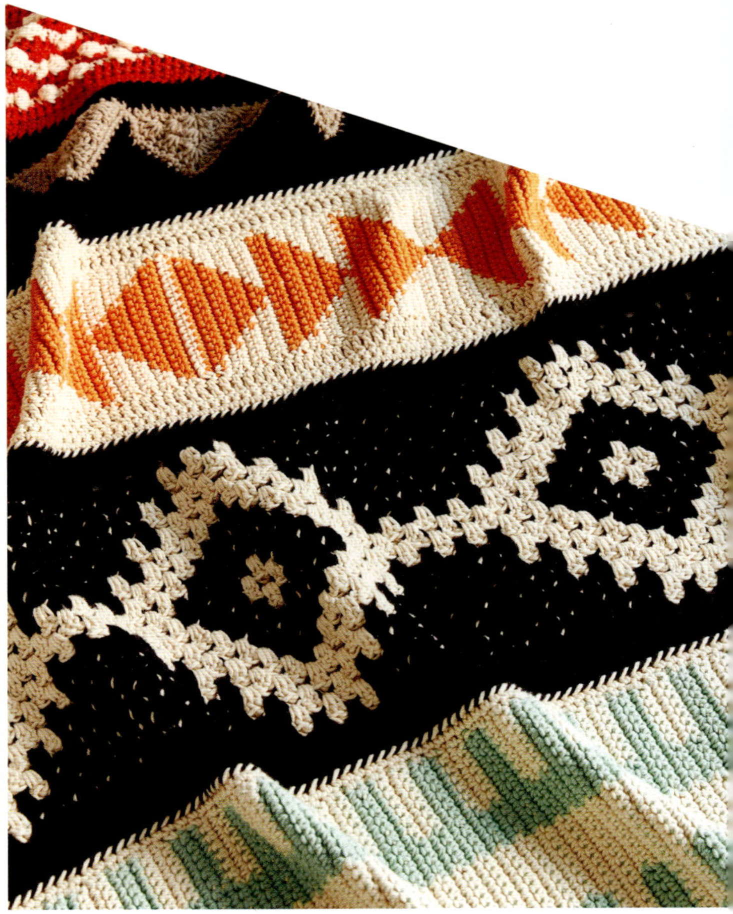

Reihe 3: 3 st Stb zus häkeln in die ersten 3 M, je 1 Stb in die nächsten 3 M, 3 Stb zus häkeln über die letzten 3 M, wenden.

Reihe 4: 3 st Stb zus häkeln in die ersten 3 M, 2 Stb zus häkeln (s. Glossar) über die letzten 2 M, wenden.

Reihe 5: 2 fM zus häkeln (s. Glossar) über 2 M. Das Garn befestigen.

Linke Seite

Reihe 1–5: Das letzte Basisdreieck mit der RS nach oben halten und gleich häkeln wie für die rechte Seite.

Dreieckslücken in der Mitte

Reihe 1: Mit der VS nach oben Garn C in die „Spitzen-fM" über dem 1. Basisdreieck einhäkeln, 1 fM in dieselbe M, je 1 fM in die nächsten 10 M, 2 fM zus häkeln über die nächsten 2 M, je 1 fM in die nächsten 11 M, sodass die letzte fM in die nächste „Spitzen-fM" gehäkelt wird, wenden.

Reihe 2: 3 st Stb zus häkeln (s. Glossar) über die ersten 3 M, je 1 Stb in die nächsten 6 M, 5 Stb zus häkeln (s. Glossar) über die

	A	A	A	A	A	A	A	A	F	A	A	A	A	A	A	A	A	9
8	A	A	A	A	A	A	A	F	F	F	A	A	A	A	A	A	A	
	A	A	A	A	A	A	F	F	F	F	F	A	A	A	A	A	A	7
6	A	A	A	A	A	F	F	F	F	F	F	F	A	A	A	A	A	
	A	A	A	A	F	F	F	F	F	F	F	F	F	A	A	A	A	5
4	A	A	A	F	F	F	F	F	F	F	F	F	F	F	A	A	A	
	A	A	F	F	F	F	F	F	F	F	F	F	F	F	F	A	A	3
2	A	F	F	F	F	F	F	F	F	F	F	F	F	F	F	F	A	
	F	F	F	F	F	F	F	F	F	F	F	F	F	F	F	F	F	1

SCHEMATISCHE DARSTELLUNG ELEMENT 5

LEGENDE ZU ELEMENT 5

□ = #02 Ivory White (A)

■ = #15 Mellow Yellow (F)

nächsten 5 M, je 1 Stb in die nächsten 6 M, 3 Stb zus häkeln über die letzten 3 M, wenden.

Reihe 3: 3 st Stb zus häkeln über die ersten 3 M, je 1 Stb in die nächsten 2 M, 5 Stb zus häkeln über die nächsten 5 M, je 1 Stb in die nächsten 2 M, 3 Stb zus häkeln über die letzten 3 M, wenden.

Reihe 4: 1 st Stb in die 1. M, 6 Stb zus häkeln über die nächsten 6 M. Das Garn befestigen.

Füllen Sie auch die verbleibenden 8 Dreieckslücken in der Mitte auf diese Weise.

Umrandung des Elements

Lange Seite 1

Reihe 1: Mit der VS nach oben Garn A in der rechten oberen Ecke vor der langen Seite einhäkeln und darauf achten, dass das Element mit den Basisdreiecken nach unten ausgerichtet ist, wie auf den Fotos des fertigen Werkstücks gezeigt, 1 st Stb in die 1. M, 151 Stb gleichmäßig bis zum Ende der langen Seite häkeln, wenden.

Reihe 2: Je 1 fM in jd M bis zum Ende der Reihe. Das Garn befestigen.

Lange Seite 2

Reihe 1 und 2 an der unteren langen Seite des Elements wiederholen, aber das Garn nicht befestigen. Die Arbeit wenden und auf der VS arbeiten.

Verbindungsrunde

Bereiten Sie die Elemente wie zuvor für das Verbinden vor, indem Sie die Unterkante von Element 4 bündig auf die Oberkante von Element 3 legen. Mit der VS nach oben mit Garn A die Umrandung gleich häkeln wie für Element 2, jedoch 13 fM gleichmäßig entlang der kurzen Seiten des Elements häkeln und die Rd mit 1 Km in die 1. fM schließen. Das Garn befestigen.

Element 5

***Anmerkung:** Dieses Element wird in Reihen aus fM gehäkelt, wobei die Farben für das Muster gewechselt werden und über das nicht verwendete Garn gehäkelt wird wie bei Element 1. Nutzen Sie das Farbdiagramm von Element 5 als Anhaltspunkt.*

Reihe 1: Mit Garn F 18 Lm, 1 fM in die 2. Lm von der Nadel, je 1 fM in jd Lm bis zum Ende der Reihe und in der letzten M zu Garn A wechseln. Wenden. Reihe 1 des Musters von Element 5 ist komplett.

Reihe 2–9: Folgen Sie dem Muster für Element 5, wenden.

Reihe 10–27: Reihe 1–9 noch 2-mal wdh.

Reihe 28–36: Das Muster umkehren und ein 9-reihiges Dreieck in die entgegengesetzte Richtung häkeln, indem Sie mit Reihe 9 des Musters beginnen und zurück zu Reihe 1 arbeiten.

Reihe 37–72: Reihe 28–36 (4-mal) wdh.

Reihe 73: Mit Garn A je 1 fM in jd M bis zum Ende der Reihe, wenden.

Reihe 74–100: Reihe 1–9 des Musters wdh (3-mal).

Reihe 101–136: Reihe 28–36 (4-mal) wdh.

Reihe 137: Reihe 73 wdh.

Reihe 138–155: Reihe 1–9 des Musters wdh (2-mal).

Reihe 156–173: Reihe 28–36 (2-mal) wdh. Das Garn befestigen.

Umrandung des Elements

Lange Seite 1

Reihe 1: Mit der VS nach oben Garn A in der rechten oberen Ecke vor der oberen langen Seite einhäkeln, 1 st Stb in die 1. M, 151 Stb gleichmäßig entlang der langen Seite häkeln, wenden.

Reihe 2: Je 1 fM in jd M bis zum Ende der Reihe.
Das Garn befestigen.

Lange Seite 2

Reihe 1 und 2 entlang der Unterseite des Elements wdh, das Garn nicht befestigen, die Arbeit wenden, um auf der VS weiterzuhäkeln.

Verbindungsrunde

Die Elemente zum Verbinden wie zuvor vorbereiten, sodass die Unterkante von Element 5 auf der Oberkante von Element 4 zu liegen kommt. Mit der VS nach oben mit Garn A die Umrandung gleich wie für Element 2 arbeiten, aber 21 fM gleichmäßig entlang der kurzen Seiten des Elements häkeln, die Runde mit 1 Km in die 1. fM schließen. Das Garn befestigen.

Element 6

Anmerkung: *Folgen Sie dem Muster für Element 6. Eine Musterwiederholung reicht von einer roten Linie zur anderen. Wiederholen Sie drei Musterwiederholungen, um insgesamt 4 Rautenmuster wie auf dem Foto des fertigen Werkstücks zu häkeln.*

Reihe 1: Mit Garn C 151 Lm häkeln, 2 Stb in die 4. Lm von der Nadel, um die 1. Mg aus 3 Stb von Reihe 1 des Musters von Element 6 zu häkeln, * die nächsten 2 Lm ausl, 3 Stb in die nächste Lm; wdh ab * bis zum Ende der Reihe, wenden – *50 Mg aus 3 Stb.* Reihe 1 des Musters von Element 6 komplett.

Reihe 2: 2 Lm (zählt als 1 Stb), 3 Stb zw die ersten zwei Mg aus 3 Stb der Vorreihe, ** [3 Stb zw die nächsten Mg aus 3 Stb] 4-mal, im letzten U der letzten M zu Garn A wechseln und [3 Stb zw die nächsten Mg aus 3 Stb] 3-mal, im letzten U der letzten M zu Garn C wechseln ***, mit Garn C [3 Stb zw. die nächsten Mg aus 3 Stb] 9-mal; wdh ab * bis zum Ende der Reihe und die letzte Wdh bei *** beenden, mit Garn C [3 Stb zw die nächsten Mg aus 3 Stb] 5-mal, 1 Stb in das letzte Stb, wenden – *48 Mg aus 3 Stb; 1 Stb an jd Ende.*

Reihe 3: Mit Garn C 2 Lm, 2 Stb in dieselbe M, 3 Stb zw die nächsten 2 Mg aus 3 Stb und im aufgebauten Muster von Element 6 weiterhäkeln.

Reihe 4–21: Wie im Muster angegeben weiterhäkeln. Das Garn befestigen.

Umrandung des Elements

Lange Seite 1

Reihe 1: Mit der VS nach oben Garn C in der oberen rechten Ecke vor der langen Seite einhäkeln, 1 st Stb in die 1. M, 151 Stb gleichmäßig entlang der langen Seite häkeln, wenden.

Reihe 2: Je 1 fM in jd M bis zum Ende der Reihe. Das Garn befestigen.

TIPP

Häkeln Sie über das nicht verwendete Garn. Diese „eingefangenen Fäden" blitzen für einen kuscheligen Tweed-Effekt durch. Achten Sie darauf, die losen Fäden nicht zu fest zu ziehen, da das Element sich sonst verzieht und die Maschenprobe nicht mehr stimmt.

LEGENDE ZU ELEMENT 6

- ■ = 3 Stb in Farbe C
- ■ = 3 Stb in Farbe A
- □ = Zwischenraum zw 2 Mg aus 3 Stb

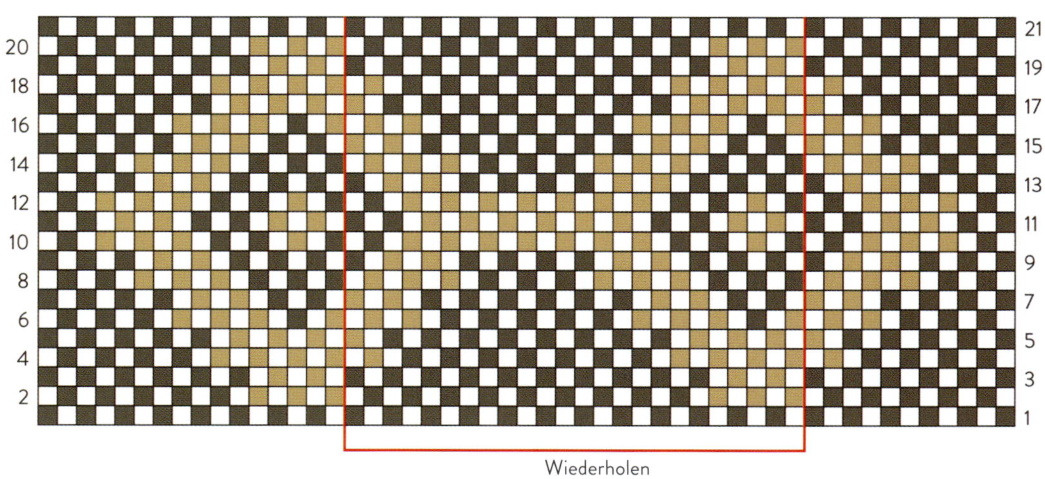

SCHEMATISCHE DARSTELLUNG ELEMENT 6

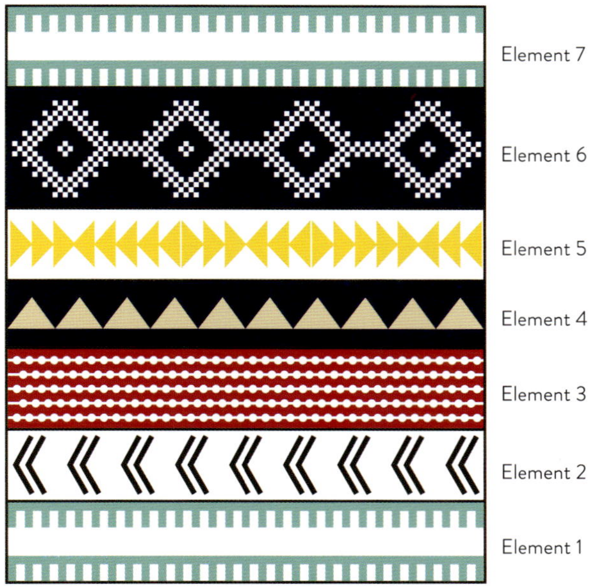

SCHEMATISCHE DARSTELLUNG

FARBAUF-SCHLÜSSELUNG

- = #02 Ivory White (A)
- = #18 Magic Mint (B)
- = #05 Midnight Blue (C)
- = #17 Coral Crush (D)
- = #09 Timberwolf (E)
- = #15 Mellow Yellow (F)

Lange Seite 2
Reihe 1 und 2 entlang der Unterseite des Elements wdh, das Garn nicht befestigen, wenden, um auf der VS weiterzuarbeiten

Verbindungsrunde

Die Elemente zum Verbinden wie zuvor vorbereiten, sodass die Unterkante von Element 6 auf der Oberkante von Element 5 zu liegen kommt. Mit der VS nach oben mit Garn A die Umrandung gleich wie für Element 2 arbeiten, aber 24 fM gleichmäßig entlang der kurzen Seiten des Elements häkeln, die Runde mit 1 Km in die 1. fM schließen. Das Garn befestigen.

Element 7

Gleich häkeln wie für Element 1.

Verbindungsrunde

Die Elemente zum Verbinden wie zuvor vorbereiten, sodass die Unterkante von Element 7 auf der Oberkante von Element 6 zu liegen kommt. Mit der VS nach oben mit Garn A die Umrandung gleich wie für Element 2 arbeiten, die Runde mit 1 Km in die 1. fM schließen. Das Garn befestigen.

Borte der Decke

Runde 1: Mit der kleineren Nadel (5 mm) Garn A in einer Ecke einhäkeln, * 3 fM in die M in der Ecke, fM gleichmäßig bis zur nächsten Ecke häkeln; wdh ab * rundherum, die Rd mit 1 Km in die 1. fM schließen.

Anmerkung: *Achten Sie darauf, dieselbe Maschenanzahl auf der gegenüberliegende Seite zu häkeln.*

Runde 2: 1 Km in die nächste fM, * 3 fM in die M in der Ecke, je 1 fM in jd M bis zur nächsten Rd; wdh ab * rundherum, die Rd mit 1 Km in die 1. fM schließen. Das Garn befestigen und die Garnenden vernähen.

ANMERKUNG

Für ein volles Quadrat entnehmen Sie der schematischen Darstellung, welche Abschnitte Sie in welcher Reihenfolge häkeln und welche Farben Sie verwenden müssen sowie die Arbeitsrichtung, die mit Pfeilen gekennzeichnet ist. Nehmen Sie die schematische Darstellung während der gesamten Arbeit zur Hilfe!

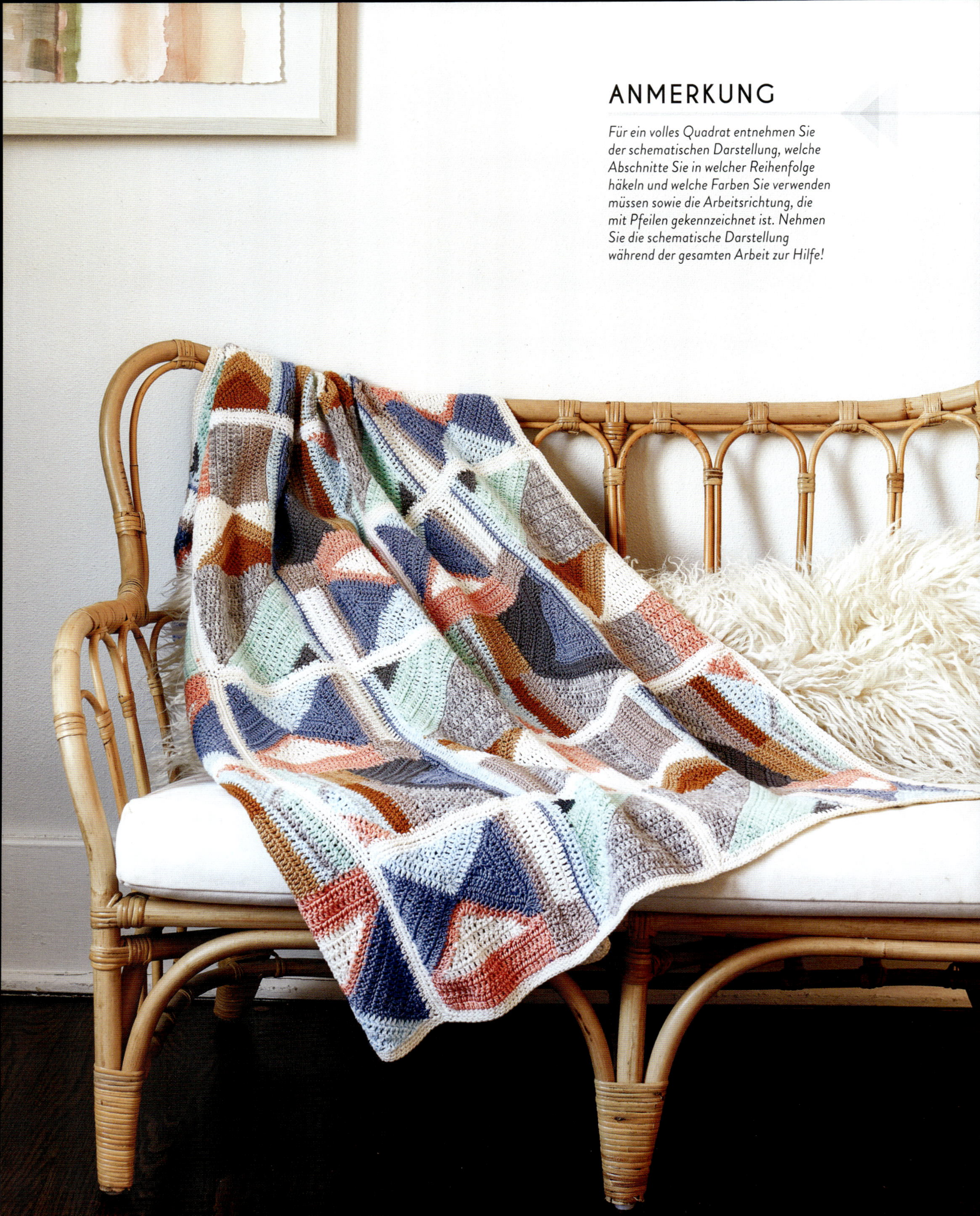

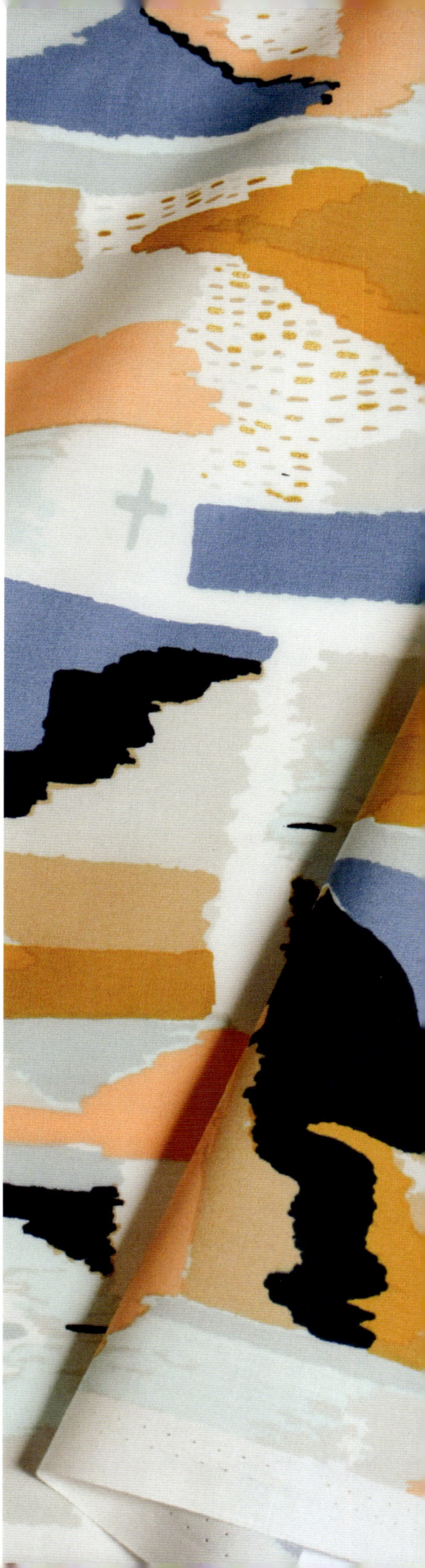

Painted Morale von April Rhodes

ABSTRAKTES Karree

Dieses Projekt, das schon an das „Freiformhäkeln" grenzt, wird Sie vertraut damit machen, wie jeder Farbabschnitt mit den Farben rundherum in einem Werkstück interagiert. Ich stelle mir vor, wie April Rhodes ihre abstrakte Kunst digital malt, um ihren Stoff *Painting Morale* zu entwerfen und damit zu spielen, wie die Formen auf ihrer textilen Leinwand zusammenpassen. Durch das Malen mit ihrer schönen Arbeit können wir ein wahrlich einzigartiges Häkelkunststück gestalten, das sich auch noch als Decke eignet – perfekt!

GRÖSSE BEI FERTIGSTELLUNG

109 × 109 cm

GARN

Feines Garn

Hier gezeigt: Scheepjes Sunkissed (100 % Baumwolle; 170 m/50 g): #11 Peach Ice (A), 1 Knäuel; #16 Soft Cloud (B), 2 Knäuel; #07 Pistachio Ice (G), 1 Knäuel; #03 Breeze (I), 1 Knäuel.

Scheepjes Catona (100 % Baumwolle; 125 m/50 g): #257 Antique Mauve (C), 2 Knäuel; #105 Bridal White (D), 5 Knäuel; #179 Topaz (E), 1 Knäuel; #383 Ginger Gold (F), 1 Knäuel; #242 Metal Grey (H), 2 Knäuel; #247 Bluebird (J), 2 Knäuel; #264 Light Coral (K), 1 Knäuel.

HÄKELNADELN

3,75 mm für die Quadrate

3,5 mm für die letzte Runde der Borte

Falls notwendig, passen Sie die Nadelstärke an, um die gleiche Maschenprobe zu erhalten.

WEITERE MATERIALIEN

Sticknadel

MASCHENPROBE

18 M und 10 Reihen = 10 cm in Stb mit der größeren Nadel (3,75 mm), gespannt.

Ganzes Quadrat (8-mal häkeln)

Abschnitts 1–3

Reihe 1 (VS): Mit der größeren Nadel (3,75 mm) und Garn A 20 Lm, 1 Stb in die 3. Lm von der Nadel (Wm zählt als 1 Stb), je 1 Stb in jd Lm bis zum Ende der Reihe, wenden – *19 Stb.*

Reihe 2: Je 1 fM in jd M bis zum Ende der Reihe, wenden – *19 fM.*

Reihe 3–5: 1 st Stb (s. Glossar) in die 1. M, je 1 Stb in jd M bis zum Ende der Reihe, wenden. Das Garn befestigen – *19 Stb.*

Reihe 6: Mit der VS nach oben Garn B mit 1 Km in die 1. M einhäkeln, Reihe 3 wdh.

Reihe 7–10: Reihe 2–5 wdh. Das Garn befestigen.

Reihe 11–15: Mit der VS nach oben Garn C mit 1 Km in die 1. M einhäkeln, Reihe 6–10 wdh. Das Garn befestigen.

Die Arbeit mit der VS nach oben so drehen, dass die „Oberkante" zur linken Seite wird, sodass von links nach rechts die Farben C, B und A gereiht sind. Nun sind Sie bereit, die Abschnitte 4–9 zu häkeln.

Abschnitt 4

Reihe 1: Mit der VS nach oben und der größeren Nadel (3,75 mm) Farbe D mit 1 Km in die Seite der 1. M nahe der Unterseite von Reihe 1, Abschnitt 1 einhäkeln, 1 st Stb in dieselbe M, 1 Stb in die Seite derselben M nahe der Spitze, 12 Stb gleichmäßig entlang der Seite der nächsten 7 Reihen, 1 Stb in die Seite der nächsten M nahe der Oberkante, 12 fM gleichmäßig seitlich entlang der nächsten 7 Reihen, 1 fM in die Seite der nächste M nahe der Unterseite, 3 Stb zus häkeln (s. Glossar), dabei in der oberen linken Ecke von Abschnitt 2 enden, wenden – *15 Stb; 3 Stb zus häkeln.*

Reihe 2: 3 st Stb zus häkeln (s. Glossar) über die ersten 3 M, je 1 Stb in jd M bis zum Ende der Reihe, wenden – *13 Stb; 1 x 3 Stb zus häkeln.*

Reihe 3: 1 st Stb in die 1. M, je 1 Stb in jd M bis zu den letzten 3 M, 3 Stb zus häkeln über die letzten 3 M, wenden – *11 Stb; 1 x 3 Stb zus häkeln.*

Reihe 4–8: Reihe 2 und 3 wdh, dabei mit einer Reihe 2 enden – *1 Stb; 1 x 3 Stb zus häkeln nach Reihe 8.*

Reihe 9: 2 fM zus häkeln (s. Glossar) über die ersten 2 M. Das Garn befestigen.

Abschnitt 5

Reihe 1: Mit der VS nach oben und der größeren Nadel (3,75 mm) Garn D in die Seite nahe der 1. Masche der unteren Reihe 11 von Abschnitt 3 einhäkeln, 3 st Stb zus häkeln über die Seite dieser Reihe und Reihe 12, Abschnitt 3, 6 Stb gleichmäßig in die restl Reihen von Abschnitt 3 häkeln, wenden – *6 Stb; 1 x 3 Stb zus häkeln.*

Reihe 2: 1 st Stb in die 1. M, je 1 Stb in die nächsten 3 M, 3 Stb zus häkeln über die nächsten 3 M, wenden – *4 Stb; 1 x 3 Stb zus häkeln.*

Reihe 3: 3 st Stb zus häkeln über die ersten 3 M, je 1 Stb in die letzten 2 M, wenden – *2 Stb; 1 x 3 Stb zus häkeln.*

Reihe 4: 3 fM zus häkeln (s. Glossar) über die ersten 3 M, wenden. Das Garn nicht befestigen.

Die Umrandung bis zur Oberkante von Abschnitt 5 und 4 häkeln

Umrandung: 10 fM gleichmäßig abwärts entlang Abschnitt 5, 2 fM zus häkeln über die letzte M von Abschnitt 5 und die 1. M von Abschnitt 4, 22 fM gleichmäßig aufwärts entlang Abschnitt 4. Das Garn befestigen.

Abschnitt 6 und 7

Reihe 1: Mit der VS nach oben und der größeren Nadel (3,75 mm) Garn E mit 1 Km in der letzten fM der Umrandung von Abschnitt 5 (fM ganz rechts) einhäkeln, 3 st Stb zus häkeln über die ersten 3 M, je 1 Stb in die nächsten 17 M, 5 Stb zus häkeln (s. Glossar) über die nächsten 5 M, je 1 Stb in die nächsten 7 M, (2 Stb, 1 DStb) in die letzte M, wenden – *26 Stb; 1 DStb; 1 x 3 Stb zus häkeln; 1 x 5 Stb zus häkeln.*

Reihe 2: (1 st DStb [siehe Glossar], 2 Stb) in die 1. M, je 1 Stb in die nächsten 7 M, 5 Stb zus häkeln über die nächsten 5 M, je 1 Stb in die nächsten 13 M, 3 Stb zus häkeln über die letzten 3 M, wenden – *22 Stb; 1 DStb; 1 x 3 Stb zus häkeln; 1 x 5 Stb zus häkeln.* Das Garn befestigen.

Reihe 3: Mit der VS nach oben Garn F mit 1 Km in die 1. M einhäkeln, 3 st Stb zus häkeln über die ersten 3 M, je 1 Stb in die nächsten 9 M, 5 Stb zus häkeln über die nächsten 5 M, je 1 Stb in die nächsten 7 M, (2 Stb, DStb) in die letzte M, wenden – *18 Stb; 1 DStb; 1 x 3 Stb zus häkeln; 1 x 5 Stb zus häkeln.*

Reihe 4: 3 st Stb zus häkeln über die ersten 3 M, je 1 Stb in die nächsten 5 M, 5 Stb zus häkeln über die nächsten 5 M, je 1 Stb in die nächsten 5 M, 3 Stb zus häkeln über die letzten 3 M, wenden – *10 Stb; 2 x 3 Stb zus häkeln; 1 x 5 Stb zus häkeln.*

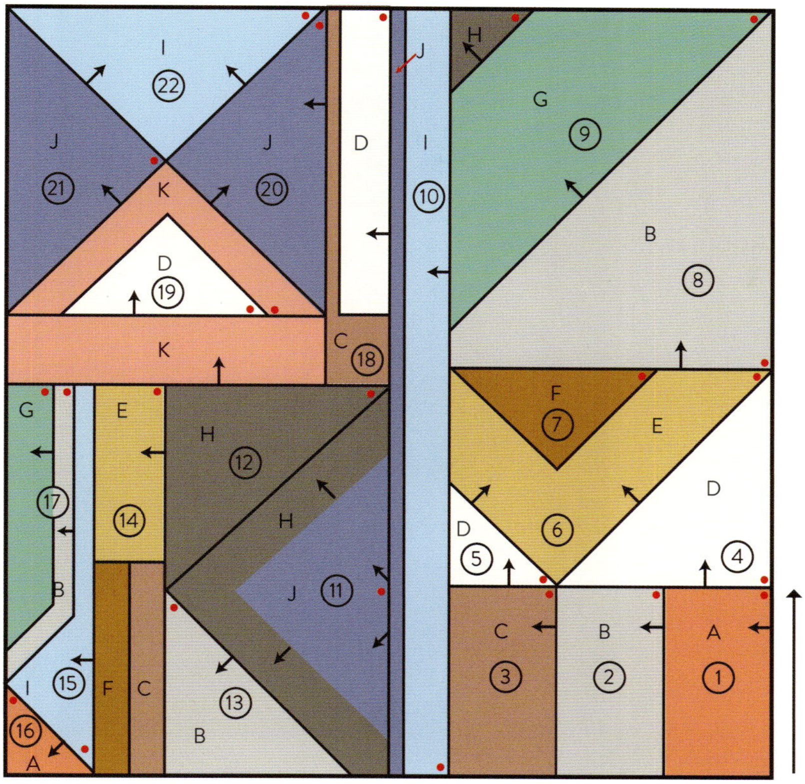

SCHEMATISCHE DARSTELLUNG GANZES QUADRAT

FARBAUFSCHLÜSSELUNG

- = #11 Peach Ice (A)
- = #16 Soft Cloud (B)
- = #257 Antique Mauve (C)
- = #105 Bridal White (D)
- = #179 Topaz (E)
- = #383 Ginger Gold (F)
- = #07 Pistachio Ice (G)
- = #242 Metal Grey (H)
- = #03 Breeze (I)
- = #247 Bluebird (J)
- = #264 Light Coral (K)
- (1) = Abschnittnummer
- • = Startpunkt des Abschnitts
- → = Arbeitsrichtung des Abschnitts
- ⟶ = Arbeitsrichtung des Quadrats

Abschnitt 8

Reihe 1: Mit der VS nach oben und der größeren Nadel (3,75 mm) Garn B mit 1 Km in die letzte fM der Umrandung von Abschnitt 4 einhäkeln, 1 st Stb in dieselbe M, 26 Stb gleichmäßig entlang der Oberkante von Abschnitt 6 und 7, wenden – *27 Stb.*

Reihe 2: 3 st Stb zus häkeln über die ersten 3 M, je 1 Stb in jd M bis zum Ende der Reihe, wenden – *24 Stb; 1 x 3 Stb zus häkeln.*

Reihe 3: 1 st Stb in die 1. M, je 1 Stb in jd M bis zu den letzten 3 M, 3 Stb zus häkeln über die letzten 3 M, wenden – *22 Stb; 1 x 3 Stb zus häkeln.*

Reihe 4–13: Reihe 2 und 3 wdh, dabei mit Reihe 3 enden, wenden – *2 Stb; 1 x 3 Stb zus häkeln nach Reihe 13.*

Reihe 14: 3 st Stb zus häkeln über die ersten 3 M, wenden. Das Garn nicht abschneiden.

Umrandung abwärts entlang Abschnitt 8

Umrandung: 36 fM gleichmäßig abwärts entlang Abschnitt 8 häkeln. Das Garn befestigen.

Abschnitt 9

Reihe 1: Mit der VS nach oben und der größeren Nadel (3,75 mm) Garn G mit 1 Km in der oberen fM in der Ecke der Umrandung von Abschnitt 8 einhäkeln, 3 st Stb zus häkeln über die ersten 3 M, je 1 Stb in jd M bis zu den letzten 3 M, 3 Stb zus häkeln über die letzten 3 M, wenden – *30 Stb; 2 x 3 Stb zus häkeln.*

Reihe 2–7: Reihe 1 wdh – 6 Stb; 2 x 3 Stb zus häkeln nach Reihe 7. Das Garn befestigen.

Reihe 8: Mit der RS nach oben Garn H mit 1 Km in die 1. M einhäkeln; Reihe 1 wdh – *2 Stb; 2 x 3 Stb zus häkeln.*

Reihe 9: 3 st Stb zus häkeln über die ersten 3 M, 1 Stb in die letzte M, wenden.

Reihe 10: 2 fM zus häkeln über die ersten 2 M. Das Garn befestigen.

Die Arbeit drehen, sodass sich Abschnitt 1–3 auf der linken Seite befinden. Abschnitt 10 wird entlang der Oberkante gehäkelt.

Abschnitt 10

Reihe 1: Mit der RS nach oben und der größeren Nadel (3,75 mm) Garn I in die 1. M einhäkeln (dies ist die 1. M von Reihe 15 der Abschnitte 1–3), 67 fM gleichmäßig bis zum Ende der Reihe, dabei auf der anderen Seite bei der letzten Reihe von Abschnitt 9 enden, wenden.

Reihe 2: 1 st Stb in die 1. M, je 1 Stb in jd M bis zum Ende der Reihe, nicht wenden – *67 Stb.* Das Garn befestigen.

Reihe 3: Mit der VS nach oben und der größeren Nadel (3,75 mm) Garn J mit 1 Km in die 1. M einhäkeln, je 1 fM in jd M bis zum Ende der Reihe. Das Garn befestigen und einen ca. 30 cm langen Faden zum Nähen stehenlassen.

Die Arbeit beiseite legen. Die Abschnitte 11–16 werden separat gehäkelt und dann an das Werkstück mit dem Faden zum Nähen angenäht.

Abschnitt 11

Reihe 1: Mit der größeren Nadel (3,75 mm) und Garn J 3 Lm, 1 Km in die 3. Lm von der Nadel, um einen Ring zu häkeln, (1 st DStb, 7 Stb, 1 DStb) in den Ring, wenden.

Reihe 2: (1 st DStb, 2 Stb) in die 1. M, je 1 Stb in die nächsten 3 M, 5 Stb in die mittlere M, je 1 Stb in jd M bis zur letzten M, (2 Stb, 1 DStb) in die letzte M, wenden – *15 Stb; 2 Dstb.*

Reihe 3: (1 st DStb, 2 Stb) in die 1. M, je 1 Stb in die nächsten 7 M, 5 Stb in die mittlere M, je 1 Stb in jd M bis zur letzten letzte M, (2 Stb, 1 DStb) in die letzte M, wenden – *23 Stb; 2 Dstb.*

Reihe 4: (1 st DStb, 2 Stb) in die 1. M, je 1 Stb in die nächsten 11 M, 5 Stb in die mittlere M, je 1 Stb in jd M bis zur letzten M, (2 Stb, 1 DStb) in die letzte M, wenden – *31 Stb; 2 DStb.* Das Garn befestigen.

Reihe 5: Mit der VS nach oben und der größeren Nadel (3,75 mm) Garn H mit 1 Km in die 1. M einhäkeln, (1 st DStb, 2 Stb) in die 1. M, je 1 Stb in die nächsten 15 M, 5 Stb in die mittlere M, je 1 Stb in jd M bis zur letzten M, (2 Stb, 1 DStb) in die letzte M, wenden – *39 Stb; 2 Dstb.*

Reihe 6: Mit der VS nach oben Garn H mit 1 Km in der 1. M einhäkeln, (1 st DStb, 2 Stb) in die 1. M, je 1 Stb in die nächsten 19 M, 5 Stb in die mittlere M, je 1 Stb in jd M bis zur letzten M, (2 Stb, 1 DStb) in die letzte M, wenden – *47 Stb; 2 DStb.* Das Garn nicht befestigen.

Abschnitt 12

Reihe 7: Mit der größeren Nadel (3,75 mm) und Garn H 3 st Stb zus häkeln über die ersten 3 M, je 1 Stb in die nächsten 19 M, 3 Stb zus häkeln über die nächsten 3 M, wenden – *19 Stb; 2 x 3 Stb zus häkeln.*

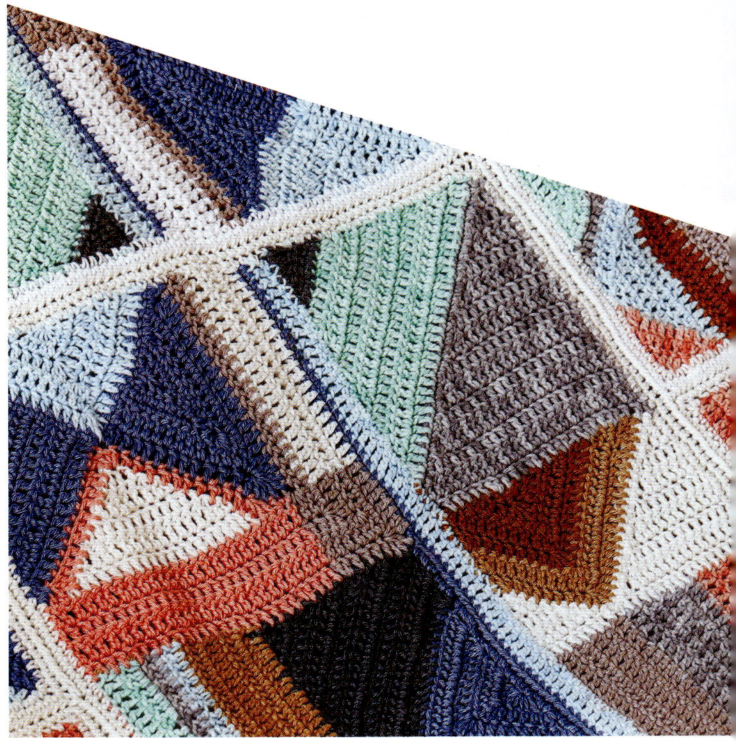

Reihe 8–11: 3 st Stb zus häkeln über die ersten 3 M, je 1 Stb in jd M bis zu den letzten 3 M, 3 Stb zus häkeln über die letzten 3 M, wenden – *3 Stb; 2 x 3 Stb zus häkeln nach Reihe 11.*

Reihe 12: 3 st Stb zus häkeln über die ersten 3 M, 2 Stb zus häkeln (s. Glossar) über die letzten 2 M, wenden.

Reihe 13: 2 fM zus häkeln über die ersten 2 M. Das Garn befestigen.

Abschnitt 13

Reihe 1–7: Die andere Seite des Dreiecks füllen wie folgt: Mit der VS nach oben und der größeren Nadel (3,75 mm) Garn B mit 1 Km in der mittleren M von Reihe 6, Abschnitt 11 einhäkeln, Reihe 7–13 von Abschnitt 12 wdh.

Abschnitt 14

Reihe 1: Mit der VS nach oben und der größeren Nadel (3,75 mm) Garn E mit 1 Km in letzte R von Abschnitt 12 einhäkeln, 1 st Stb in dieselbe M, 15 Stb gleichmäßig entlang der Seiten von R 12 bis zur Unterkante von R 8, Abschnitt 12, 1 Stb in die nächste M, zu Garn C wechseln (neues Garn duch die letzten 2 Schlingen des letzten Stb ziehen), Garn E fallenlassen, um es später wieder aufzunehmen, nicht darüberhäkeln und mit Garn C

20 Stb leichmäßig hinunter bis zur letzten R von Abschnitt 13 häkeln, wenden – *37 Stb.*

Reihe 2: Mit Garn C 1 st Stb in die 1. M, je 1 Stb in die nächsten 19 M, im letzten Stb wieder zu Garn E wechseln, Garn C befestigen. Mit Garn E je 1 Stb in jd M bis zum Ende der Reihe, wenden.

Reihe 3: Mit Garn E 1 st Stb in die 1. M, je 1 Stb in die nächsten 16 M, im letzten Stb zu Garn F wechseln und Garn E fallenlassen, je 1 Stb in jd M bis zum Ende der Reihe, wenden.

Reihe 4: Mit Garn F 1 st Stb in die 1. M, je 1 Stb in die nächsten 19 M, Garn E im letzten Stb aufnehmen und Garn F befestigen. Mit Garn E je 1 Stb in jd M bis zum Ende der Reihe. Das Garn befestigen.

Abschnitt 15

Reihe 1: Mit der RS nach oben und der größeren Nadel (3,75 mm) Garn I mit 1 Km in die 1. M von Reihe 4 des Abschnitts 14 einhäkeln, 3 st Stb zus häkeln über die ersten 3 M, je 1 Stb in die nächsten 12 M, 3 Stb zus häkeln über die nächsten 3 M, wenden.

Reihe 2 und 3: 3 st Stb zus häkeln über die ersten 3 M, je 1 Stb in jd M bis zu den letzten 3 M, 3 Stb zus häkeln über die letzten 3 M, wenden – *4 Stb; 2 x 3 Stb zus häkeln nach Reihe 3.*

Reihe 4: 3 st Stb zus häkeln über die ersten 3 M, 3 Stb zus häkeln über die letzten 3 M, wenden – *2 x 3 Stb zus häkeln.*

Reihe 5: 2 fM zus häkeln über die ersten 3 M, wenden. Das Garn nicht abschneiden.

Umrandung von Abschnitt 15 abwärts und entlang Abschnitt 14 häkeln

Umrandung: Mit der RS nach oben und der größeren Nadel (3,75 mm) 3 st Stb zus häkeln über die ersten 3 M, 8 Stb gleichmäßig abwärts entlang Abschnitt 15 häkeln, 3 Stb zus häkeln am „Ellenbogen", wo die Oberseite von Abschnitt 14 beginnt, je 1 Stb in jd der letzten 18 M. Das Garn befestigen.

Abschnitt 16

Ein Fülldreieck entlang der linken Schräge von Abschnitt 15 häkeln.

Reihe 1: Mit der VS nach oben und der größeren Nadel (3,75 mm) Garn A mit 1 Km in die letzte M von Reihe 5 des Abschnitts 15 einhäkeln, 3 st Stb zus häkeln über die ersten 2 M an den Reihenenden, 6 Stb gleichmäßig bis zur letzten M am Reihenende, 3 Stb zus häkeln über die letzte M am Reihenende, wenden – *6 Stb; 2 x 3 Stb zus häkeln.*

Reihe 2: 3 st Stb zus häkeln über die ersten 3 M, je 1 Stb in die nächsten 2 M, 3 Stb zus häkeln über die letzten 3 M, wenden – *2 Stb; 2 x 3 Stb zus häkeln.*

Reihe 3: 4 st Stb zus häkeln (s. Glossar) über die ersten 4 M. Das Garn befestigen.

Abschnitt 17

Reihe 1: Mit der VS nach oben und der größeren Nadel (3,75 mm) Garn B mit 1 Km in die letzte M der Umrandung von Abschnitt 15 einhäkeln, 1 st Stb in dieselbe M, je 1 Stb in die nächsten 16 M, 3 Stb zus häkeln über die nächsten 3 M, je 1 Stb in die nächsten 5 M, 3 Stb zus häkeln über die letzten 3 M, wenden – *22 Stb; 2 x 3 Stb zus häkeln.* Das Garn befestigen.

Reihe 2: Mit der RS nach oben und der größeren Nadel (3,75 mm) Garn G mit 1 Km in die 1. M einhäkeln, 3 st Stb zus häkeln über die ersten 3 M, je 1 Stb in die nächsten 2 M, 3 Stb zus häkeln über die nächsten 3 M, je 1 Stb in jd M bis zum Ende der Reihe, wenden – *18 Stb; 2 x 3 Stb zus häkeln.*

Reihe 3: 1 st Stb in die 1. M, je 1 Stb in die nächsten 14 M, 5 Stb zus häkeln über die nächsten 5 M. Das Garn befestigen.

Teile zusammenfügen

Die Arbeit drehen, sodass Abschnitt 11 rechts zu liegen kommt (schematische Darstellung des gesamten Quadrats dient als Orientierungshilfe). Legen Sie die untere Ecke von Abschnitt 11 bündig an die untere Ecke von Abschnitt 10, wo der lange Faden hängt. Mit den RS aneinanderlegen und die beiden Teile im Überwendlingsstich über die Länge von Abschnitt 10 (39 fM) zusammennähen. Stellen Sie sicher, dass die obere Ecke von Abschnitt 12 bündig mit der Oberkante von Abschnitt 7 zu liegen kommt, wie in der schematischen Darstellung gezeigt. 28 fM von Abschnitt 10 bleiben ungenäht. Die Abschnitte 17–21 werden den oberen linken Bereich für das gesamte Quadrat füllen.

Abschnitt 18

Reihe 1: Mit der VS nach oben und der größeren Nadel (3,75 mm) Garn D mit 1 Km in die 1. M von R 3 des 10. Abschnitts einhäkeln, 1 st Stb in dieselbe M, je 1 Stb in die nächsten 19 M, dabei im letzten Stb zu Garn C wechseln und Garn D auf der RS fallenlassen, um es später wiederaufzunehmen (nicht darüberhäkeln), und je 1 Stb in die nächsten 6 M, 5 Stb zus häkeln und hier die ersten 2 Beinchen der Abn von Abschnitt 10 häkeln, das mittlere Beinchen in die Ecke und die letzten 2 Beinchen auf Abschnitt 12, je 1 Stb in die nächsten 6 M, im letzten Stb zu Garn K wechseln, Garn C fallenlassen, um es später wiederaufzunehmen, 26 Stb gleichmäßig bis zum Ende der R, dabei darauf achten, dass das letzte Stb in der linken oberen Ecke von Abschnitt 17 ist, wenden –*58 Stb; 1 x 5 Stb zus häkeln.*

Reihe 2: Mit Garn K 1 st Stb in die 1. M, je 1 Stb in die nächsten 25 M, im letzten Stb zu Garn C wechseln, je 1 Stb in die nächsten 4 M, 5 Stb zus häkeln über die nächsten 5 M, je 1 Stb in die nächsten 4 M, in der letzten M zu Garn D wechseln, je 1 Stb in jd M bis zum Ende der Reihe, wenden – *54 Stb; 1 x 5 Stb zus häkeln.*

Reihe 3: Mit Garn D 1 st Stb in die 1. M, je 1 Stb in die nächsten 19 M, im letzten Stb zu Garn C wechseln und je 1 Stb in die nächsten 2 M, 5 Stb zus häkeln über die nächsten 5 M, je 1 Stb in die nächsten 2 M, im letzten Stb zu Garn K wechseln, je 1 Stb in jd M bis zum Ende der Reihe – *50 Stb; 1 x 5 Stb zus häkeln.* Garn D befestigen.

Reihe 4: Mit Garn K 1 st Stb in die 1. M, je 1 Stb in die nächsten 25 M, im letzten Stb Garn C einhäkeln, 5 Stb zus häkeln über die nächsten 5 M, zu Garn C wechseln, je 1 Stb in jd M bis zum Ende der Reihe. Garn C befestigen. Garn K nicht befestigen, es wird später noch verwendet. – *46 Stb; 1 x 5 Stb zus häkeln.*

Abschnitt 19

Reihe 1: Mit der RS nach oben und der größeren Nadel (3,75 mm) Garn D in die 4. M von rechts von Abschnitt 18 (im Abschnitt in Garn K) einhäkeln, 3 st Stb zus häkeln in dieser und den nächsten 2 M, je 1 Stb in die nächsten 15 M, 3 Stb zus häkeln über die letzten 3 M, wenden.

Reihen 2–4: 3 st Stb zus häkeln über die ersten 3 M, 1 Stb in jd M bis zu den letzten 3 M, 3 Stb zus häkeln über die letzten 3 M, wenden – *3 Stb; 2 x 3 Stb zus häkeln nach Reihe 4.*

Reihe 5: 5 st Stb zus häkeln über die ersten 5 M. Das Garn befestigen.

Umrandung über Abschnitt 19

Umrandung: Garn K am Ende von Abschnitt 18 wiederaufnehmen und mit der VS nach oben 5 st Stb zus häkeln, dabei die letzten 2 Beinchen der Abnahme an der Seite von Reihe 1 des 18. Abschnitts platzieren, 10 Stb gleichmäßig entlang der Schräge von Abschnitt 18 häkeln, 5 Stb auf der „Spitze" von Abschnitt 18, 10 Stb gleichmäßig abwärts entlang Abschnitt 18, 5 Stb zus häkeln, die letzten 3 Beinchen in die letzten 3 ungehäkelten M – *25 Stb; 2 x 5 Stb zus häkeln.* Das Garn befestigen.

Abschnitt 20

Reihe 1: Mit der VS nach oben und der größeren Nadel (3,75 mm) Garn J mit 1 Km in das letzte Stb von Abschnitt 18 einhäkeln, 3 st Stb zus häkeln über die ersten 3 M, je 1 Stb in die nächsten 13 M, 8 Stb zus häkeln (s. Glossar), dabei die ersten 4 Beinchen in Abschnitt 18 platzieren, 1 Beinchen in die Ecke und die letzten 3 Beinchen in die Umrandung von Abschnitt 19, je 1 Stb in die nächsten 12 M, wenden – *25 Stb; 1 x 3 Stb zus häkeln; 1 x 8 Stb zus häkeln.*

Reihe 2: 1 st Stb in die 1. M, je 1 Stb in die nächsten 8 M, 8 Stb zus häkeln über die nächsten 8 M, je 1 Stb in die nächsten 7 M, 3 Stb zus häkeln über die nächsten 3 M, wenden – *16 Stb; 1 x 3 Stb zus häkeln; 1 x 8 Stb zus häkeln.*

Reihe 3: Je 1 fM in jd der ersten 6 M, 5 fM zus häkeln (s. Glossar) über die nächsten 5 M, je 1 fM in jd der letzten 7 M, wenden – *13 fM; 1 x 5 fM zus häkeln.*

Reihe 4: Je 1 fM in jd der ersten 5 M, 5 fM zus häkeln über die nächsten 5 M, je 1 fM in jd der letzten 4 M, wenden – *9 fM; 1 x 5 fM zus häkeln.*

Reihe 5: 6 fM zus häkeln (s. Glossar) über die ersten 3 M und die letzten 3 M der letzten Reihe, die mittleren 4 M ausl. Das Garn befestigen.

Abschnitt 21

Reihe 1: Mit der VS nach oben und der größeren Nadel (3,75 mm) Garn J in das mittlere Stb der Umrandung von Abschnitt 19 einhäkeln, 1 st Stb in die 1. M, je 1 Stb in jd M bis zu den letzten 3 M, 3 Stb zus häkeln über die letzten 3 M, wenden – *11 Stb; 1 x 3 Stb zus häkeln.*

Reihe 2: 3 st Stb zus häkeln über die ersten 3 M, je 1 Stb in jd M bis zum Ende der Reihe, wenden – *9 Stb; 1 x 3 Stb zus häkeln.*

Reihe 3–6: Reihe 1 und 2 wdh (2-mal), wenden – *1 Stb; 1 x 3 Stb zus häkeln nach Reihe 6.*

Reihe 7: 2 fM zus häkeln über die ersten 2 M, wenden. Das Garn nicht abschneiden .

Umrandung entlang Abschnitt 21 und 20

Mit der RS nach oben und der größeren Nadel (3,75 mm) 16 fM gleichmäßig entlang der Schräge von Abschnitt 21, 1 fM in das mittlere Stb der Umrandung von Abschnitt 18, 16 fM gleichmäßig entlang der Schräge von Abschnitt 20 – *33 fM.* Das Garn befestigen.

Abschnitt 22

Reihe 1: Mit der VS nach oben und der größeren Nadel (3,75 mm) Garn I mit 1 Km in die letzte fM der Umrandung von Abschnitt 20 einhäkeln, 3 st Stb zus häkeln über die ersten 3 M, je 1 Stb in die nächsten 11 M, 5 Stb zus häkeln über die nächsten 5 M, je 1 Stb in die nächsten 11 M, 3 Stb zus häkeln über die letzten 3 M, wenden – *22 Stb; 2 x 3 Stb zus häkeln; 1 x 5 Stb zus häkeln.*

Reihe 2: 3 st Stb zus häkeln über die ersten 3 M, je 1 Stb in die nächsten 7 M, 5 Stb zus häkeln über die nächsten 5 M, je 1 Stb in die nächsten 7 M, 3 Stb zus häkeln über die letzten 3 M, wenden – *14 Stb; 2 x 3 Stb zus häkeln; 1 x 5 Stb zus häkeln.*

Reihe 3: 3 st Stb zus häkeln über die ersten 3 M, je 1 Stb in die nächsten 3 M, 5 Stb zus häkeln über die nächsten 5 M, je 1 Stb in die nächsten 3 M, 3 Stb zus häkeln über die letzten 3 M, wenden – *6 Stb; 2 x 3 Stb zus häkeln; 1 x 5 Stb zus häkeln.*

Reihe 4: 9 st Stb zus häkeln (s. Glossar) über die ersten 9 M. Das Garn befestigen.

Umrandung des ganzen Quadrats

Runde 1: Mit der VS nach oben mit der größeren Nadel (3,75 mm) Garn D mit 1 Km in einer Ecke des Quadrats einhäkeln, * 3 fM in die M in der Ecke, 63 fM gleichmäßig bis zur nächsten Ecke; wdh ab * rundherum, die Rd mit 1 Km in die 1. fM schließen.

Runde 2: 1 Km in die nächste fM in der Ecke, * 3 fM in die M in der Ecke, je 1 fM in jd M bis zur nächsten Ecke; wdh ab * rundherum, die Rd mit 1 Km in die 1. fM schließen. Das Garn befestigen.

Halbes Quadrat A

Mit der größeren Häkelnadel (3,75 mm) und allen notwendigen Farben Abschnitt 1–7 häkeln, Abschnitt 10 häkeln, aber nur 39 Stb gleichmäßig entlang der Seiten von Abschnitt 1–7 häkeln. Das Garn befestigen und einen ca. 30 cm langen Faden zum Nähen stehenlassen. Abschnitt 11–17 häkeln und die Stücke für das ganze Quadrat im Überwendlingsstich zusammennähen.

Umrandung des Halben Quadrats A

Runde 1: Mit der VS nach oben Garn D mit 1 Km in die Ecke direkt vor einer kurzen Seite einhäkeln, * 3 fM in die M in der Ecke, 35 fM gleichmäßig entlang der kurzen Seite, 3 fM in die Ecke, 63 fM gleichmäßig entlang der langen Seite; 1-mal wdh ab *, die Rd mit 1 Km in die 1. fM schließen.

Runde 2: 1 Km in die nächste fM in der Ecke, * 3 fM in die M in der Ecke, je 1 fM in jd M bis zur nächsten Ecke; wdh ab * rundherum, die Rd mit 1 Km in die 1. fM beenden. Das Garn befestigen.

Halbes Quadrat B

Mit Garn B und der größeren Nadel (3,75 mm) 28 Lm, 1 Stb in die 3. Lm von der Nadel, je 1 Stb in jd Lm bis zum Ende der Reihe. Reihe 2–14 und die Reihe für die Umrandung von Abschnitt 8 häkeln. Abschnitt 9 häkeln. Abschnitt 10 häkeln, aber dabei nur 28 Stb anstelle der ursprünglichen 67 Stb häkeln. Das Garn befestigen und einen ca. 30 cm langen Faden zum Nähen stehenlassen. Garn K in die letzte M von Abschnitt 10 einhäkeln, 35 Lm, das Garn abschneiden und durch die 35. Lm ziehen, um es durch Schließen der letzten Lm zu befestigen. Mit der VS nach oben und Garn D Abschnitt 18 häkeln und dabei den Teil mit Garn K über der Lm-Kette häkeln. Abschnitt 19–22 häkeln. Mit dem stehengelassenen Faden die beiden Einzelteile im Überwendlingsstich zusammennähen. Die Enden vernähen.

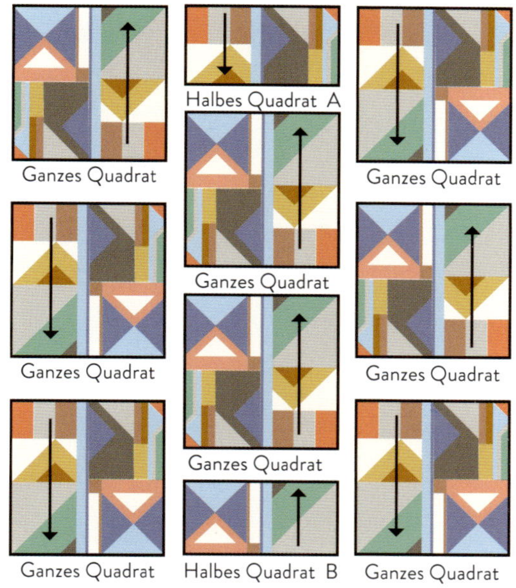

AUFLAGEPAN

Umrandung des Halben Quadrats B

Runde 1: Mit der VS nach oben Garn D mit 1 Km in die Ecke direkt vor einer kurzen Seite einhäkeln, * 3 fM in die M in der Ecke, 23 fM gleichmäßig entlang der kurzen Seite, 3 fM in die M in der Ecke, 63 fM gleichmäßig entlang der langen Seite ; 1-mal wdh ab *, die Rd mit 1 Km in die 1. fM schließen.

Runde 2: 1 Km in die nächste fM, * 3 fM in die M in der Ecke, je 1 fM in jd M bis zur nächsten Ecke; 1-mal wdh ab *, die Rd mit 1 Km in die 1. fM schließen. Das Garn befestigen.

Die Quadrate zusammennähen

Die Einzelteile dem Plan entsprechend rechtwinkelig anordnen. Die Quadrate mit Garn D und einer Sticknadel mit dem Überwendlingsstich zusammennähen.

Borte der Decke

Runde 1: Mit der VS nach oben und der größeren Nadel (3,75 mm) Garn D mit 1 Km in einer M in der Ecke einhäkeln, * 3 fM in die M in der Ecke, je 1 fM in jd M bis zur nächsten Ecke; 1-mal wdh ab *, die Rd mit 1 Km in die 1. fM schließen.

Runde 2: Zur kleineren Nadel wechseln und im Krebsstich (s. Glossar) in jd M rundherum häkeln, die Rd mit 1 Km in den 1. Krebsstich schließen.
Anmerkung: *Für hübsche, gerundete Ecken keine Extramaschen in den Ecken häkeln. Das Garn befestigen und die Enden vernähen.*

ANMERKUNG

Element 1 wird aus miteinander verbundenen Motiven gehäkelt. Dann werden die Maschen entlang der Unterkante von Element 1 gehäkelt, um Element 2 zu häkeln. Element 3 wird separat gehäkelt und an die Unterkante von Element 2 genäht. Dann wird eine hübsche Spitzenborte angefügt, um das Stück zu vervollständigen.

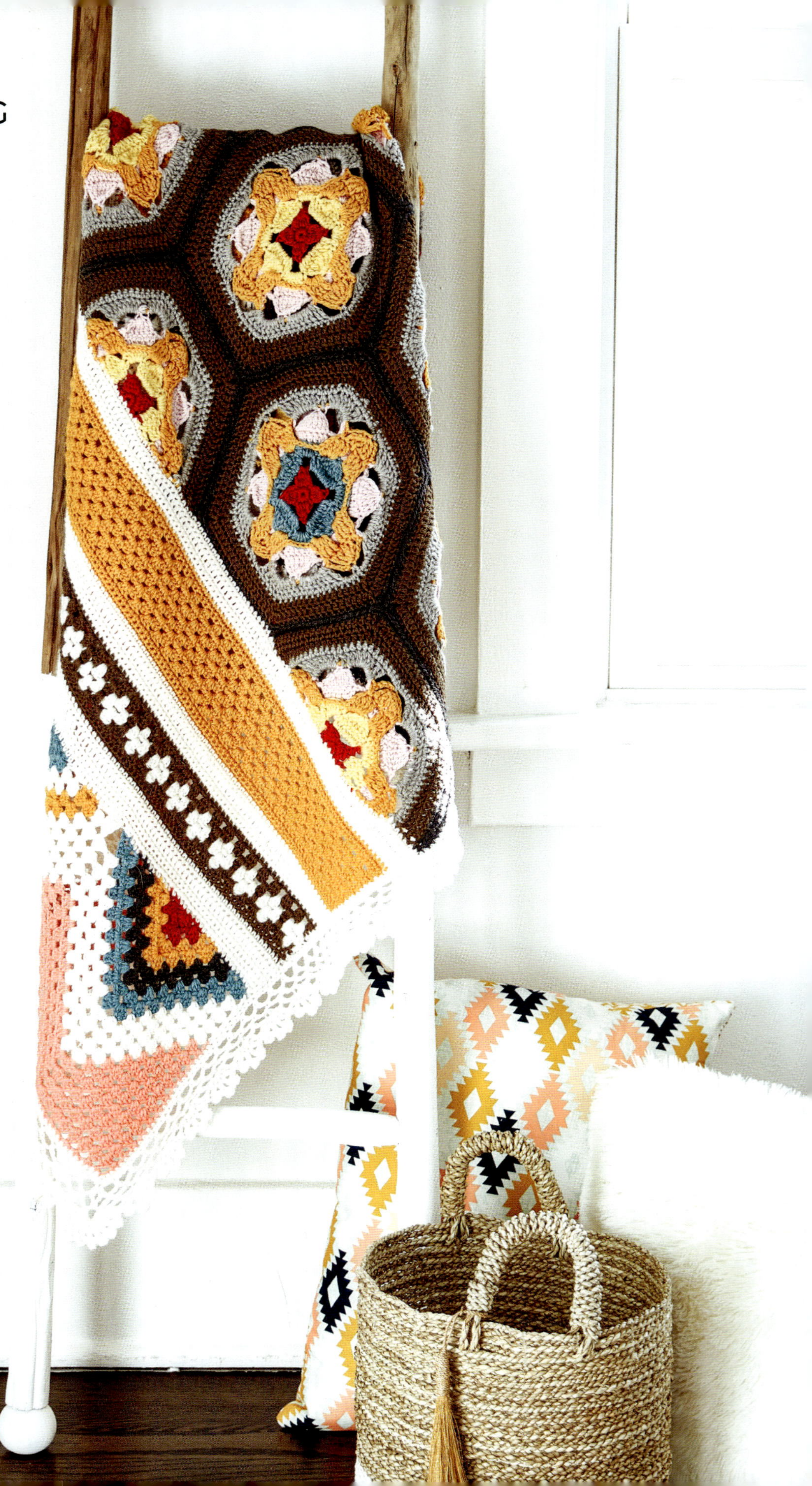

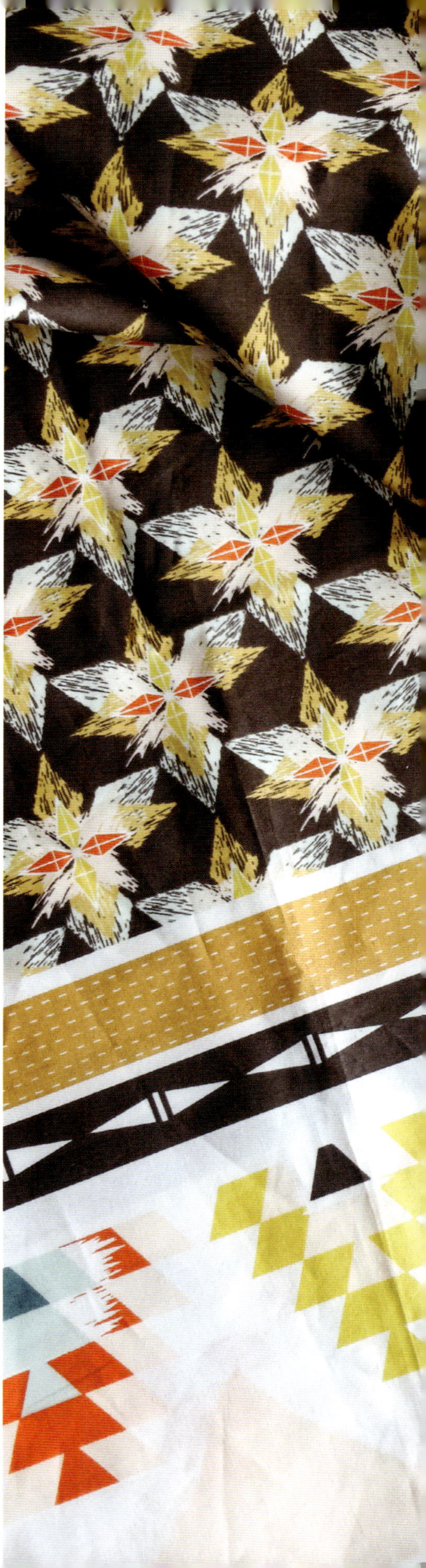
Sylph's Freedom Flower von April Rhodes

Wanderlust

Wenn Sie jemals einmal ein Häkelkunstwerk gestalten wollten, dessen Werdeprozess genauso zufriedenstellnd ist wie sein Ergebnis, dann ist *Wanderlust* das perfekte Projekt für Sie! Inspiriert von dem Stoff *Sylph's Freedom Flower* von April Rhodes, ist dieses Werkstück mit sich verzweigenden einzigartigen Maschen gerade komplex genug, um Ihr Interesse wachzuhalten, aber einfach genug, um es sich zuhause gemütlich zu machen und richtig wohlzufühlen. Genießen Sie es, sich, in diese Decke gewickelt, mit einer Tasse Kaffee ins Bett zu kuscheln, während Sie Ihr nächstes Urlaubsziel aussuchen!

GRÖSSE BEI FERTIGSTELLUNG

112 × 124,5 cm

GARN

Sportgarn (leicht)

Hier gezeigt: Cascade Yarns 220 Superwash Sport (100 % Superwash-Merinowolle; 125 m/50 g): #809 Really Red (A), 1 Strang; #820 Lemon (B), 1 Strang; #894 Strawberry Cream (C), 2 Stränge; #877 Golden (D), 2 Stränge; #1946 Silver Grey (E), 3 Stränge; #818 Mocha (F), 3 Stränge; #871 White (G), 6 Stränge; #1910 Summer Sky Heather (H), 1 Strang; #900 Charcoal (I), 3 Stränge; #1940 Peach (J), 2 Stränge.

HÄKELNADEL

4 mm

Falls notwendig, passen Sie die Nadelstärke an, um die gleiche Maschenprobe zu erhalten.

WEITERE MATERIALIEN

Sticknadel

MASCHENPROBE

Runde 1 und 2 = 6,5 cm im Durchmesser, gespannt.

MASCHENKUNDE

Stehende Maschengruppe (st Mg) über die ersten 3 M
1 st Stb in die 1. M, U, die Nadel in dieselbe M stechen, U, 1 Schlinge hochziehen, U, das Garn durch 2 Schlingen auf der Nadel ziehen, U, die Nadel in die nächste M stechen, U, 1 Schlinge hochziehen, U, das Garn durch 2 Schlingen auf der Nadel ziehen, (U, die Nadel in die nächste M einstechen, U, 1 Schlinge hochziehen, U, das Garn durch 2 Schlingen auf der Nadel ziehen) 2-mal, U, das Garn durch alle 5 Schlingen auf der Nadel ziehen.

Maschengruppe über 3 M (Mg über 3 M)
(U, die Nadel in die 1. M stechen, U, 1 Schlinge hochziehen, U, das Garn durch 2 Schlingen auf der Nadel ziehen) 2-mal, U, die Nadel in die nächste M einstechen, U, 1 Schlinge hochziehen, U, das Garn durch 2 Schlingen auf der Nadel ziehen, (U, die Nadel in die nächste M einstechen, U, 1 Schlinge hochziehen, U, das Garn durch 2 Schlingen auf der Nadel ziehen) 2-mal, U, das Garn durch alle 6 Schlingen auf der Nadel ziehen.

Große Maschengruppe (gr Mg) über # (Maschenanzahl) M
[U 2-mal, die Nadel in die nächste M/Lm einstechen, U, 1 Schlinge hochziehen, (U, das Garn durch 2 Schlingen auf der Nadel ziehen) 2-mal] #-mal (wie angegeben), U, das Garn durch alle (# + 1) Schlingen auf der Nadel ziehen.

Element 1

Ganzes Achteck 1 (8-mal häkeln)

Runde 1: Mit Garn A 3 Lm häkeln, 1 Km in die 3. Lm von der Nadel, um einen Ring zu bilden, 12 fM in den Ring, die Rd mit 1 Km in die 1. fM schließen – *12 fM.*

Runde 2: 1 st Mg über die ersten 3 M, * 6 Lm, 1 Mg über 3 M (s. Maschenkunde); wdh ab * 2-mal, 6 Lm, die Rd mit 1 Km auf das st Stb (s. Glossar) schließen – *4 Mg; 4 Lm-Bg.* Das Garn befestigen.

Runde 3: Garn B mit 1 Km ganz links in einen Lm-Bg einhäkeln, 1 st Stb in denselben Lm-Bg, * 2 Lm, 8 Stb in den nächsten Lm-Bg; wdh ab * 2-mal, 2 Lm, 7 Stb in den 1. Lm-Bg, die Rd mit 1 Km auf das st Stb beenden – *32 Stb; 4 Lm-Bg.*

Runde 4: (1 st Stb, 4 Stb) in den 1. Lm-Bg, * 4 Lm, 1 gr Mg über die nächsten 8 M, 4 Lm **, 5 Stb in den nächsten Lm-Bg; wdh ab * rundherum, die letzte Wdh bei ** beenden, die Rd mit 1 Km auf das st Stb beenden – *4 gr Mg; 8 Lm-Bg; 20 Stb.* Das Garn befestigen.

Runde 5: Mit der VS nach oben Garn C mit 1 Km in eine der gr Mg einhäkeln, (1 st DStb [siehe Glossar], 1 Lm, 3 DStb) in dieselbe M, * 2 Lm, 2 Stb ins hMg des nächsten Stb, je 1 Stb ins hMg der nächsten 3 M, 2 Stb ins hMg der nächsten M, 2 Lm **, (3 DStb, 1 Lm, 3 DStb) in die nächste gr Mg (Ecke gehäkelt); wdh ab * rundherum, dabei die letzte Wdh bei ** beenden, 2 DStb in die 1. Ecke zum Fertigstellen, die Rd mit 1 Km auf das st DStb schließen. – *24 DStb; 28 Stb; 8 Lm-Bg aus 2 Lm; 4 Lm-Bg aus 1 Lm.*

Runde 6: * 1 Lm, den nächsten Lm-Bg aus 1 Lm ausl, je 1 fM in die nächsten 3 M, 6 Lm, 1 gr Mg über die nächsten 7 M, 6 Lm, je 1 fM in die nächsten 3 M; wdh ab * rundherum, die Rd mit 1 Km in 1. Lm der Rd beenden. – *4 gr Mg; 24 fM; 8 Lm-Bg aus 6 Lm; 4 Lm-Bg aus 1 Lm.* Das Garn befestigen.

Runde 7: Mit der VS nach oben Garn D mit 1 Km in die Mitte des 1. unvollständigen DStb einer gr Mg aus Rd 4 einhäkeln, um die M arbeiten und sie wie einen Lm-Bg behandeln und ebenso um den Lm-Bg aus 4 Lm aus Rd 4 herumarbeiten, (1 st DStb, 2 DStb) um dieselben 2 Lm-Bg, * 1 Lm, (3 DStb, 1 Stb, 1 hStb, 1 fM) in das letzte unvollständige DStb der selben gr Mg von Rd 4, je 1 Km ins vMg der nächsten 5 Stb aus Rd 5, (1 fM, 1 hStb, 1 Stb, 3 DStb) um das 1. unvollständige DStb der nächsten gr Mg aus Rd 4 und ebenso um den Lm-Bg aus 4 Lm aus Rd 4; wdh ab * rundherum, die letzten 3 DStb in der letzten Wdh ausl, die Rd mit 1 Km in das st DStb schließen – *24 DStb; 8 Stb; 8 hStb; 8 fM; 20 Km; 4 Lm-Bg.*

Runde 8: 1 fM in die 1. M, * 4 Lm, 1 gr Mg über die nächsten 5 M und Lm-Bg, dabei durch beide Schichten häkeln (fM aus Rd 6 und DStb aus Rd 7), 4 Lm, 1 fM in das nächste DStb, 6 Lm, 1 fM in die nächste gr Mg aus Rd 6, 6 Lm, die nächsten 3 M ausl **, 1 fM in die nächste M; wdh ab * rundherum, die letzte Wdh bei ** beenden, die Rd mit 1 Km in die 1. fM schließen – *12 fM; 4 gr Mg; 8 Lm-Bg aus 6 Lm; 8 Lm-Bg aus 4 Lm.* Das Garn befestigen.

Runde 9: Mit der VS nach oben Garn E mit 1 Km auf eine der gr Mg in Rd 8 einhäkeln, * 1 fM in die gr Mg, 2 Lm, (2 DStb, 6 Stb) in den nächsten Lm-Bg, dabei um die beiden Lm-Bg aus 6 Lm aus Rd 8 und Rd 6 hier und während der gesamten Rd herumhäkeln, 1 Stb auf die nächste gr Mg aus Rd 6, (6 Stb, 2 DStb) in den nächsten Satz Lm-Bg, 2 Lm; wdh ab * rundherum, die Rd mit 1 Km in die 1. fM schließen – *16 DStb; 52 Stb; 4 fM; 8 Lm-Bg.*

Runde 10: * 1 fM in die fM, 3 fM in den nächsten Lm-Bg, je 1 fM in die nächsten 17 M, 3 fM in den nächsten Lm-Bg; wdh ab * rundherum, die Rd mit 1 Km in 1. fM schließen – *96 fM.* Das Garn befestigen.

Runde 11: Mit der VS nach oben Garn F mit 1 Km in die 1. fM einhäkeln, (1 st Stb, 1 Lm, 1 Stb) in die 1. M, * je 1 Stb in die nächsten 15 M **, (1 Stb, 1 Lm, 1 Stb) in die nächste M; wdh ab * rundherum, dabei die letzte Wdh bei ** beenden, die Rd mit 1 Km auf das st Stb schließen – *102 Stb; 6 Lm-Bg.*

Runde 12: 1 st Stb in die 1. M, * je 1 Stb in jd M bis zum nächsten Lm-Bg **, (1 Stb, 1 Lm, 1 Stb) in den nächsten Lm-Bg; wdh ab * rundherum, die letzte Wdh bei ** beenden, die Rd mit 1 Km auf das st Stb beenden – *114 Stb; 6 Lm-Bg.* Das Garn befestigen.

Runde 13: Mit der VS nach oben Garn G mit 1 Km in einen Lm-Bg einhäkeln, * 3 fM in den Lm-Bg, je 1 fM in jd M bis zum nächsten Lm-Bg; wdh ab * rundherum, die Rd mit 1 Km in die 1. fM schließen. Das Garn befestigen.

Ganzes Achteck 2 (4-mal häkeln)

Runde 1–13: Arbeiten Sie gleich wie für das ganze Achteck 1 und verwenden Sie Garn H anstelle von Garn B in Runde 3 und 4.

Halbes Achteck (6-mal häkeln)

Reihe 1 (VS): Mit Garn A 3 Lm, 1 Km in die 3. Lm von der Nadel, um einen Ring zu bilden, 8 fM in den Ring, wenden.

Reihe 2: 1 st Stb in die 1. M, 3 Lm, 1 Mg über die nächsten 3 M, 6 Lm, 1 Mg über die nächsten 3 M, 3 Lm, 1 Stb in die letzte M, nicht wenden – *2 Stb; 2 Mg; 3 Lm-Bg.* Das Garn befestigen.

Reihe 3: Mit der RS nach oben Garn B mit 1 Km in die 1. M einhäkeln, 1 st Stb in dieselbe M, 3 Stb in den nächsten Lm-Bg, 2 Lm, 8 Stb in den nächsten Lm-Bg, 2 Lm, 3 Stb in den letzten Lm-Bg, 1 Stb in die letzte M, wenden – *16 Stb; 2 Lm-Bg.*

Reihe 4: 1 st DStb in die 1. M, 1 gr Mg über die nächsten 3 M, 4 Lm, 5 Stb in den nächsten Lm-Bg, 4 Lm, 1 gr Mg über die nächsten 8 M, 4 Lm, 5 Stb in den nächsten Lm-Bg, 4 Lm, 1 gr Mg über die nächsten 4 M, wenden – *3 gr Mg; 4 Lm-Bg; 10 Stb.* Das Garn befestigen.

Runde 5: Mit der RS nach oben Garn C mit 1 Km auf die 1. gr Mg einhäkeln, (1 st DStb, 1 Lm, 3 DStb) in dieselbe M, * 2 Lm, 2 Stb ins vMg des nächsten Stb, je 1 Stb ins vMg der nächsten 3 M, 2 Stb ins vMg der nächsten M, 2 Lm **, (3 DStb, 1 Lm, 3 DStb) auf die nächste gr Mg; 1-mal wdh von * zu **, (3 DStb, 1 Lm, 1 DStb) in die letzte M, wenden – *14 DStb; 14 Stb; 4 Lm-Bg aus 2 Lm; 3 Lm-Bg aus 1 Lm.*

Reihe 6: 1 fM in die 1. M, * 1 Lm, den nächsten Lm-Bg aus 1 Lm ausl, je 1 fM in die nächsten 3 M, 6 Lm, 1 gr Mg über die nächsten 7 M, 6 Lm, je 1 fM in die nächsten 3 M; 1-mal wdh ab *, 1 Lm, 1 fM in die letzte M, nicht wenden – *2 gr Mg; 14 fM; 4 Lm-Bg aus 6 Lm; 3 Lm-Bg aus 1 Lm.*
Das Garn befestigen.

Reihe 7: Mit der VS nach oben Garn D mit 1 Km in die 1. M aus R 4 einhäkeln, 1 st DStb in dieselbe M, * 1 Lm, (3 DStb, 1 Stb, 1 hStb, 1 fM) in die Mitte des letzten unvollständigen DStb der gr Mg aus R 4, dabei um die M herumhäkeln, als seien sie ein Lm-Bg, und ebenso um den Lm-Bg aus 4 M aus Rd 4, je 1 Km ins vMg der nächsten 5 Stb aus Rd 5, (1 fM, 1 hStb, 1 Stb, 3 DStb) um das 1. unvollständige DStb der nächsten gr Mg aus Rd 4 und den Lm-Bg aus 4 Lm in Reihe 4; 1-mal wdh ab *, 1 Lm, 1 DStb in die letzte M, wenden – *14 DStb; 3 Stb; 8 hStb; 8 fM; 20 Km; 4 Lm-Bg.*

Reihe 8: 1 st DStb durch beide Schichten der letzten fM aus R 6 und der letzten M aus R 7, 1 gr Mg über die nächsten 3 M/Lm-Bg, dabei hier und durchgehend wie für das ganze Achteck durch beide Schichten häkeln, * 4 Lm, 1 fM in das nächste DStb, 6 Lm, 1 fM auf die nächste gr Mg aus Rd 6, 6 Lm, 1 fM in das nächste DStb, 4 Lm **, 1 gr Mg über die nächsten 5 M/Lm-Bg; 1-mal wdh von * zu **, 1 gr Mg über die nächsten 3 M/Lm-Bg, 1 DStb in die letzte M, wenden – *2 DStb; 6 fM; 3 gr Mg; 4 Lm-Bg aus 6 Lm; 4 Lm-Bg aus 4 Lm.* Das Garn befestigen.

Reihe 9: Mit der VS nach oben Garn E mit 1 Km in die 1. M einhäkeln, * 1 fM auf die gr Mg, 2 Lm, (2 DStb, 6 Stb) in den nächsten Lm-Bg, dabei hier und durchgehend um den Lm-Bg aus 6 Lm aus R 6 und R 8 herumarbeiten, 1 Stb auf die gr Mg aus R 6, (6 Stb, 2 DStb) in den nächsten Lm-Bg, 2 Lm; 1-mal wdh ab *, 1 fM in die letzte M, wenden – *8 DStb; 26 Stb; 3 fM; 4 Lm-Bg.*

Reihe 10: * 1 fM in die fM, 3 fM in den nächsten Lm-Bg, je 1 fM in die nächsten 17 M, 3 fM in den nächsten Lm-Bg; 1-mal wdh ab *, 1 fM in die letzte M, nicht wenden – *49 fM.* Das Garn befestigen.

Reihe 11: Mit der RS nach oben Garn F mit 1 Km in die 1. fM einhäkeln, (1 st Stb, 1 Lm, 1 Stb) in die 1. M,* je 1 Stb in die nächsten 15 M, (1 Stb, 1 Lm, 1 Stb) in die nächste M; wdh ab * bis zum Ende der Reihe, wenden – *53 Stb; 4 Lm-Bg.*

Reihe 12: (1 st Stb, 1 Lm, 1 Stb) in die 1. M, * 1 Stb in jd M bis zum nächsten Lm-Bg, (1 Stb, 1 Lm, 1 Stb) in den nächsten Lm-Bg; wdh ab * bis zum Ende der Reihe, nicht wenden – *59 Stb; 4 Lm-Bg.* Das Garn befestigen.

Reihe 13: Mit der VS nach oben Garn G mit 1 Km in die 1. M einhäkeln, 1 fM in die 1. M, 1 fM in den nächsten Lm-Bg, * je 1 fM in jd M bis zum nächsten Lm-Bg, 3 fM in den nächsten Lm-Bg; 1-mal wdh ab *, je 1 fM in jd M bis zum nächsten Lm-Bg, 1 fM in den nächsten Lm-Bg, 1 fM in die letzte M. Das Garn befestigen.

Die Achtecke zusammennähen

Die ganzen und die halben Achtecke, wie in der schematischen Darstellung gezeigt, auflegen. Mit Garn G und einer Sticknadel alle Motive im Überwendlingsstich zusammennähen, dabei die RS der Einzelteile aufeinanderlegen und durch die beiden oberen Schlingen der beiden Teile nähen.

TIPP

Um die Anzahl an Garnenden, die Sie vernähen müssen, zu reduzieren, nähen Sie die halben und ganzen Achtecke zuerst in Bahnen zusammen und nähen dann den Überwendlingsstich im Zickzack die Bahnen hinunter.

Die Lücken an den Seiten füllen

Reihe 1 (VS): Mit der VS nach oben Garn I mit 1 Km in einer Ecke direkt vor einer kurzen Seite einhäkeln, je 1 fM in die ersten 2 M, je 1 hStb in die nächsten 2 M, je 1 Stb in die nächsten 17 M, dabei das letzte Stb in die 3. fM der Ecke des 1. Motivs häkeln, je 1 Stb in die nächsten 17 M, dabei das letzte Stb in die 1. fM der Ecke des nächsten Motivs häkeln, je 1 hStb in die nächsten 2 M, je 1 fM in die nächsten 2 M, wenden – *34 Stb; 4 hStb; 4 fM.*

Reihe 2: Je 1 Km in jd der ersten 4 M, je 1 fM in die nächsten 2 M, je 1 hStb in die nächsten 2 M, je 1 Stb in die nächsten 12 M, die nächsten 2 M ausl, je 1 Stb in die nächsten 12 M, je 1 hStb in die nächsten 2 M, je 1 fM in die nächsten 2 M, wenden – *24 Stb; 4 hStb; 4 fM.*

Reihe 3: Je 1 Km in jd der ersten 4 M, je 1 fM in die nächsten 2 M, je 1 hStb in die nächsten 2 M, je 1 Stb in die nächsten 7 M, die nächsten 2 M ausl, je 1 Stb in die nächsten 7 M, je 1 hStb in die nächsten 2 M, je 1 fM in die nächsten 2 M, wenden – *14 Stb; 4 hStb; 4 fM.*

Reihe 4: Je 1 Km in jd der ersten 4 M, je 1 fM in die nächsten 2 M, je 1 hStb in die nächsten 2 M, je 1 Stb in die nächsten 2 M, die nächsten 2 M ausl, je 1 Stb in die nächsten 2 M, je 1 hStb in die nächsten 2 M, je 1 fM in die nächsten 2 M, wenden – *4 Stb; 4 hStb; 4 fM.*

Reihe 5: Je 1 Km in jd der ersten 4 M, 1 fM in die nächste M, die nächsten 2 M ausl, 1 fM in die nächste M. Das Garn befestigen.

Für die restlichen 5 Lücken wdh.

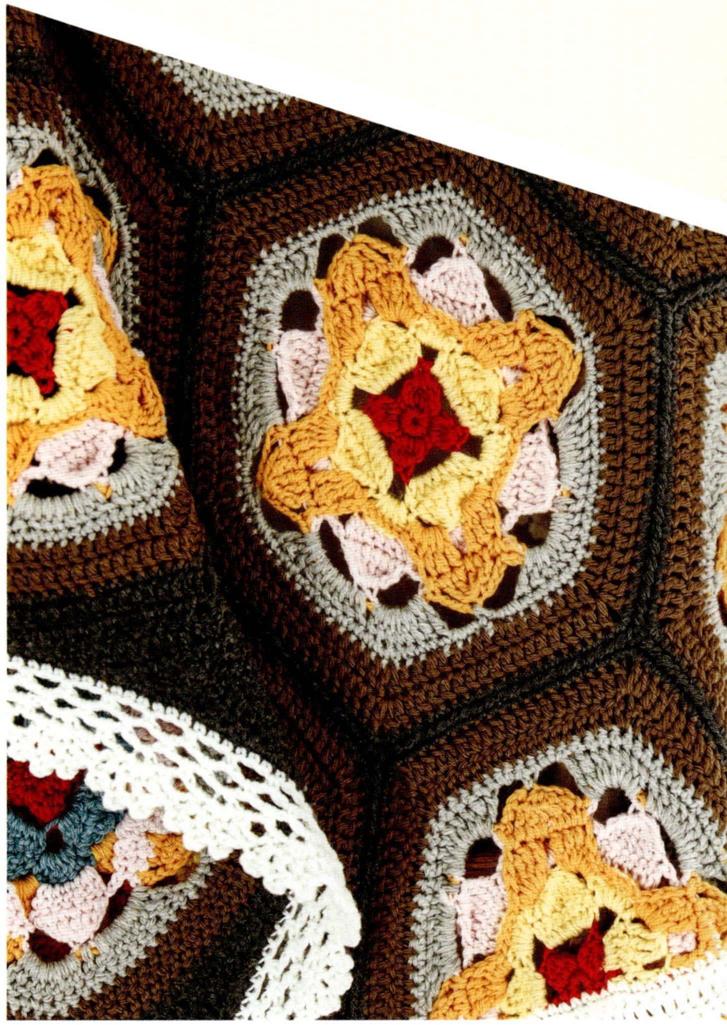

Element 2

Reihe 1: Mit der VS nach oben Garn G in die 1. M in einer langen Seite von Element 1 einhäkeln, 175 fM gleichmäßig bis zum Ende der Reihe, wenden.

Reihe 2: Je 1 fM in jd M bis zum Ende der Reihe, wenden.

Reihe 3: 1 st Stb in die 1. M, je 1 Stb in jd M bis zum Ende der Reihe, wenden – *175 Stb.*

Reihe 4 und 5: Reihe 2 wdh. Das Garn befestigen.

Reihe 6: Mit der VS nach oben Garn D mit 1 Km in die 1. M einhäkeln, je 1 fM in jd M bis zum Ende der Reihe, wenden.

Reihe 7: Reihe 2 wdh.

Reihe 8: (1 st Stb, 1 Stb) in die 1. M, (die nächsten 2 M ausl, 3 Stb in die nächste M) bis zu den letzten 3 M, die nächsten 2 M ausl, 2 Stb in die letzte M, wenden – *57 Mg aus 3 Stb; 2 Mg aus 2 Stb.*

Reihe 9: 1 st Stb in die 1. M, 3 Stb zw die nächste M und die nächste Mg aus 3 Stb, (3 Stb zw die Mg aus 3 Stb) bis zu den letzten 2 M, 1 Stb in die letzte M, wenden – *58 Mg aus 3 Stb; 2 Stb.*

Reihe 10: 1 st Stb in die 1. M, 1 Stb zw das 1. Stb und die nächste Mg aus 3 Stb, (3 Stb zw die Mg aus 3 Stb) bis zu den letzten 4 M, 1 Stb in den Lm-Bg vor der letzten M, 1 Stb in die letzte M, wenden – *57 Mg aus 3 Stb; 2 Mg aus 2 Stb.*

Reihe 11–14: Reihe 9 und 10 wdh (2-mal).

Reihe 15 und 16: Reihe 2 wdh. Das Garn befestigen.

Reihe 17 (VS): Je 1 fM in jd M bis zum Ende der Reihe, wenden.

Reihe 18–21: Reihe 2–5 wdh.

Reihe 22: Mit der VS nach oben Garn F mit 1 Km in die 1. M einhäkeln und Reihe 2 wdh.

Reihe 23: Reihe 8 wdh.

Reihe 24: ***Anmerkung:*** *Dies ist eine Farbwechselreihe.* 1 st Stb in die 1. M, die nächste M ausl, mit Garn F 3 Stb zw die nächsten 2 M, im letzten Stb zu Garn G wechseln, indem Sie Garn G durch die letzten 2 Schlingen der M ziehen, * dabei über Garn F häkeln, 3 Stb zw die Mg aus 3 Stb, wieder zu F im letzten U der letzten M wechseln und über Garn G häkeln, 3 Stb zw die Mg aus 3 Stb **, im letzten U der letzten M wieder zu G wechseln; wdh ab * bis zum Ende der Reihe und die letzte Wdh bei ** beenden, 1 Stb in die letzte M, wenden.

Reihe 25: Mit Garn G Reihe 8 wdh.

Reihe 26: Reihe 24 wdh. Garn G befestigen.

Reihe 27: Mit Garn F Reihe 8 wdh.

Reihe 28: Reihe 2 wdh. Das Garn befestigen.

Reihe 29 (VS): Je 1 fM in jd M bis zum Ende der Reihe, wenden.

Reihe 30–33: Reihe 2–5 wdh.

Element 3

Anmerkung: *Element 3 wird separat gehäkelt und dann mit dem Überwendlingsstich an Element 2 angenäht.*

Dreieck 1

Reihe 1 (VS): Mit Garn G 3 Lm häkeln, 1 Km in die 3. Lm von der Nadel, um einen Ring zu bilden, (1 st Stb, 1 Lm, 3 Stb, 3 Lm, 3 Stb, 1 Lm, 1 Stb) in den Ring, wenden – *8 Stb; 3 Lm-Bg.*

Reihe 2: (1 st Stb, 1 Lm, 3 Stb) in den 1. Lm-Bg, (3 Stb, 3 Lm, 3 Stb) in den mittleren Lm-Bg (Ecke gehäkelt), (3 Stb, 1 Lm, 1 Stb) in den letzten Lm-Bg, wenden. Das Garn befestigen.

Reihe 3 und 4: Mit der VS nach oben Garn D mit 1 Km in den 1. Lm-Bg einhäkeln, (1 st Stb, 1 Lm, 3 Stb) in denselben Lm-Bg, 3 Stb zw die Mg aus 3 Stb bis zum Lm-Bg in der Ecke, (3 Stb, 3 Lm, 3 Stb) in den nächsten Lm-Bg, 3 Stb zw die Mg aus 3 Stb bis zum letzten Lm-Bg, (3 Stb, 1 Lm, 1 Stb) in den letzten Lm-Bg, wenden. Das Garn befestigen.

Reihe 5 und 6: Mit Garn I Reihe 3 und 4 wdh.

Reihe 7 und 8: Mit Garn G Reihe 3 und 4 wdh. Das Garn befestigen.

Dreieck 2

Reihe 1–4: Mit Garn H Reihe 1–4 von Dreieck 1 wdh.

Reihe 5 und 6: Mit Garn A Reihe 3 von Dreieck 1 wdh.

Reihe 7 und 8: Mit Garn J Reihe 3 von Dreieck 1 wdh.

Dreieck 3

Reihe 1–8: Gleich häkeln wie Dreieck 1 und dabei jeweils Garn I, J, D und G verwenden.

Dreieck 4

Reihe 1–8: Gleich häkeln wie Dreieck 1 und dabei jeweils Garn H, G, D und G verwenden.

Dreieck 5

Reihe 1–8: Gleich häkeln wie Dreieck 1 und dabei jeweils Garn A, D, I und H verwenden.

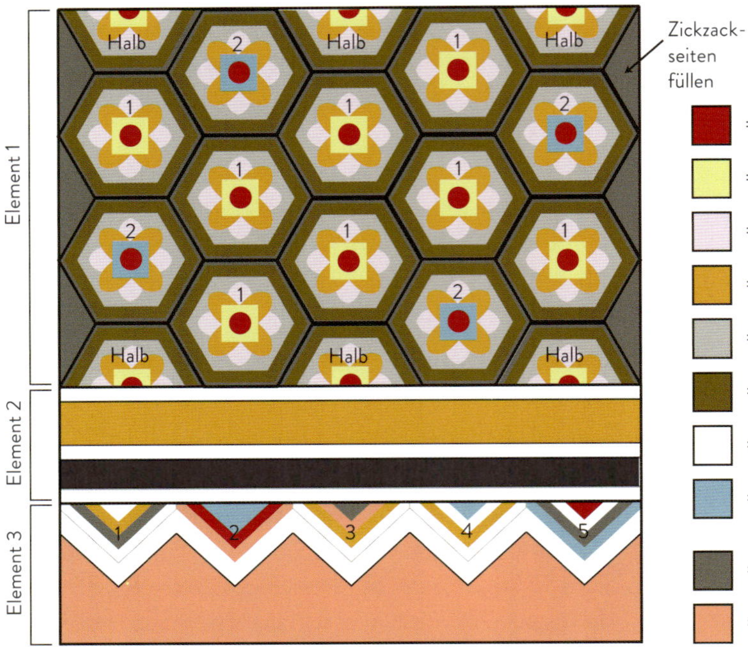

SCHEMATISCHE DARSTELLUNG

MUSTERSCHLÜSSEL

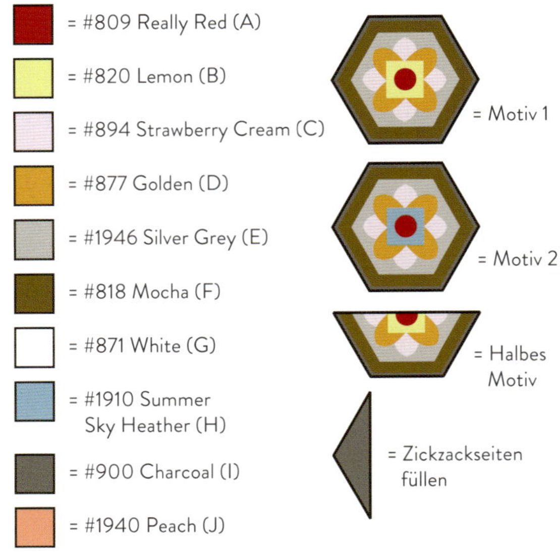

Fischgrätmuster

Anmerkung: *In Reihe 1 werden die Dreiecke in einer Linie zusammengefügt, in allen folgenden Reihen wird in einem Fischgrätmuster fortgefahren.*

Reihe 1 (VS): Mit der VS von Dreieck 1 nach oben Garn G mit 1 Km in die 1. M am Ende der letzten Reihe einhäkeln, 1 st Stb in die 1. M, den 1. Lm-Bg ausl, die nächsten 3 Stb ausl, * je 3 Stb zw die Mg aus 3 Stb bis zum nächsten Lm-Bg, (3 Stb, 3 Lm, 3 Stb) in den nächsten Lm-Bg, 3 Stb zw die Mg aus 3 Stb bis zu den letzten 5 M/Lm-Bg **, das nächste Dreieck aufnehmen, die ersten 5 M/Lm-Bg ausl; wdh ab * entlang der verbliebenen 4 Dreiecke und die letzte Wdh bei ** beenden, (3 Stb, 1 Lm, 1 Stb) in den letzten Lm-Bg, wenden. Die Dreiecke sind nun in einer Linie zusammengefügt.

Reihe 2 (Musterreihe): 1 st Stb in den 1. Lm-Bg, 1 Lm, * je 3 Stb zw die Mg aus 3 Stb bis zum nächsten Lm-Bg, (3 Stb, 3 Lm, 3 Stb) in den nächsten Lm-Bg, 3 Stb zw die Mg aus 3 Stb (6-mal) **, die nächsten 2 Mg aus 3 Stb ausl; wdh ab * bis zum Ende der Reihe und die letzte Wdh bei ** beenden, 1 Lm, 1 Stb in den letzten Lm-Bg, wenden.

Reihe 3–6: Reihe 2 wdh. Das Garn befestigen.

Reihe 7: Mit der VS nach oben Garn J mit 1 Km in den 1. Lm-Bg einhäkeln und gleich häkeln wie Reihe 3.

Reihe 8–10: Gleich häkeln wie Reihe 3, das Garn nicht abschneiden.

Die Dreiecke füllen, damit das Fischgrätmuster rechteckig wird

1. Dreieckslückenfüller

Reihe 1 (VS): 1 st Stb in den 1. Lm-Bg, 1 Lm, je 3 Stb zw die Mg aus 3 Stb bis zum nächsten Lm-Bg, 1 Lm, 1 Stb in den Lm-Bg, wenden und die restl M ungehäkelt lassen.

Reihe 2–6: 1 st Stb in den 1. Lm-Bg, 1 Lm, 3 Stb zw die Mg aus 3 Stb bis zum nächsten Lm-Bg, 1 Lm, 1 Stb in den letzten Lm-Bg, wenden.

Reihe 7: 1 st Stb in den 1. Lm-Bg, 1 Stb in den letzten Lm-Bg. Das Garn befestigen.

Nächster Dreieckslückenfüller

Reihe 1 (VS): Mit der VS nach oben Garn J mit 1 Km in den Lm-Bg in der Ecke desselben Dreiecks einhäkeln, 1 st Stb in den 1. Lm-Bg, 1 Lm, 3 Stb zw die Mg aus 3 Stb (6-mal), die nächsten 6 M ausl, je 3 Stb zw die Mg aus 3 Stb bis zum nächsten Lm-Bg, 1 Lm, 1 Stb in den nächsten Lm-Bg, wenden und die restl M ungehäkelt lassen.

Reihe 2–7: 1 st Stb in den 1. Lm-Bg, 1 Lm, 3 Stb zw die Mg aus 3 Stb (6-mal), die nächsten 6 M ausl, je 3 Stb zw die Mg aus 3 Stb bis zum nächsten Lm-Bg, 1 Lm, 1 Stb in den nächsten Lm-Bg, wenden.

Reihe 8: 1 st Stb in den 1. Lm-Bg, 1 Stb in den letzten Lm-Bg. Das Garn befestigen.

Diesen Dreieckslückenfüller für die restlichen 3 Dreieckslücken wdh.

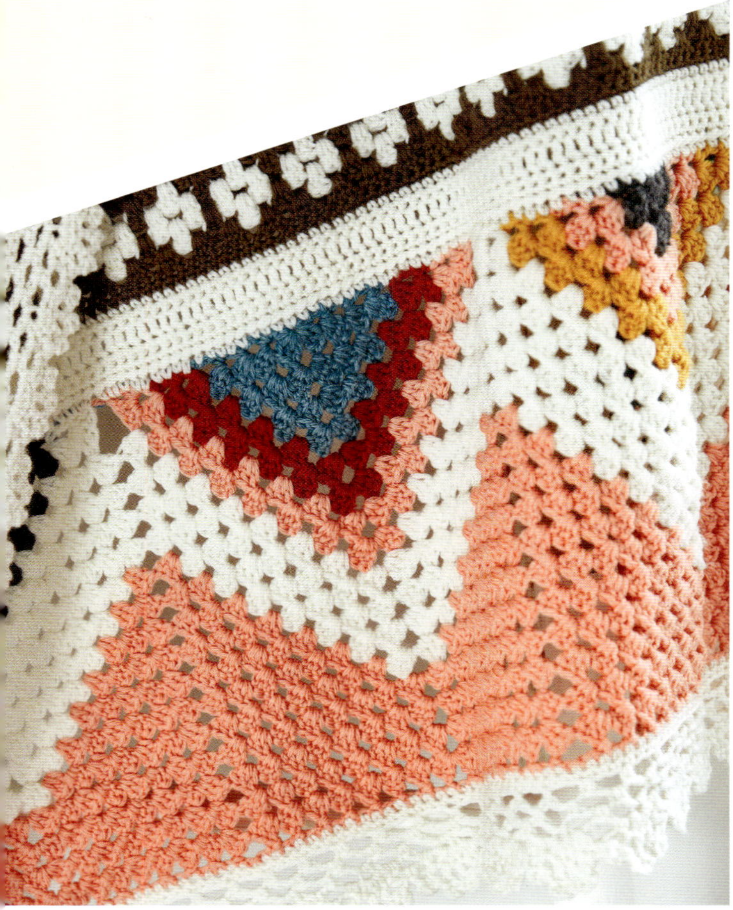

Letzter Dreieckslückenfüller

Reihe 1 (VS): Mit der VS nach oben Garn J mit 1 Km in den Lm-Bg in der Ecke des letzten Dreiecks einhäkeln, 1 st Stb in den 1. Lm-Bg, 1 Lm, je 3 Stb zw die Mg aus 3 Stb bis zum nächsten Lm-Bg, 1 Lm, 1 Stb in den Lm-Bg, wenden, die restl M ungehäkelt lassen.

Reihe 2–7 des 1. Dreieckslückenfüllers wdh, um die letzte Ecke an das Rechteck anzupassen.

Element 3 und Element 2 zusammenfügen

Platzieren Sie Element 3 mit den Dreiecken nach unten und häkeln Sie 1 Reihe fM entlang der Oberseite des Elements, wie folgt: Garn G mit 1 Km in die obere rechte Ecke einhäkeln, 175 fM gleichmäßig entlang der Oberkante des Elements häkeln. Das Garn befestigen und einen Faden, der ca. 2 x so lang ist wie die Breite des Elements, stehenlassen. Diesen Nähfaden verwenden, um die Elemente mit den RS bündig aufeinanderzulegen und mit einer Sticknadel im Überwendlingsstich zusammenzunähen.

Borte

Runde 1: Mit der VS der Decke nach oben und dem obenliegenden Element 1 die obere linke Ecke von Element 2 suchen, Garn G mit 1 Km in die 1. M von Element 2 einhäkeln und 76 fM gleichmäßig hinunter entlang der linken Seite von Element 2 und 3 häkeln, 3 fM in die Ecke, 171 fM gleichmäßig entlang der Unterkante von Element 3, 3 fM in die Ecke, 76 fM gleichmäßig die rechte Seite hinauf entlang Element 2 und 3 und in der letzten fM zu Garn F wechseln. ***Anmerkung:*** *Vergewissern Sie sich, dass sich Ihre letzte fM mit Garn G am Ende von Element 2 befindet, und beenden Sie den letzten U der letzten fM mit Garn F.* Garn G befestigen und mit Garn F 106 fM gleichmäßig entlang der rechten Seite von Element 1 häkeln, 3 fM in die Ecke, 171 fM gleichmäßig entlang der Oberkante von Element 1 häkeln, 3 fM in die Ecke, 106 fM gleichmäßig hinunter entlang der linken Kante von Element 1, die Rd mit 1 Km in die 1. fM schließen. Garn F befestigen.

Runde 2: Mit der VS nach oben Garn G mit 1 Km in die obere rechte Ecke der Decke einhäkeln, * 3 fM in die M in der Ecke, je 1 fM in jd M bis zur nächsten Ecke; wdh ab * rundherum, die Rd mit 1 Km in die 1. fM schließen.

Runde 3: 1 Km in die nächste fM, * (1 fM, 2 Lm, 1 fM) in die M in der Ecke (Ecke gehäkelt), (2 Lm, die nächsten 2 M ausl, 1 fM in die nächste M) bis zu den 3 M der nächsten Ecke, 2 Lm, die nächsten 2 M ausl; wdh ab * rundherum, die Rd mit 1 Km in die 1. fM schließen.

Runde 4 und 5: 1 Km in den nächsten Lm-Bg, (1 fM, 2 Lm) in jd Lm-Bg rundherum, die Rd mit 1 Km in die 1. fM schließen.

Runde 6: 1 Km in den 1. Lm-Bg, 1 fM in denselben Lm-Bg, * (2 Lm, 1 fM in den nächsten Lm-Bg, 4 hStb in die nächste fM, 1 fM in den nächsten Lm-Bg) bis zum Lm-Bg direkt vor der Ecke, 2 Lm, 1 fM in den nächsten Lm-Bg, 9 Stb in den Lm-Bg in der Ecke, 1 fM in den nächsten Lm-Bg; wdh ab * rundherum und die letzte fM ausl, die Rd mit 1 Km in die 1. fM schließen.

Runde 7: 1 Km in den 1. Lm-Bg, 1 fM in denselben Lm-Bg, ** * (1 Stb in das nächste hStb, 3 Lm, 1 fM auf die Seitenteile des vorigen Stb (Picot gehäkelt) 3-mal, 1 Stb in das nächste hStb, 1 fM in den nächsten Lm-Bg; wdh ab * bis zur nächsten Ecke, (1 Stb, 1 Picot) in jd der nächsten 8 hStb, 1 Stb in das letzte hStb, 1 fM in den nächsten Lm-Bg; wdh ab ** rundherum und die letzte fM ausl, die Rd mit 1 Km in die 1. fM schließen. Das Garn befestigen und alle Garnenden vernähen.

KAPITEL 4

Scherenschnitt

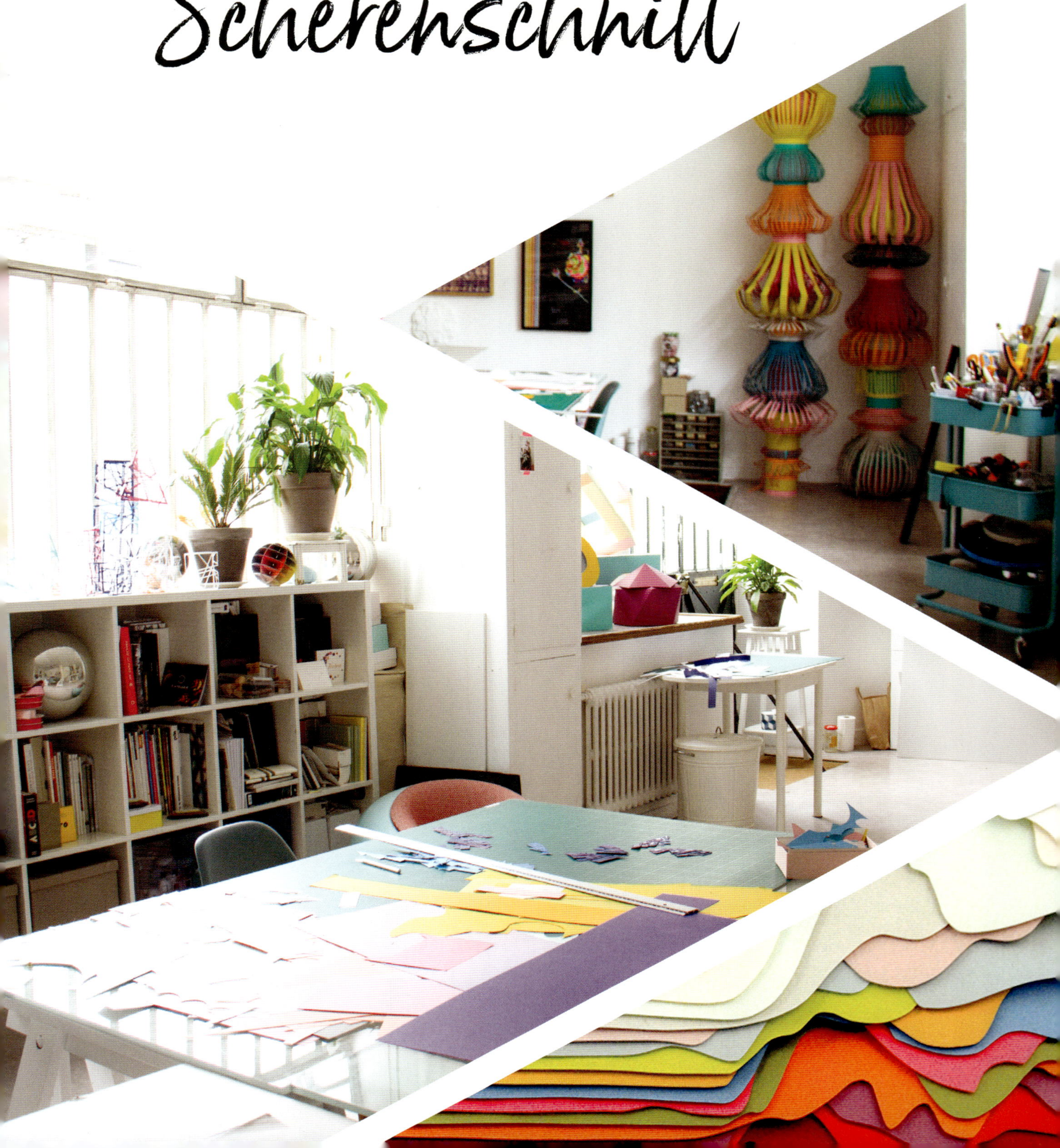

MAUD VANTOURS

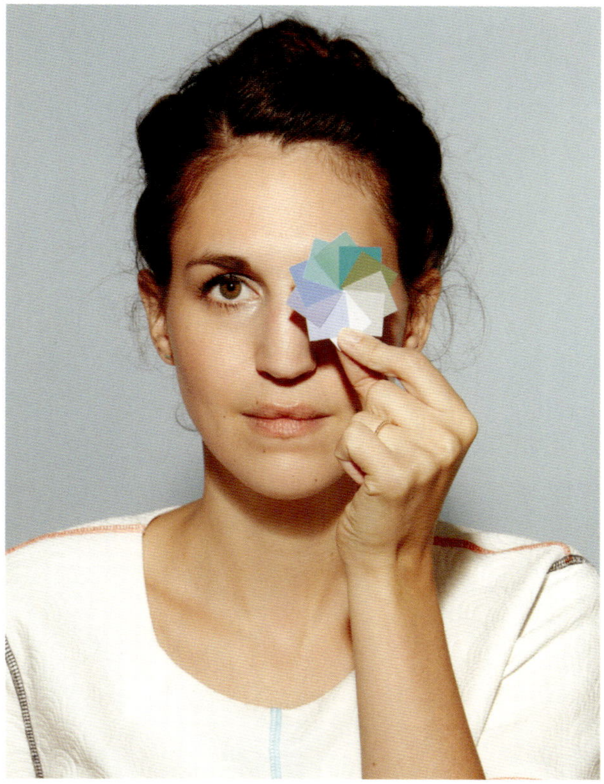

DIE KÜNSTLERIN

Maud Vantours ist eine in Paris lebende und arbeitende Designerin und Scherenschnittkünstlerin. Grundlage ihres Schaffens sind Textil- und Materialforschung, aber Papier wurde ihr liebstes Medium. Sie verleiht ihm dreidimensionale Formen, indem sie Schichten und Farben übereinanderlegt, um ein simples Stück Papier in ein dynamisches Kunstwerk zu verwandeln. Farbe und Muster spielen eine wichtige Rolle in ihren Arbeiten und oft gestaltet sie phantasievolle und traumhaft schöne Landschaften. Mauds Werke findet man in Galerien und bei internationalen Ausstellungen, einschließlich der Sammlung *Imago Mundi* von Luciano Benetton in Frankreich.

DIE INSPIRATION

Anders als die fließende Textilkunst auf Stoffen ist der Scherenschnitt eine präzise und abstrakte Kunst. Maud Vantours kreiert in ihrem Studio in Frankreich durch sorgsames Schneiden und Schichten von Papier in leuchtenden Farben verblüffende Papierkunst, um visuell opulente Kunstwerke zu gestalten. Die deutlichen Schnittlinien und die kleineren geschnittenen Elemente zwingen das Auge, sich gleichsam mit den Mikro- und den Makroaspekten zu beschäftigen. Um diesen Aspekt auf das Häkeln zu übertragen, vergleiche ich die Mikroelemente mit einer geschickten Maschenwahl und die Makroelemente mit dem großen Gesamtbild und welche Wirkung das gesamte Design auf den Betrachter hat.

Wenn ich Maud Vantours Arbeiten sehe, frage ich mich oft, wie sie sie wohl gemacht hat. Ich kann die traditionellen Textilkünste, wie das Weben oder das Stoffdesign, leicht verstehen, aber das Zeichnen mit einem härteren Medium wie Papier bietet mir eine Herausforderung, meine kreativen Grenzen zu überschreiten und neue Elemente in mein textiles Handwerk einfließen zu lassen. Wie das Häkeln erfordern Scherenschnittprojekte Präzision und Geduld. Inspiriert von Vantours *Flora* habe ich die *Farbengarten-Decke* entworfen, um dem Look übereinandergelagerter Papierblütenblätter und detaillierter „Ausschnitte" mittels geschickt positionierter Lochmuster Rechnung zu tragen. In *Wellenüberlagerungen* arbeite ich asymmetrische, flache und kräuselige Streifen mit einer Maschentechnik heraus, die die überlappenden Farben imitiert, mit dem Werk *Landscape* im Hinterkopf. Und schließlich nutzt *Perfekte Jakobsmuscheln* kontrastierende Farben in sich wiederholenden Mustern, inspiriert von Mauds *Motif*, einem akribisch genau geschnittenen Scherenschnittprojekt.

ANMERKUNG

- *Drei Motivtypen werden gehäkelt und in der letzten Runde in der Reihenfolge, die in der schematischen Darstellung steht, aneinandergefügt. Die Seiten der Decke werden zum Rechteck aufgefüllt und eine Picotborte in Kontrastfarbe wird zum Fertigstellen hinzugefügt. Zuerst zeige ich Ihnen die Anleitung für die drei Motivtypen, dann die Anleitung für den Beginn der Decke.*
- *Verwenden Sie den Abschnitt „Motivtypen" zur Orientierung, wenn Sie die Motive dieses Werkstücks zusammenfügen.*

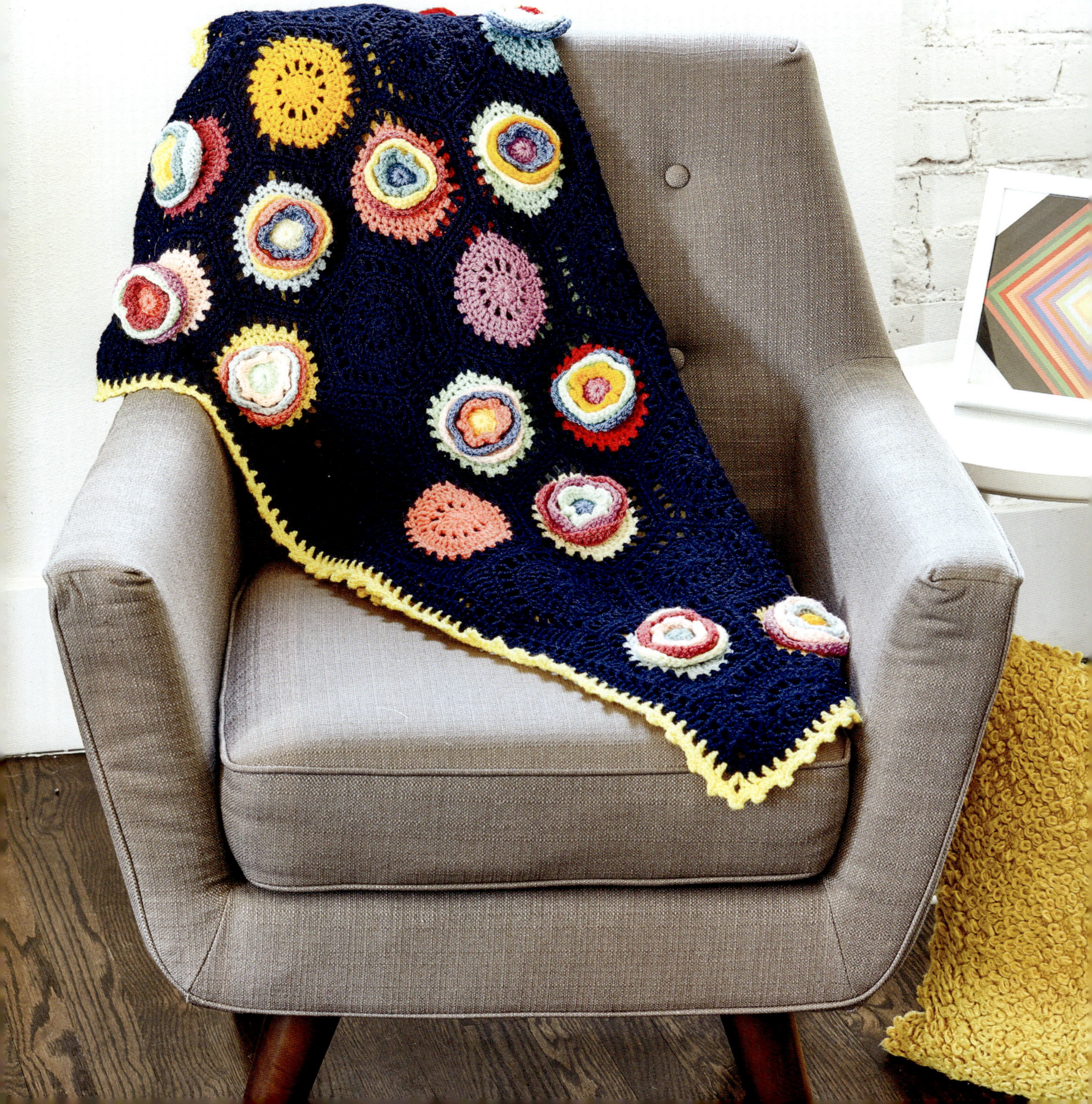

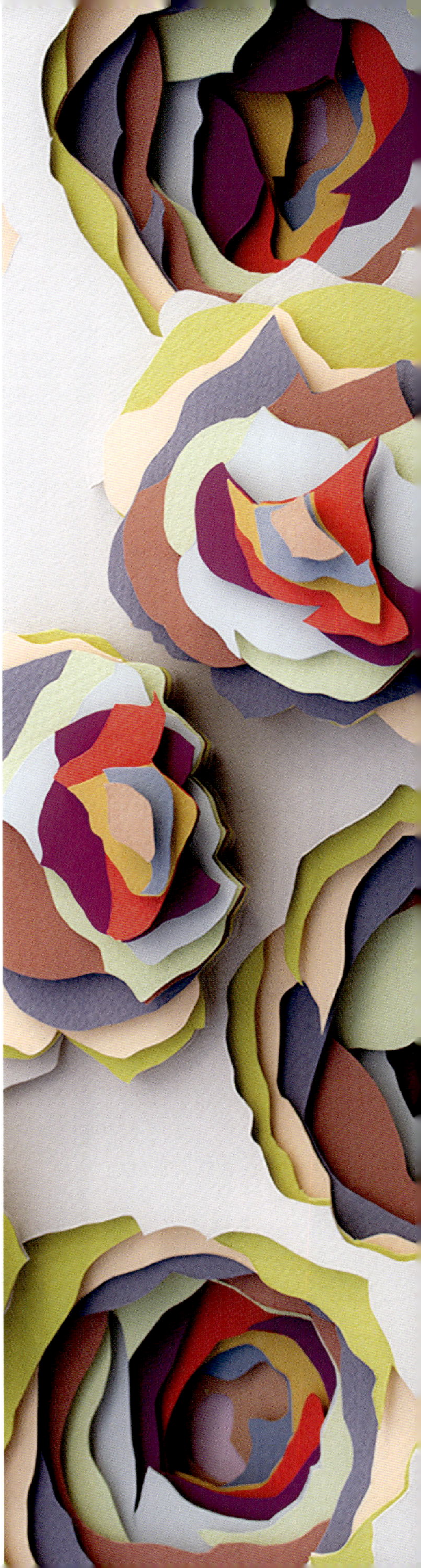

Farbengarten

Diese Decke ist eine Übung darin, den Zufall anzunehmen. Die Blütenblätter werden übereinander geschichtet, genau wie in ihrem Scherenschnitt-Vorbild *Flora* von Maud Vantours, und dann zufällig auf der Decke verteilt, um ein visuell interessantes Kunstwerk zu erschaffen. Ob Sie dieses Werkstück für die Wiege eines geliebten Babys anfertigen oder es über die Rückenlehne Ihrer Couch legen – es wird immer das Gesprächsthema sein, das Sie sich gewünscht haben.

GRÖSSE BEI FERTIGSTELLUNG

83 × 99 cm

GARN

DK-Garn (leichtes Kammgarn).

Hier gezeigt: Stylecraft Special DK (100 % Acryl; 295 m/100 g): je 1 Knäuel in den angeführten Farben, außer es ist etwas anderes angegeben: #1011 Midnight (A), 4 Knäuel; #1020 Lemon (B), 2 Knäuel; #1081 Saffron (C); #1114 Sunshine (D); #1019 Cloud Blue (E); #1302 Denim (F); #1316 Spring Green (G); #1725 Sage (H); #1026 Apricot (I); #1132 Shrimp (J); #1084 Magenta (K); #1023 Raspberry (L); #1246 Lipstick (M).

HÄKELNADELN

5 mm

4,25 mm – nur für die letzte Rd der Borte

Falls notwendig, passen Sie die Nadelstärke an, um die gleiche Maschenprobe zu erhalten.

WEITERE MATERIALIEN

Sticknadel

MASCHENPROBE

Die ersten 3 Rd von Motiv A = 7,5 cm, gehäkelt mit der größeren Häkelnadel (5 mm), gespannt.

Motivtypen

Typ A (18-mal häkeln)

Runde 1: Mit Garn A 3 Lm, mit 1 Km in die 3. Lm von der Nadel einen Ring bilden, (1 st Stb [siehe Glossar], 11 Stb) in den Ring, die Rd mit 1 Km auf das st Stb schließen – *12 Stb.*

Runde 2: 1 st Stb in die nächste M (bezogen auf die M links der Verbindungs-M), * 1 Lm, 1 Stb in die nächste M; wdh ab * 10-mal, 1 Lm, die Rd mit 1 Km auf das st Stb schließen – *12 Stb; 12 Lm-Bg.*

Runde 3: 1 Km in den 1. Lm-Bg, (1 st Stb, 1 Stb) in den 1. Lm-Bg, * 1 Stb in die nächste M, 2 Stb in den nächsten Lm-Bg; wdh ab * rundherum, 1 Stb in die nächste M, die Rd mit 1 Km auf das st Stb beenden – *36 Stb.*

Runde 4: * je 1 fM in die nächsten 2 M, 2 fM in die nächste M; wdh ab * rundherum, die Rd mit 1 Km in die 1. fM schließen – *48 fM.*

Runde 5: (1 st Stb, 1 Lm, 1 Stb) in die nächste M, * [1 Lm, die nächste M ausl, 1 Stb in die nächste M] 3-mal, 1 Lm, die nächste M ausl **, (1 Stb, 1 Lm, 1 Stb) in die nächste M; wdh ab * rundherum, die letzte Wdh bei ** beenden, die Rd mit 1 Km auf das st Stb beenden – *30 Stb; 30 Lm-Bg.*

Verbindungsrunde

***Anmerkung:** Dies sind die grundlegenden Anweisungen für diese Runde. Die Anleitung für die Decke beinhaltet auch Zusatzinformationen, um die Einzelteile in dieser Runde direkt aneinanderzufügen (Join-As-You-Go-Methode/JAYG-Methode). Für diese Verbindungen häkeln Sie nicht alle Motive fertig; stattdessen können alle Basiskreise von Motivtyp B und alle Blumen/Basiskreise von Motivtyp C fertiggehäkelt werden, und wenn sie aneinandergefügt werden sollen, stellen Sie die Motive so fertig, dass sie entsprechend der schematischen Darstellung zusammengehäkelt werden können. Alternativ können auch alle Motive fertiggestellt und danach mit der bevorzugten Methode zusammengenäht werden, wenn Ihnen das leichter fällt.*

Runde 6: * 3 fM in den 1. Lm-Bg, je 1 fM in jd M bis zum nächsten Lm-Bg in der Ecke; wdh ab * rundherum, die Rd mit 1 Km in die 1. fM schließen – *72 fM.*

Typ B (5-mal häkeln)

Basiskreis

***Anmerkung:** Je 1-mal in den folgenden kontrastierenden Farben häkeln: E, C, J, K, D.*

Runde 1–4: In einer Kontrastfarbe Rd 1–4 von Motiv Typ A häkeln. Das Garn befestigen.

Runde 5 und 6: Mit der VS nach oben Garn A mit 1 Km in einer fM aus Rd 4 einhäkeln. Rd 5 und 6 von Motiv A wdh. Das Garn befestigen.

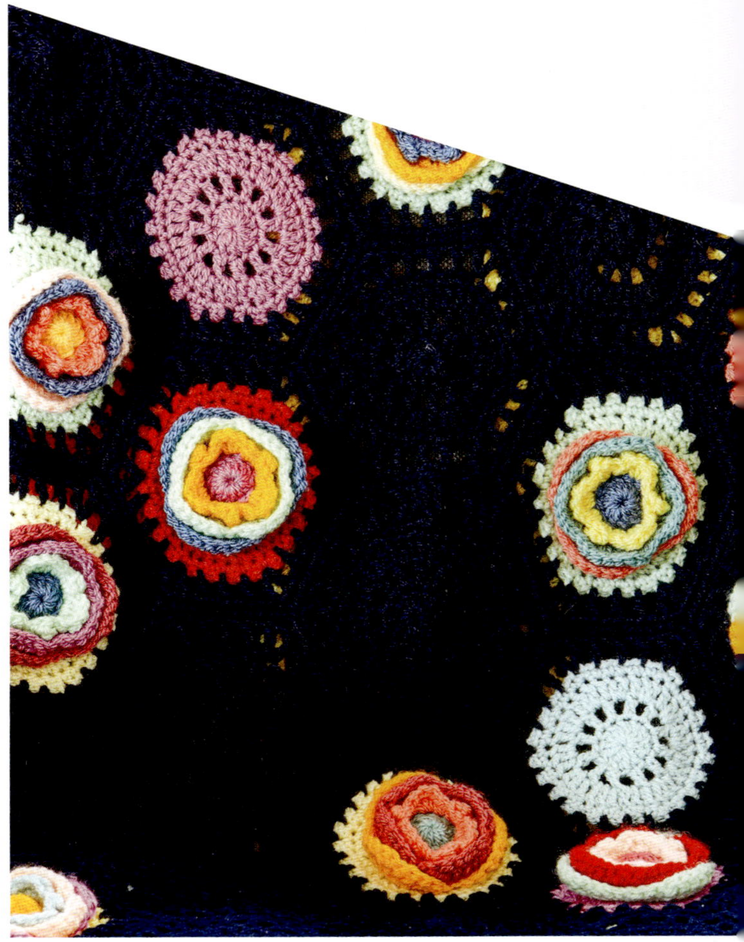

Typ C (22-mal häkeln)

***Anmerkung:** Entnehmen Sie die Farbsequenz der schematischen Darstellung von Motiv Typ C, um herauszufinden, welche Farben Sie für alle 22 Motive verwenden müssen.*

Basiskreis

Runde 1–4: Mit der 1. Farbe aus der im Farbmuster angegebenen Farbsequenz Rd 1–4 des Motivs Typ A häkeln. Das Garn befestigen.

Unteres Blütenblatt

Runde 1 und 2: Mit der 2. Farbe Rd 1 und 2 von Motiv Typ A häkeln.

Runde 3: 1 Km in den 1. Lm-Bg, * 2 fM in den nächsten Lm-Bg, 1 hStb in die nächste M, 2 Stb in den nächsten Lm-Bg, 1 DStb in die nächste M, 3 DStb in den nächsten Lm-Bg, 1 DStb in die nächste M, 2 Stb in den nächsten Lm-Bg, 1 hStb in die nächste M; wdh ab * 2-mal, die Rd mit 1 Km in die 1. fM schließen. Das Garn befestigen.

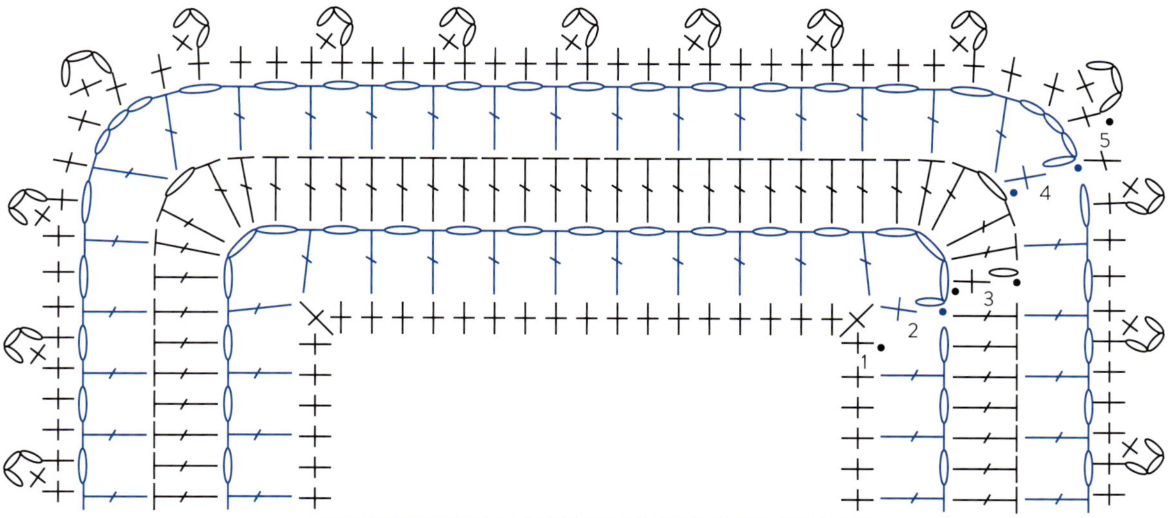

REDUZIERTE DARSTELLUNG DER BORTE

MASCHENKUNDE

= Luftmasche (Lm)

= feste Masche (fM)

= Stäbchen (Stb)

= Picot

Mittleres Blütenblatt

Runde 1 und 2: Mit der 3. Farbe Runde 1 und 2 von Motiv Typ A häkeln.

Runde 3: Km in den 1. Lm-Bg, * 2 fM in den nächsten Lm-Bg, 1 hStb in die nächste M, 2 Stb in den nächsten Lm-Bg, 1 Stb in die nächste M, 2 Stb in den nächsten Lm-Bg, 1 hStb in die nächste M; wdh ab * 3-mal, die Rd mit 1 Km in die 1. fM schließen. Das Garn befestigen.

Oberes Blütenblatt

Runde 1: Mit der 4. Farbe, Rd 1 von Motiv Typ A häkeln. Das Garn befestigen und einen ca. 30 cm langen Faden zum Zusammensetzen der Blumen stehenlassen.

Runde 2: Mit der 5. Farbe (1 fM, 1 hStb) in die 1. M, * 3 Stb in die nächste M, (1 hStb, 1 fM) in die nächste M, (1 fM, 1 DStb, 1 fM) in die nächste M **, (1 fM, 1 hStb) in die nächste M; wdh ab * rundherum, die letzte Wdh bei ** beenden, die Rd mit 1 Km in die 1. fM schließen. Das Garn befestigen.

Zusammensetzen der Blumen

Ziehen Sie den langen Faden des oberen Blütenblatts durch ein Stb aus Rd 1 sowohl des mittleren als auch des unteren Blütenblatts und des Basiskreises.

Anmerkung: *Die Blütenblattschichten müssen nicht auf eine bestimmte Art bündig liegen, weshalb irgendeine Masche aus Rd 1 gewählt werden kann.*

Durch alle 4 Teile arbeiten und die Häkelnadel durch das nächste Stb in allen Schichten bis zur RS stechen. U mit dem Garnende und 1 Schlinge zur VS der Arbeit hochziehen. Die Nadel durch das nächste Stb aller Teile stechen, U, 1 Schlinge hochziehen und 1 Km häkeln. Je 1 Km in alle Stb rundherum häkeln und alle Schichten der Blume miteinander verschließen. Wdh, bis alle 22 Blumen komplett sind und für jede Blume je 3 Blütenblattschichten an jeden Basiskreis häkeln.

Runde 5 und 6: Mit der VS der Basis nach oben Garn A mit 1 Km in einer fM von Rd 4 des Basiskreises einhäkeln. Rd 5 und 6 von Motiv A wdh (s. „Für die Decke" für Anleitungen zum Aneinanderfügen). Das Garn befestigen.

Für die Decke

Anmerkung: *Orientieren Sie sich für die Platzierung der Motive an der schematischen Darstellung.*

Motiv 1

Nehmen Sie ein Motiv Typ C und häkeln Sie die vollen Rd 5 und 6. Das Garn befestigen.

Nachfolgende Motive

Den angegebenen Motivtyp bis Rd 5 häkeln.

Runde 6 (Verbindungsrunde): Das Motiv, wie in der schematischen Darstellung gezeigt, auflegen und Rd 6 im grünen Punkt in der schematischen Darstellung beginnen. Seite 1 (rot dargestellt) und jd weitere einfache Seite häkeln bis zur Verbindungsseite (blau markiert), wie im Muster angegeben. Die blaue(n) Seite(n) an die ggü liegenden Seiten des kompletten Motivs anfügen, wie folgt: Die Achtecke mit der JAYG-Methode laut Diagramm (s. Techniken) als Vorlage verwenden, 2 fM in die Ecke vor der Verbindungsseite, DSV in die entsprechende M des fertigen Motivs, 1 fM in dieselbe Ecke, (DSV in entsprechende M des fertigen Motivs, 1 fM in die nächste M) entlang der Seite bis zur nächsten M in der Ecke, 1 fM in die M in der Ecke, DSV, weiterhäkeln rund um das Achteck und das Diagramm für DSV für Achtecke als Leitfaden zum Verbinden der Seiten benutzen, verbleibende Seiten ungemustert häkeln. Das Garn befestigen.

Halbe Achtecke

Wenn alle Achtecke miteinander verbunden sind, ist es an der Zeit, die halben Achtecke zu häkeln, um die Lücken an der Ober- und der Unterseite zu schließen.

Reihe 1: Mit Garn A 3 Lm, mit 1 Km in 3. Lm von der Nadel einen Ring bilden, (1 st Stb, 6 Stb) in den Ring, wenden – *7 Stb.*

Reihe 2: 1 st Stb in die 1. M, * 1 Lm, 1 Stb in die nächste M; wdh ab * bis zum Ende der Reihe, wenden – *7 Stb; 6 Lm-Bg.*

Reihe 3: 1 st Stb in die 1. M, * 2 Stb in den nächsten Lm-Bg, 1 Stb in die nächste M; wdh ab * bis zum Ende der Reihe, wenden – *19 Stb.*

Reihe 4: 1 fM in die ersten 2 M, * 2 fM in die nächste M **, je 1 fM in die nächsten 2 M; wdh ab * bis zum Ende der Reihe, die letzte Wdh bei ** beenden, 1 fM in die letzte M, wenden – *25 fM.*

Reihe 5: (1 st Stb, 1 Lm, 1 Stb) in die 1. M, * [1 Lm, die nächste M ausl, 1 Stb in die nächste M] 3-mal, 1 Lm, (1 Stb, 1 Lm, 1 Stb) in die nächste M; wdh ab * 2-mal, wenden – *17 Stb; 16 Lm-Bg.*

FARBABFOLGE MOTIV TYP C

Motif C Number	Base Circle (Color 1)	Bottom Petal (Color 2)	Middle Petal (Color 3)	Top Petal, Rnd 1 (Color 3)	Top Petal, Rnd 1 (Color 3)
1	D	E	B	K	M
3	K	G	M	I	L
6	C	K	I	E	D
7	E	B	L	I	H
11	B	D	K	J	H
16	F	G	D	E	L
17	G	J	H	C	F
19	M	F	G	D	L
20	B	L	K	G	F
23	J	M	B	H	C
27	G	I	F	J	C
29	D	H	J	L	G
31	H	F	E	B	M
32	G	B	D	F	K
32	J	L	C	H	F
35	C	J	E	I	G
41	K	D	M	G	J
42	I	M	F	B	K
45	E	C	J	F	B
46	I	K	G	L	J
47	F	G	K	L	B
49	L	E	H	C	D

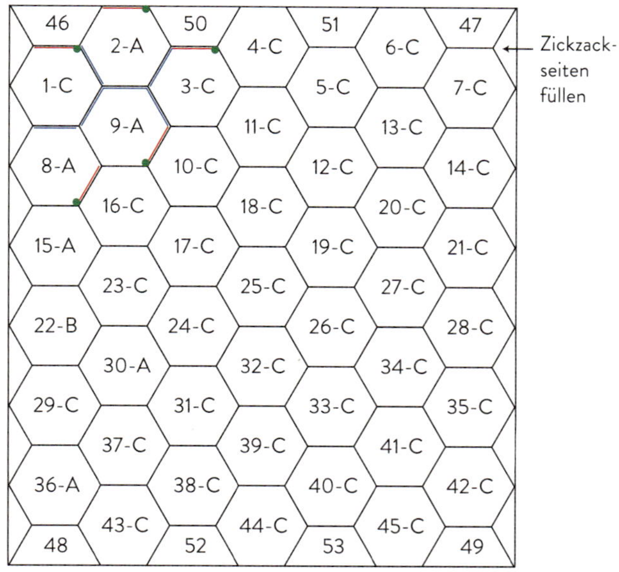

SCHEMATISCHE DARSTELLUNG

LEGENDE FÜR DAS MUSTER

A = Typ A
B = Typ B
C = Typ C
1, 2, 3 … = Motivnummer
● = 1. Seite der Verbindungsrunde
—— = Beginn der Verbindungsrunde
—— = Aneinandergefügte Seiten

Reihe 6 (Verbindungsreihe): Das halbe Achteck in eine Lücke auf eine der Seiten legen. Um die 1. Seite zu verbinden (1 fM, 1 DSV) in jd der ersten 11 M oder Lm-Bg, dabei die Anleitung für DSV für Achtecke verwenden, um die Ecke zu häkeln, 3 fM in den Lm-Bg in der Ecke, (1 fM, 1 DSV) in jd der nächsten 9 M oder Lm-Bg, um die nächste Seite zu verbinden, 3 fM in den nächsten Lm-Bg in der Ecke wie zuvor, für die letzte Seite (1 fM, 1 DSV) in jd der nächsten 11 M oder Lm-Bg – *37 fM*. Das Garn befestigen.

7 weitere halbe Achtecke häkeln und in den Lücken an beiden Seiten des Werkstücks anbringen.

Zickzackseiten füllen

Garn A mit 1 Km in die 1. M auf einer der Zickzackseiten einhäkeln, * 1 fM in die nächste M, je 1 hStb in die nächsten 2 M, je 1 Stb in die nächsten 2 M, je 1 DStb in die nächsten 3 M, je 1 VStb in die nächsten 3 M, die Verbindung zw den Achteckmotiven ausl, je 1 VStb in die nächsten 3 M, je 1 DStb in die nächsten 3 M, je 1 Stb in die nächsten 2 M, je 1 hStb in die nächsten 2 M, 1 fM in die nächste M, die nächste M ausl (mittlere fM der „spitzen" Ecke); wdh ab * bis zum Ende der Reihe. Das Garn befestigen.

Auf der anderen Seite wdh. Das Garn nicht abschneiden.

Borte

Runde 1 (Aufbaurunde): Mit der VS nach oben Garn A mit 1 Km in die Ecke vor der kurzen Seite der Afghandecke einhäkeln, * 3 fM in die M in der Ecke, 119 fM gleichmäßig entlang der kurzen Seite, 3 fM in die nächste Ecke, 147 fM gleichmäßig entlang der langen Seite; 1-mal wdh ab *, die Rd mit 1 Km in die 1. fM schließen.

Runde 2: 1 Km in die nächste M in der Ecke, (1 st Stb, 3 Lm, 1 Stb) in die fM in der Ecke, * (1 Lm, die nächste M ausl, 1 Stb in die nächste M) bis zur nächsten Ecke, 1 Lm **, (1 Stb, 3 Lm, 1 Stb) in die M in der Ecke; wdh ab * rundherum und die letzte Wdh bei **, die Rd mit 1 Km in das st Stb schließen.

Runde 3: 1 Km in den 1. Lm-Bg, (1 st Stb, 1 Lm, 3 Stb) in den Lm-Bg, * je 1 Stb in jd M bis zum nächsten Lm-Bg in der Ecke **, (3 Stb, 1 Lm, 3 Stb) in den nächsten Lm-Bg; wdh ab * rundherum, die letzte Wdh bei ** beenden, 2 Stb in die 1. Ecke zum Komplettieren, die Rd mit 1 Km in das 1. st Stb beenden. Das Garn befestigen.

Runde 4: Mit der VS nach oben Garn B mit 1 Km in einer Ecke einhäkeln und Rd 2 wdh.

Runde 5: Zur kleineren Nadel wechseln, * (je 1 fM, 1 Picot, 1 fM) in den Lm-Bg, 1 fM in die nächste M, 1 fM in den nächsten Lm-Bg, 1 Picot, (je 1 fM in die nächsten 4 M oder Lm-Bg, 1 Picot) bis zum 1. Stb der nächsten Ecke, 1 fM in das 1. Stb der Ecke; wdh ab * rundherum, die Rd mit 1 Km in die 1. fM beenden. Das Garn befestigen und die Enden vernähen.

ANMERKUNG

Diese Decke wird von einer Seite zur anderen gehäkelt.

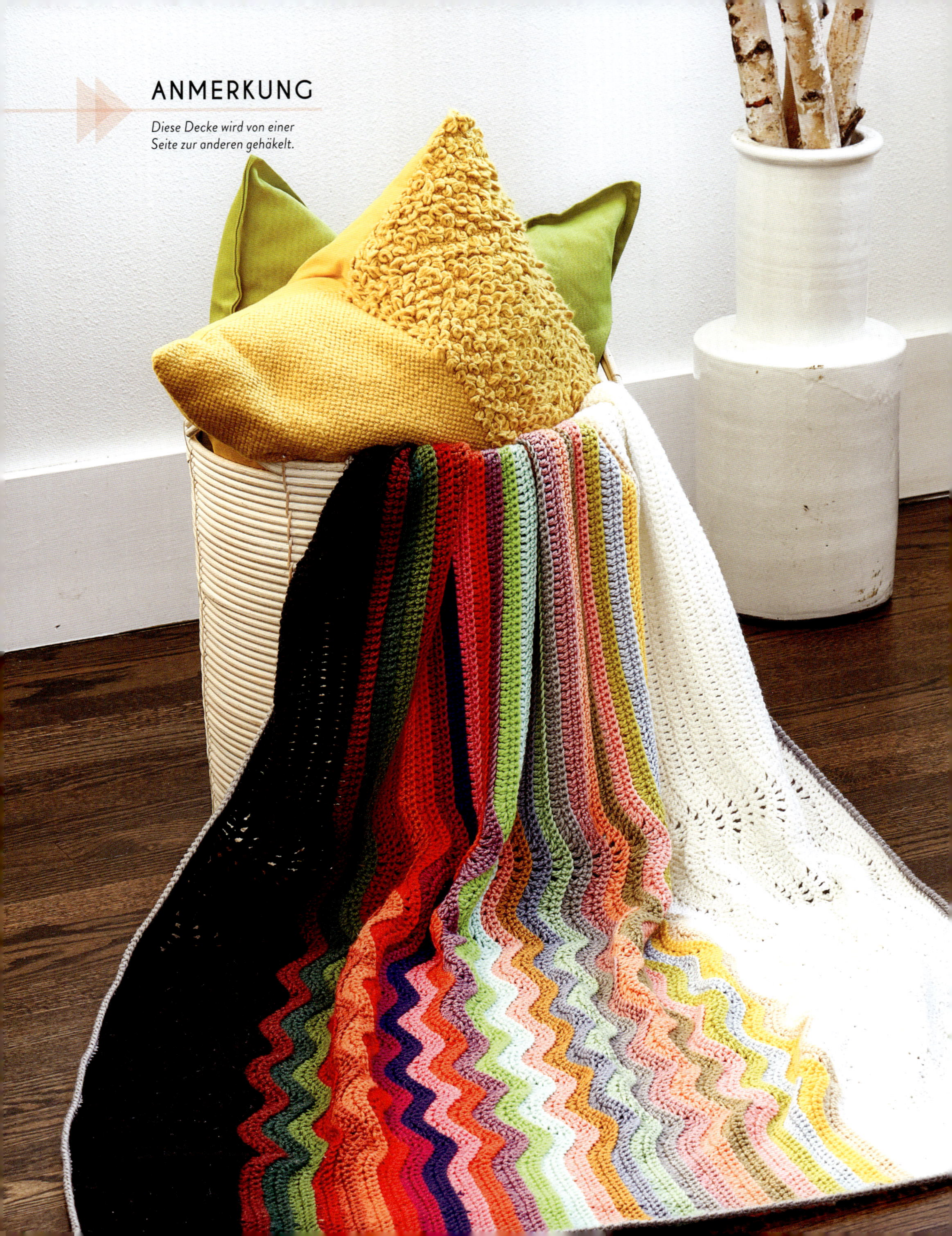

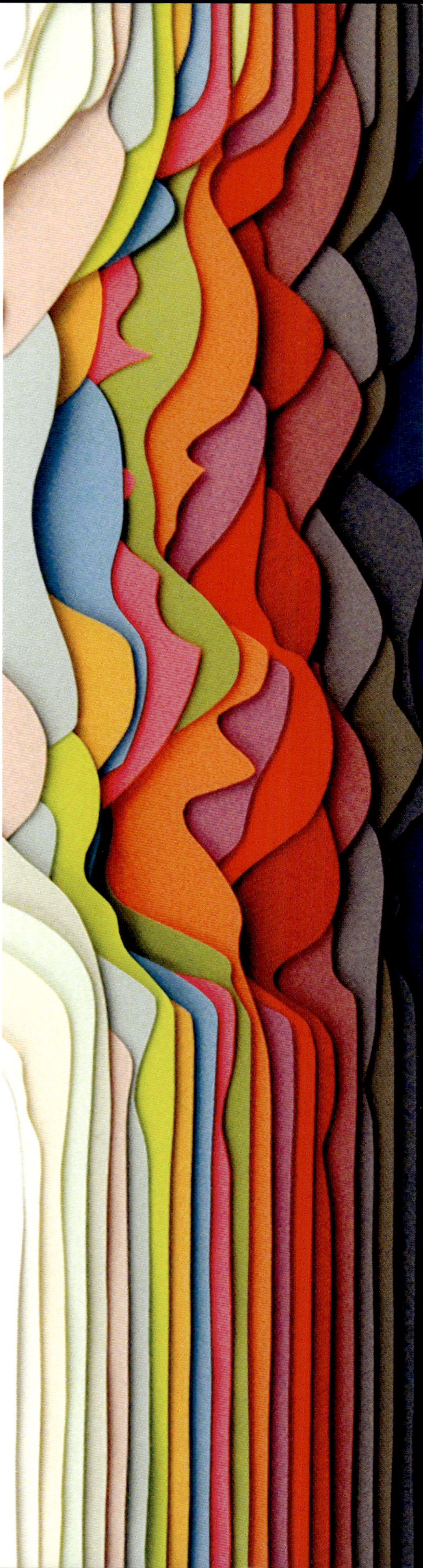

Landscape von Maud Vantours

WELLEN-überlagerung

In diesem Projekt finden Sie die leichte Abwandlung eines traditionellen Designs. In *Landscape* von Maud Vantours werden flache Ebenen zu sanft geschwungenen Hügeln. Ich konnte das Bild einer sowohl geradlinigen als auch gerippten Decke nicht mehr aus meinem Kopf bekommen. Diese einzigartige Verbindung, gemeinsam mit einer modernisierten Ausrichtung von einer Seite zur anderen, versetzt dem Werkstück einen modernen Schubs, der eine kleine Mikro-Evolution in unserer Kunst bestärkt.

GRÖSSE BEI FERTIGSTELLUNG

152 × 162 cm

GARN

DK-Garn (leichtes Kammgarn)

Hier gezeigt: Scheepjes Merino Soft (50 % Wolle, 25 % Mikrofaser, 25 % Acryl; 105 m/50 g): Je 1 Knäuel der folgenden Farben, sofern nicht anders angegeben: #601 Pollack (A), 3 Knäuel; #622 Klee (B); #631 Millais (C); #627 Manet (D); #623 Rothko (E); #608 Dali (F); #619 Gauguin (G); #621 Picasso (H); #636 Carney (I); #638 Hockney (J); #635 Matisse (K); #620 Munch (L); #639 Monet (M); #646 Miro (N); #628 Botticelli (O); #633 Bennett (P); #641 Van Gogh (Q); #613 Giotto (R); #625 Kandinsky (S); #604 Lowry (T); #634 Copley (U); #642 Caravaggio (V); #624 Renoir (W); #632 Degas (X); #629 Constable (Y); #610 Turner (Z); #644 Durer (AA); #606 Da Vinci (BB); #600 Malevich (CC), 5 Knäuel.

HÄKELNADELN

5 mm für den Hauptteil der Decke

4 mm für die Borte

Falls notwendig, passen Sie die Nadelstärke an, um die gleiche Maschenprobe zu erhalten.

WEITERE MATERIALIEN

Sticknadel

MASCHENPROBE

16 M und 10 Reihen im Muster für den Hauptteil auf jeder Seite des Wellenmusters = 10 cm mit der größeren Nadel (5 mm), gespannt.

Reihe 1 (VS): Mit der größeren Häkelnadel (5 mm) und Garn A 201 Lm häkeln, 1 fM in die 2. Lm von der Nadel, je 1 fM in jd Lm bis zum Ende der R, wenden – *200 fM.*

Reihe 2: Je 1 fM in die ersten 81 M, * 1 hStb in die nächste M, je 1 Stb in die nächsten 2 M, je 1 DStb in die nächsten 5 M, je 1 Stb in die nächsten 2 M, 1 hStb in die nächste M, je 1 fM in die nächsten 6 M; wdh ab * 5-mal, je 1 fM in die nächsten 17 M, wenden – *30 DStb; 24 Stb; 12 hStb; 134 fM.*

Reihe 3 (Muster): 1 st Stb (s. Glossar) in die 1. M, je 1 Stb in die nächsten 19 M, * [2 Stb zus häkeln (s. Glossar) über die nächsten 2 M] 3-mal, [1 Lm, 1 Stb in die nächste M] 5-mal, 1 Lm, [2 Stb zus häkeln über die nächsten 2 M] 3-mal; wdh ab * 5-mal, 1 Stb in jd M bis zum Ende der R, wenden.

Reihe 4: Je 1 fM in jd M und Lm-Bg bis zum Ende der R, wenden.

Reihe 5–14: R 3 und 4 wdh. Das Garn befestigen.

Reihe 15: VS nach oben, Garn B mit 1 Km ins hMg der 1. M einhäkeln, 1 st Stb in dieselbe M, nur in die hMg häkeln (so entsteht auf der VS zw jd Farbe eine Rippe, um die übereinanderliegenden Papierschichten nachzuahmen), je 1 Stb in die nächsten 19 M, * (2 Stb zus häkeln über die nächsten 2 M) 3-mal, [1 Lm, 1 Stb in die nächste M] 5-mal, 1 Lm, 2 Stb zus häkeln über die nächsten 2 M (3-mal); wdh ab * 5-mal, je 1 Stb in jd M bis zum Ende der R, wenden.

Reihe 16: Je 1 fM in jd M und jd Lm-Bg bis zum Ende der R, wenden. Das Garn befestigen.

Reihe 17–70: Mit Garn C und CC je 2 R in jd Farbe häkeln und dabei R 15 und 16 für die Farbstreifen wdh. Garn CC nicht abschneiden.

Reihe 71–96: Durchgehend durch beide Mg der M nur mit Garn CC häkeln und R 3 und 4 wdh.

Reihe 97: 1 st Stb in die 1. M, je 1 Stb in die nächsten 19 M, * 1 hStb in die nächste M, je 1 fM in die nächsten 11 M, je 1 hStb in die nächsten 2 M, je 1 Stb in die nächsten 2 M, je 1 DStb in die nächsten 2 M, je 1 Stb in die nächsten 2 M, 1 hStb in die nächste M; wdh ab * 4-mal, 1 hStb in die nächste M, je 1 fM in die nächsten 11 M, 1 hStb in die nächste M, je 1 Stb in jd M bis zum Ende der R, wenden.

Reihe 98: Je 1 fM in jd der ersten 81 M. Das Garn befestigen. Mit der RS nach oben die nächsten 96 M ausl, Garn CC mit 1 Km in die nächste M einhäkeln, 1 fM in dieselbe M, je 1 fM in jd der restl 22 M, wenden.

Reihe 99: 1 st Stb in die 1. M, je 1 Stb in die nächsten 22 M, je 1 hStb in die nächsten 2 M, je 1 fM in die nächsten 92 M, je 1 hStb in die nächsten 2 M, je 1 Stb in jd M bis zum Ende der R. Das Garn befestigen.

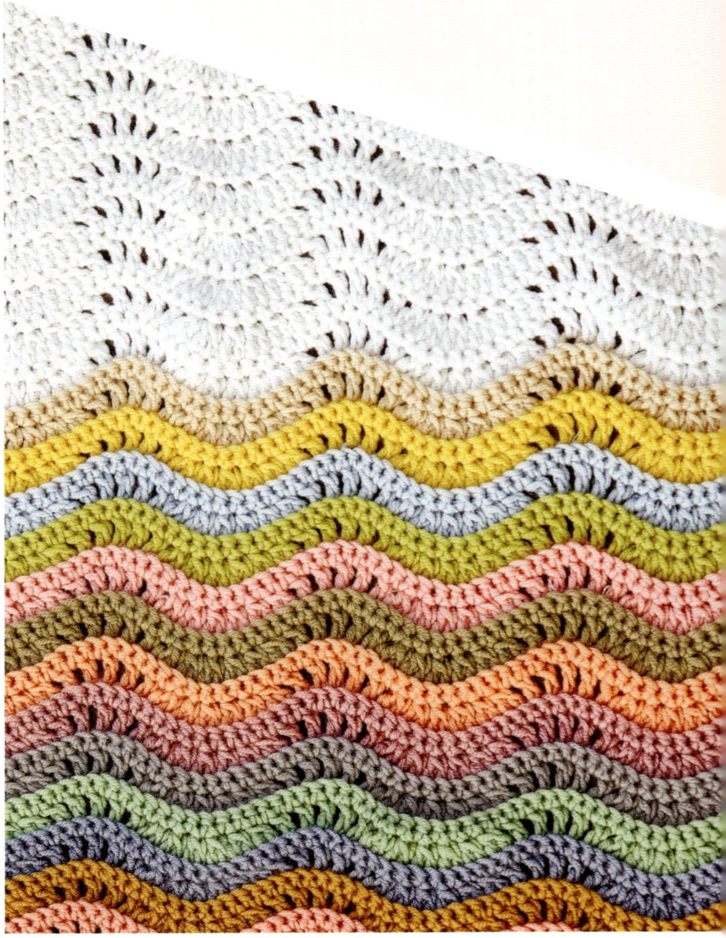

Borte

Runde 1: Mit der kleineren Häkelnadel (4 mm) Garn T mit 1 Km in einer Ecke einhäkeln, * 3 fM in dieselbe M, fM gleichmäßig bis zur nächsten Ecke häkeln; ab * wdh rundherum, die Rd mit 1 Km in die 1. fM schließen.

TIPP

Wenn Sie in die Seiten der M häkeln, häkeln Sie 2 fM in die Seiten der Stb und 1 fM in die Seiten der fM. Häkeln Sie „in" die Masche und nicht „darum herum", um Löcher an den Seiten Ihrer Arbeit zu vermeiden. Achten Sie auf die identische Maschenanzahl auf der gegenüberliegenden Seite!

Runde 2: Von links nach rechts je 1 Krebsstich (s. Glossar) in jd M rundherum (für hübsche, abgerundete Ecken mit 1 Km in den 1. Krebsstich enden).

Anmerkung: *Für hübsche, abgerundete Ecken keine extra M in die Ecken häkeln. Das Garn befestigen und die Garnenden vernähen.*

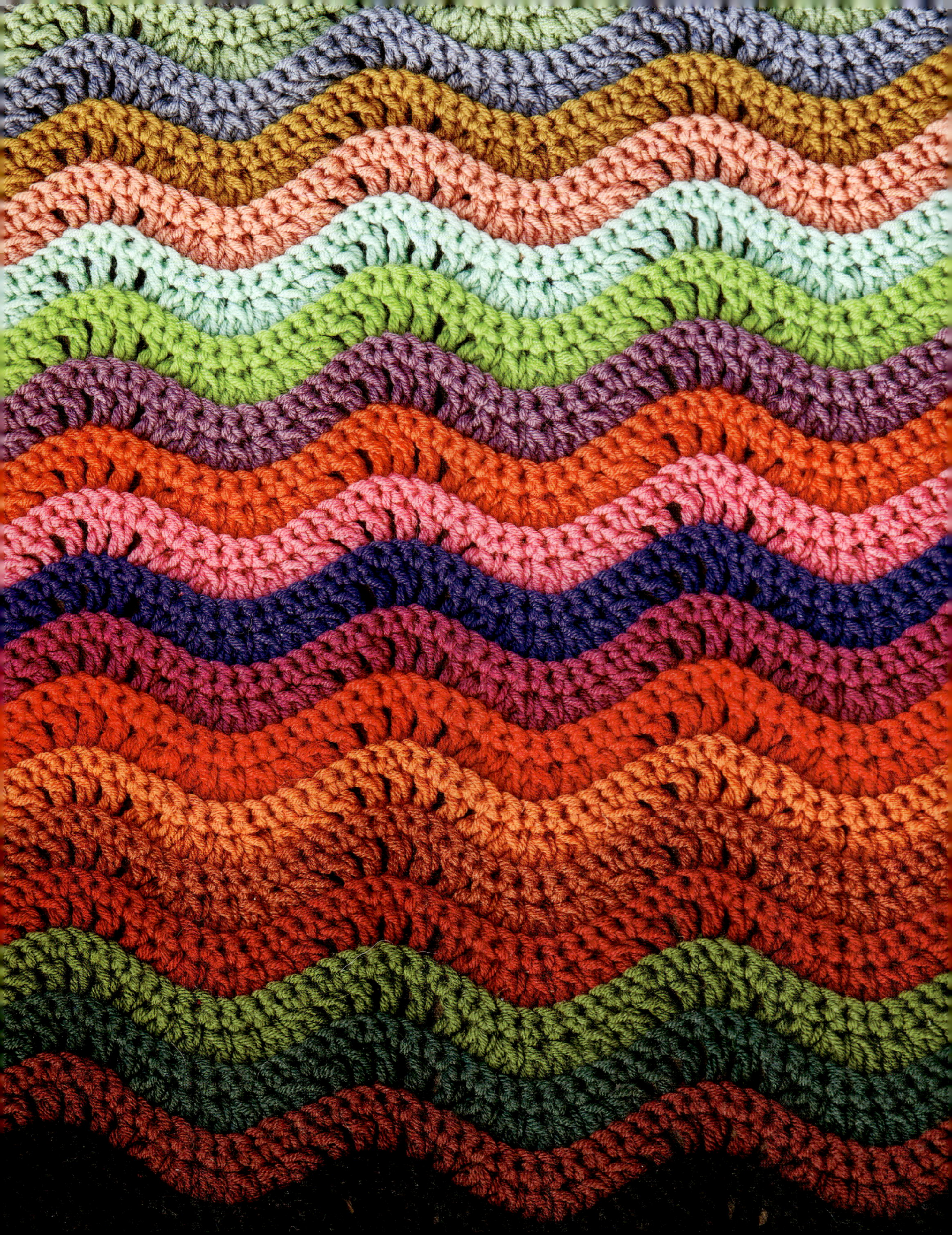

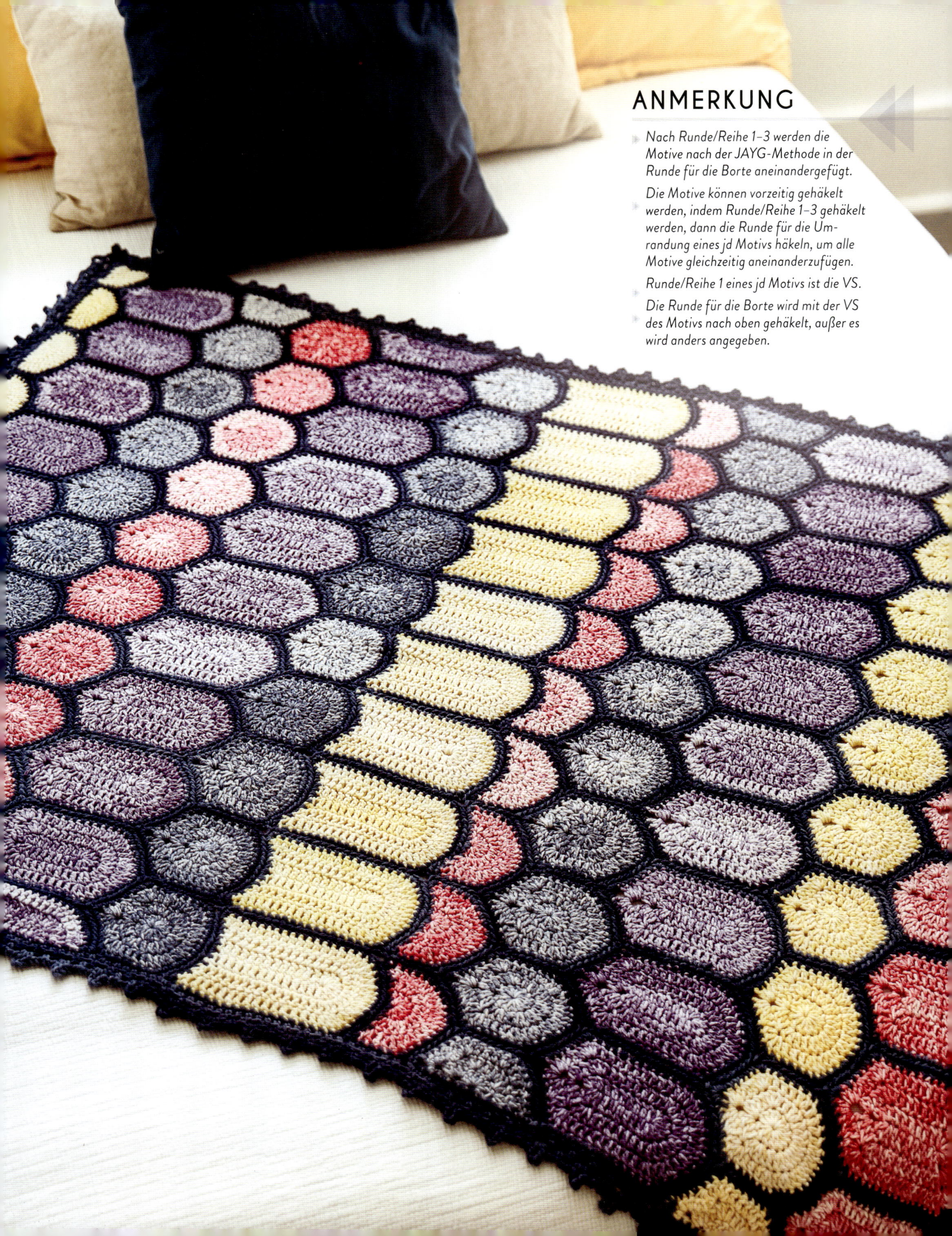

ANMERKUNG

- Nach Runde/Reihe 1–3 werden die Motive nach der JAYG-Methode in der Runde für die Borte aneinandergefügt.
- Die Motive können vorzeitig gehäkelt werden, indem Runde/Reihe 1–3 gehäkelt werden, dann die Runde für die Umrandung eines jd Motivs häkeln, um alle Motive gleichzeitig aneinanderzufügen.
- Runde/Reihe 1 eines jd Motivs ist die VS.
- Die Runde für die Borte wird mit der VS des Motivs nach oben gehäkelt, außer es wird anders angegeben.

Motivs von Maud Vantours

PERFEKTE *Jakobsmuscheln*

Mit sechs (oder zwölf) unterhaltsamen, einzigartigen Motiven und der Join-As-You-Go-Methode ist diese Decke gewiss herausfordernd konstruiert, bleibt jedoch einfach genug für eine entspannende Häkeleinheit. Es ist mehr das Design bei Fertigstellung dieser Schönheit, das Ihnen ins Auge stechen wird. *Perfekte Jakobsmuscheln* entstand inspiriert von dem überwältigenden Scherenschnitt *Motifs* von Maud Vantours und ist eine opulente Decke mit hübschem und geradlinigem Abschluss.

GRÖSSE BEI FERTIGSTELLUNG

99 × 117 cm

GARN

DK-Garn (leichtes Kammgarn)

Hier gezeigt: Scheepjes Softfun Aquarel (60 % Baumwolle, 40 % Acryl; 140 m/50 g): #805 (A), 2 Knäuel; #809 (B), 4 Knäuel; #803 (C), 2 Knäuel; #802 (D), 2 Knäuel.

Scheepjes Softfun Denim (60 % Baumwolle, 40 % Acryl; 140 m/50 g): #501 (E), 4 Knäuel.

HÄKELNADELN

5 mm für die Motive und das Aneinanderfügen

4 mm für die Borte

Falls notwendig, passen Sie die Nadelstärke an, um die gleiche Maschenprobe zu erhalten.

WEITERE MATERIALIEN

Maschenmarkierer; Sticknadel

MASCHENPROBE

9 M = 5 cm; 3 Reihen in Stb = 38 mm mit der größeren Häkelnadel (5 mm)

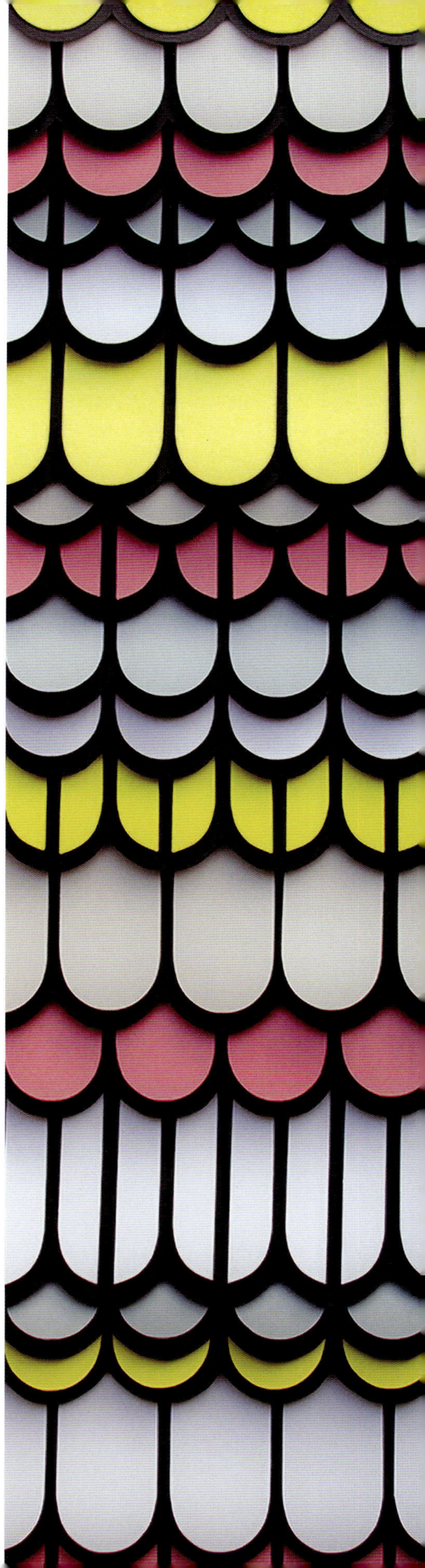

Motiv 1

Reihe 1: Mit Garn A und der größeren Häkelnadel (5 mm) einen Fadenring machen, (1 st Stb [s. Glossar], 3 Stb) in den Ring, wenden – *4 Stb.*

Reihe 2: 1 st Stb in die 1. M, 2 Stb in jd M bis zum Ende der Reihe, wenden – *7 Stb.*

Reihe 3: 1 st Stb in die 1. M, * 2 Stb in die nächste M, 1 Stb in die nächste M; wdh ab * bis zum Ende der Reihe. Das Garn befestigen. – *10 Stb.*

Runde für die Umrandung: Mit der VS nach oben Garn E mit 1 Km in den mittleren Ring an der Unterseite des Motivs einhäkeln, 3 fM in den Ring, 5 fM gleichmäßig bis zur nächsten Ecke, 3 fM in das Stb in der Ecke, (je 1 fM in die nächsten 2 M, 2 fM in die nächste M) 2-mal, je 1 fM in die nächsten 2 M, 3 fM in die letzte M, 1 MM in die mittlere fM dieser Ecke, 5 fM gleichmäßig entlang der Seite zum Ring in der Mitte, die Rd mit 1 Km in 1. fM schließen – *29 fM.* Das Garn befestigen.

Motive 2–10

Reihe 1: Mit Garn A und der größeren Häkelnadel (5 mm) einen Fadenring machen, (1 st Stb, 7 Stb) in den Ring, wenden – *8 Stb.*

Reihe 2: 1 st Stb in die 1. M, je 2 Stb in die nächsten 6 M, 1 Stb in letzte M, wenden – *14 Stb.*

Reihe 3: 1 st Stb in die 1. M, (2 Stb in die nächste M, 1 Stb in die nächste M) 3-mal, (1 Stb in die nächste M, 2 Stb in die nächste M) 3-mal, 1 Stb in die letzte M – *20 Stb.* Das Garn befestigen.

Runde für die Umrandung: Mit der VS nach oben Garn E mit 1 Km in die 1. M der Reihe 3, 2 fM in dieselbe M, 1 DSV wie folgt: Die Schlinge von der Häkelnadel fallenlassen, die Nadel von vorne nach hinten in die markierte M des vorigen Motivs einstechen, MM entfernen. Die fallengelassene Schlinge aufnehmen und zur VS der Arbeit durchziehen. Diese Verbindungstechnik wird während des Musters als „DSV" bezeichnet, 1 fM in dieselbe M zum Fertigstellen der Ecke mit 3 fM, 1 DSV in die entsprechende M (die nächste fM) des vorigen Motivs, (1 fM, 1 DSV) in jd der nächsten 2 M, 2 fM in die nächste M, je 1 fM in die nächsten 2 M, 2 fM in die nächste M, je 1 fM in die nächsten 6 M, 2 fM in die nächste M, je 1 fM in die nächsten 2 M, 2 fM in die nächste M, je 1 fM in die nächsten 2 M, 3 fM in das letzte Stb der Reihe, 1 MM in die mittlere fM dieser Ecke, 5 fM gleichmäßig bis zum Ring in der Mitte, 1 fM in den Ring in der Mitte, 5 fM gleichmäßig bis zum Rundenanfang, die Rd mit 1 Km in die 1. fM schließen. Das Garn befestigen.

***Anmerkung:** Die Oberseite der Decke sieht nach dem Zusammenfügen der Motive uneben aus, aber die 1. Rd der Borte richtet sie gerade.*

Motiv 11

Reihe 1–3: Gleich häkeln wie Motiv 1 bis Reihe 3.

Runde für die Borte: Das Motiv mit der RS nach oben halten und Garn E mit 1 Km in die 1. M von Reihe 3 einhäkeln, 1 fM in dieselbe M, DSV in die markierte M des vorigen Motivs, den MM entfernen, (1 fM, 1 DSV) in dieselbe M zum Fertigstellen der Ecke, (1 fM, 1 DSV) in jd der nächsten 2 M, [2 fM in die nächste M, je 1 fM in die nächsten 2 M] 2-mal, 3 fM in das letzte Stb, 1 MM in die mittlere fM dieser Ecke, 5 fM gleichmäßig entlang der Seite zum Ring in der Mitte, 3 fM in den Ring in der Mitte, 5 fM gleichmäßig entlang der Seite zum Rundenanfang, die Rd mit 1 Km in die 1. fM schließen. Das Garn befestigen.

Motiv 12

Runde 1: Mit Garn B und der größeren Häkelnadel (5 mm) 12 Lm häkeln, 3 Stb in die 5. Lm von der Nadel (Anfangs-Lm zählen als 1 Stb, 1 Lm), je 1 Stb in die nächsten 6 Lm, 8 Stb in die letzte Lm, entlang der anderen Seite der Lm-Kette arbeiten und je 1 Stb in die nächsten 6 Lm, 2 Stb in die nächste Lm, die Rd mit 1 Km in die 3. Lm des Lm-Bg aus 4 Lm vom Anfang schließen.

Runde 2: 1 Km in den 1. Lm-Bg, (1 st Stb, 1 Lm, 2 Stb) in denselben Lm-Bg, 2 Stb zus häkeln über die nächsten 2 M, 3 Stb in die nächste M, je 1 Stb in die nächsten 7 M, je 2 Stb in die nächsten 6 M, je 1 Stb in die nächsten 7 M, 3 Stb in die nächste M, 2 Stb zus häkeln (s. Glossar) über die nächsten 2 M, 1 Stb in den 1. Lm-Bg der Rd, die Rd mit 1 Km auf das st Stb beenden.

Runde 3: 1 Km in den 1. Lm-Bg, (1 st Stb, 1 Lm, 3 hStb) in denselben Lm-Bg, 3 Stb zus häkeln (s. Glossar) über die nächsten 3 M, 4 Stb in die nächste M, 1 MM in das 4. Stb, je 1 Stb in die nächsten 9 M, [2 Stb in die nächste M, 1 Stb in die nächste M] 3-mal, [1 Stb in die nächste M, 2 Stb in die nächste M] 3-mal, je 1 Stb in die nächsten 9 M, 4 Stb in die nächste M, 3 Stb zus häkeln über die nächsten 3 M, 2 hStb in den 1. Lm-Bg der Rd, die Rd mit 1 Km auf das st Stb beenden. Das Garn befestigen.

Runde für die Umrandung: Mit der VS nach oben Garn E mit 1 Km in die markierte M einhäkeln, MM entfernen, 1 fM in dieselbe M, je 1 fM in die nächsten 11 M, 2 fM in die nächste M, 1 MM in die 1. fM, je 1 fM in die nächsten 2 M, 2 fM in die nächste M, je 1 fM in die nächsten 6 M, 2 fM in die nächste M, je 1 fM in die nächsten 2 M, je 2 fM in die nächsten 2 M, 1 MM in die 2. fM (wird gebraucht, wenn Motiv 22 angefügt wird), je 1 fM in die nächsten 12 M, 2 fM in die nächste M, 1 DSV in die markierte M von Motiv 11, MM entfernen, 1 fM in dieselbe M des aktuellen Motivs, 1 DSV in die nächste M von Motiv 11, (1 fM, 1 DSV) in jd der nächsten 6 M, 1 fM in den nächsten Lm-Bg, 1 DSV, 1 fM in denselben Lm-Bg.
Die Ecke anfügen, wie folgt: Die Schlinge fallenlassen und die Häkelnadel von vorne nach hinten in die am weitesten in der Ecke liegende fM von Motiv 10 stechen, die Nadel von hinten nach vorne in

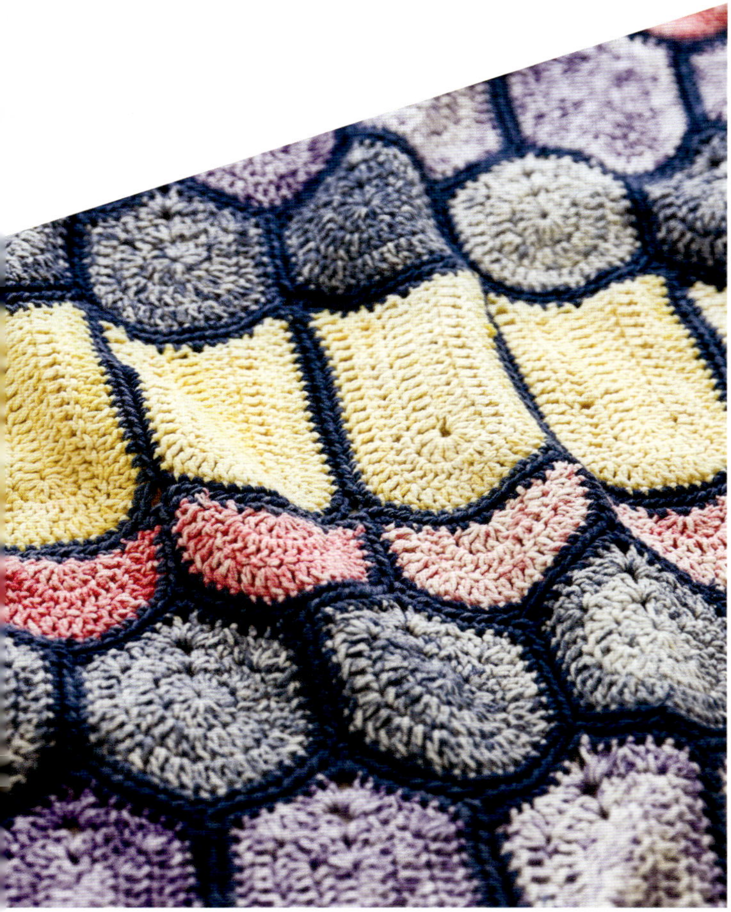

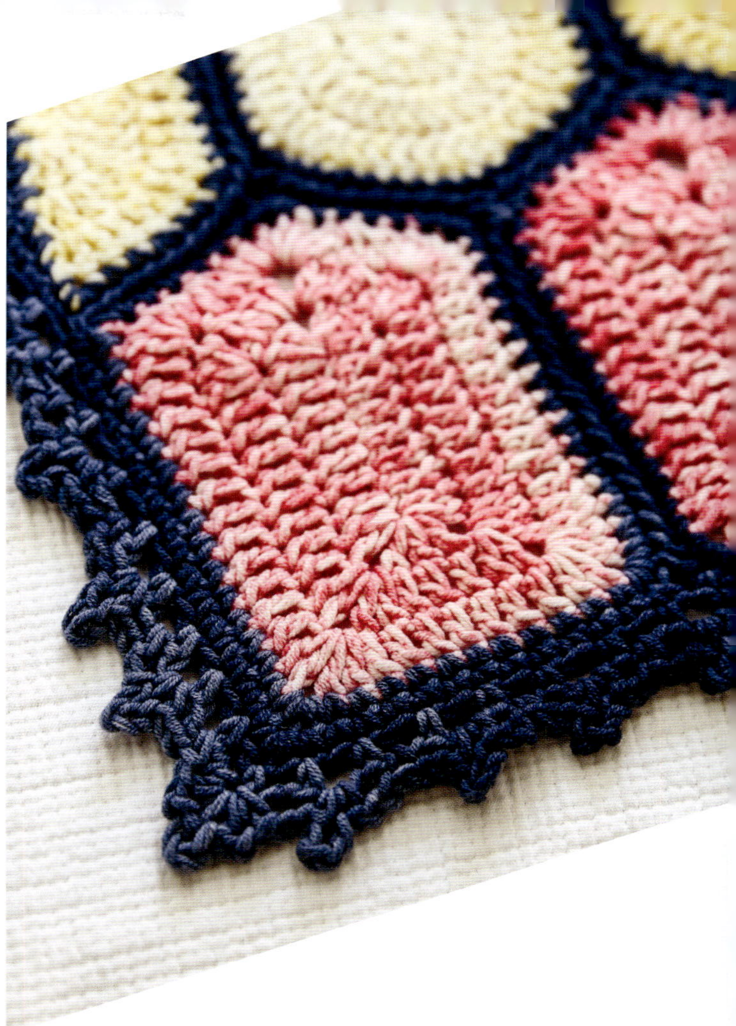

die am weitesten in der Ecke liegende fM von Motiv 11 stechen, die fallengelassene Schlinge aufnehmen und durch beide M ziehen, 1 fM in den Lm-Bg, 1 DSV in die nächste M von Motiv 10, (1 fM, 1 DSV) in jd der nächsten 6 M, (1 fM, 1 DSV, 1 fM) in die nächste M, die Rd mit 1 Km in die 1. fM schließen. Das Garn befestigen.

Motiv 13–21

Runde 1–3: Gleich häkeln wie Motiv 12 bis Reihe 3.

Runde für die Borte: Mit der VS nach oben Garn E mit 1 Km in die markierte M einhäkeln, den MM entfernen, 1 fM in dieselbe M, je 1 fM in die nächsten 11 M, 2 fM in die nächste M, 1 MM in die 1. fM, je 1 fM in die nächsten 2 M, 2 fM in die nächste M, je 1 fM in die nächsten 6 M, 2 fM in die nächste M, je 1 fM in die nächsten 2 M, 2 fM in die nächste M, 1 DSV in die markierte M des vorigen Motivs, den MM entfernen, (1 fM, 1 DSV) in jd der nächsten 12 M, (1 fM, 1 DSV in das vorige Motiv, 1 fM, 1 DSV in das entsprechende Halbkreismotiv) in die nächste M des aktuellen Motivs, (1 fM, 1 DSV) in jd der nächsten 6 M, 1 fM in den nächsten Lm-Bg, 1 DSV, 1 fM in denselben Lm-Bg, die Ecke wie zuvor anfügen, 1 fM in denselben Lm-Bg, 1 DSV, (1 fM, 1 DSV) in jd der nächsten 6 M, 1 fM in die nächste M, 1 DSV in das Halbkreismotiv, 1 fM in dieselbe M, die Rd mit 1 Km in die 1. fM beenden. Das Garn befestigen.

Motiv 22

Reihe 1: Mit Garn D und der größeren Häkelnadel (5 mm) einen Fadenring machen, (1 st Stb, 6 Stb, 1 Lm, 1 Stb) in den Ring, wenden. *– 8 Stb; 1 Lm-Bg.*

Reihe 2: 1 st Stb in die 1. M, 1 Lm, 2 Stb in den nächsten Lm-Bg, 2 Stb zus häkeln über die nächsten 2 M, 3 Stb in die nächste M, 1 Stb in die nächste M, je 2 Stb in die nächsten 3 M, wenden *– 14 Stb; 1 Lm-Bg.*

Reihe 3: 1 st Stb in die 1. M, [2 Stb in die nächste M, 1 Stb in die nächste M] 3-mal, je 1 Stb in die nächsten 2 M, 4 Stb in die nächste M, 3 Stb zus häkeln über die nächsten 3 M, 3 hStb in den 1. Lm-Bg, 1 Lm, 1 Stb in die letzte M *– 18 Stb; 3 hStb; 1 Lm-Bg.* Das Garn befestigen.

Runde für die Umrandung: Mit der RS des Motivs nach oben Garn E mit 1 Km in das 1. Stb von Reihe 3 einhäkeln, [1 fM, 1 DSV] 2-mal in dieselbe M, 1 fM in den nächsten Lm-Bg, 1 DSV in die nächste M von Motiv 12, (1 fM, 1 DSV) in jd der nächsten 6 M, (1 fM, 1 DSV, 1 fM) in die nächste M, je 1 fM in die nächsten 5 M, 2 fM in die nächste M, 1 MM in die 1. fM, je 1 fM in die nächsten 2 M, 2 fM in die nächste M, je 1 fM in die nächsten 2 M, 3 fM in die nächste M, 12 fM gleichmäßig bis zum Rundenanfang häkeln, die Rd mit 1 Km in die 1. fM schließen. Das Garn befestigen.

Motiv 23–31

Runde 1: Mit Garn D und der größeren Häkelnadel (5 mm) einen Fadenring machen, (1 st Stb, 1 Lm, 13 Stb) in den Ring, die Rd mit 1 Km auf das st Stb schließen – *14 Stb; 1 Lm-Bg.*

Runde 2: 1 Km in den 1. Lm-Bg, (1 st Stb, 1 Lm, 2 Stb) in denselben Lm-Bg, 2 Stb zus häkeln über die nächsten 2 M, 3 Stb in die nächste M, 1 Stb in die nächste M, je 2 Stb in die nächsten 6 M, 1 Stb in die nächste M, 3 Stb in die nächste M, 2 Stb zus häkeln über die nächsten 2 M, 1 Stb in den nächsten Lm-Bg der Rd, die Rd mit 1 Km auf das st Stb schließen.

Runde 3: 1 Km in den 1. Lm-Bg, (1 st Stb, 1 Lm, 3 hStb) in denselben Lm-Bg, 3 Stb zus häkeln über die nächsten 3 M, 4 Stb in die nächste M, 1 MM in das 4. Stb, je 1 Stb in die nächsten 3 M, [2 Stb in die nächste M, 1 Stb in die nächste M] 3-mal, [1 Stb in die nächste M, 2 Stb in die nächste M] 3-mal, je 1 Stb in die nächsten 3 M, 4 Stb in die nächste M, 3 Stb zus häkeln über die nächsten 3 M, 2 hStb in den nächsten Lm-Bg der Rd, die Rd mit 1 Km auf das st Stb beenden. Das Garn befestigen.

Runde für die Umrandung: Mit der VS nach oben Garn E mit 1 Km in die markierte M einhäkeln, MM entfernen, 1 fM in dieselbe M, je 1 fM in die nächsten 5 M, 2 fM in die nächste M, 1 MM in die 1. fM, je 1 fM in die nächsten 2 M, 2 fM in die nächste M, je 1 fM in die nächsten 6 M, 2 fM in die nächste M, je 1 fM in die nächsten 2 M, 2 fM in die nächste M, 1 DSV in die markierte M, MM entfernen, (1 fM, 1 DSV) in jd der nächsten 5 M, (1 fM, 1 DSV in das vorige Motiv, 1 fM, 1 DSV ins Halbkreismotiv) in die nächste M, (1 fM, 1 DSV) in jd der nächsten 6 M, 1 fM in den nächsten Lm-Bg, 1 DSV, 1 fM in denselben Lm-Bg, die Ecke anfügen wie zuvor, 1 fM in denselben Lm-Bg, 1 DSV, (1 fM, 1 DSV) in die nächsten 6 M, 1 fM, 1 DSV in das Halbkreismotiv, 1 fM in dieselbe M, die Rd mit 1 Km in die 1. fM schließen. Das Garn befestigen.

Motiv 32

Reihe 1–3: Häkeln Sie wie für Motiv 22 bis Rd 3.

Runde für die Borte: Mit der VS des Motivs nach oben gleich häkeln wie die Borte von Motiv 22.

Motiv 33

Reihe 1–3: Gleich häkeln wie Motiv 23 bis Reihe 3.

Runde für die Borte: Mit der VS nach oben Garn E mit 1 Km in die markierte M einhäkeln, MM entfernen, 1 fM in dieselbe M, je 1 fM in die nächsten 5 M, 2 fM in die nächste M, 1 MM in die 1. fM, je 1 fM in die nächsten 2 M, 2 fM in die nächste M, je 1 fM in die nächsten 6 M, 2 fM in die nächste M, je 1 fM in die nächsten 2 M, 2 fM in die nächste M, 1 MM in die 2. fM, je 1 fM in die nächsten 5 M, 2 fM in die nächste M, 1 DSV in die markierte M von Motiv 22, MM entfernen, 1 fM in dieselbe M, 1 DSV in die nächste M von Motiv 23, (1 fM, 1 DSV) in jd der nächsten 6 M, 1 fM in den nächsten Lm-Bg, 1 DSV, 1 fM in denselben Lm-Bg.

Die Ecke, wie folgt, verbinden: Die Schlinge fallenlassen, die Nadel von vorne nach hinten in die am weitesten in der Ecke liegende fM von Motiv 22 stechen, die Nadel von hinten nach vorne in die am weitesten in der Ecke liegende fM von Motiv 23 stechen, die fallengelassene Schlinge aufnehmen, das Garn durch beide M ziehen, 1 fM in denselben Lm-Bg, 1 DSV in die nächste M von Motiv 23, (1 fM, 1 DSV) in jd der nächsten 6 M, (1 fM, 1 DSV, 1 fM) in die nächste M, die Rd mit 1 Km in die 1. fM schließen. Das Garn befestigen.

Motive 34–42

Häkeln Sie wie für Motiv 23.

Motiv 43

Reihe 1: Mit Garn B und der größeren Nadel (5 mm) 12 Lm, 3 Stb in die 5. Lm von der Nadel (4 Anfangs-Lm zählen als 1 Stb, 1 Lm), je 1 Stb in die nächsten 6 Lm, 4 Stb in die letzte Lm, wenden.

Reihe 2: (1 st Stb, 1 Stb) in die 1. M, je 2 Stb in die nächsten 2 M, je 1 Stb in die nächsten 7 M, 3 Stb in die nächste M, 2 Stb zus häkeln über die nächsten 2 M, 2 Stb in die nächste M, 1 Lm, 1 Stb in die letzte M, wenden.

Reihe 3: 1 Km in den 1. Lm-Bg, (1 st Stb, 1 Lm, 3 hStb) in denselben Lm-Bg, 3 Stb zus häkeln über die nächsten 3 M, 4 Stb in die nächste M, je 1 Stb in die nächsten 9 M, [2 Stb in die nächste M, 1 Stb in die nächste M] 3-mal. Das Garn befestigen.

Runde für die Borte: Mit der RS des Motivs nach oben Garn E mit 1 Km in das 1. Stb von Reihe 3 einhäkeln, (1 fM, 1 DSV) 2-mal in dieselbe M, 1 fM in den Lm-Bg, 1 DSV in die nächste M von Motiv 33, (1 fM, 1 DSV) in jd der nächsten 6 M, (1 fM, 1 DSV, 1 fM) in die nächste M, je 1 fM in die nächsten 11 M, 2 fM in die nächste M, 1 MM in die 1. fM, je 1 fM in die nächsten 2 M, 2 fM in die nächste M, je 1 fM in die nächsten 2 M, 3 fM in die nächste M, 23 fM gleichmäßig bis zum Rundenanfang, die Rd mit 1 Km in die 1. fM schließen. Das Garn befestigen.

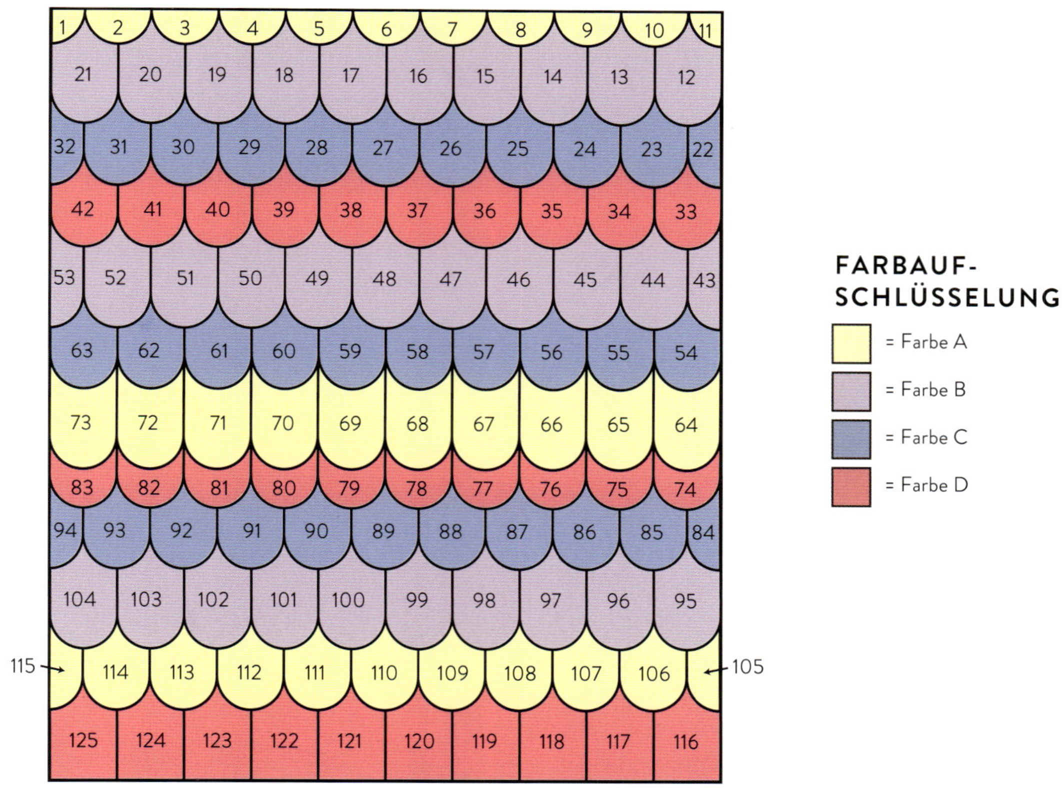

SCHEMATISCHE DARSTELLUNG

Motive 44–52

Gleich häkeln wie Motiv 13.

Motiv 53

Reihe 1–3: Gleich häkeln wie Motiv 43 bis einschließlich Rd 3.

Runde für die Borte: Mit der VS nach oben gleich häkeln wie die Borte von Motiv 43.

Motiv 54–63

Mit Garn D gleich häkeln wie Motiv 33–42.

Motiv 64

Reihe 1: Mit Garn A und der größeren Nadel (5 mm) 16 Lm, 1 Stb in die 3. Lm von der Nadel (die 2 Anfangs-Lm zählen nicht als M), je 1 Stb in die nächsten 12 Lm, 8 Stb in die letzte Lm, entlang der anderen Seite der Basis-Lm-K häkeln, je 1 Stb in jd der letzten 13 Lm, wenden – *34 Stb.*

Reihe 2: (1 st Stb, 1 Stb) in die 1. M, je 1 Stb in die nächsten 13 M, je 2 Stb in die nächsten 6 M, je 1 Stb in die nächsten 13 M, 2 Stb in die letzte M, wenden. – *42 Stb.*

Reihe 3: (1 st Stb, 1 Stb) in die 1. M, je 1 Stb in die nächsten 14 M, [2 Stb in die nächste M, 1 Stb in die nächste M] 3-mal, [1 Stb in die nächste M, 2 Stb in die nächste M] 3-mal, je 1 Stb in die nächsten 14 M, 2 Stb in die letzte M. Das Garn befestigen – *50 Stb.*

Runde für die Umrandung: Mit der VS des Motivs nach oben Garn E mit 1 Km auf dem 1. Stb von Reihe 1 einhäkeln, je 1 fM in die nächsten 16 M, 2 fM in die nächste M, 1 MM in die 1. fM, je 1 fM in die nächsten 2 M, 2 fM in die nächste M, je 1 fM in die nächsten 6 M, 2 fM in die nächste M, je 1 fM in die nächsten 2 M, 2 fM in die nächste M, je 1 fM in die nächsten 16 M, (1 fM, 1 DSV) gleichmäßig über alle M des Halbkreisabschnitts von Motiv 54, 1 fM in die letzte M, die Rd mit 1 Km in die 1. fM schließen. Das Garn befestigen.

Motiv 65–73

Reihe 1–3: Gleich häkeln wie Motiv 64 bis Reihe 3.

Runde für die Umrandung: Mit der VS des Motivs nach oben Garn E mit 1 Km auf das 1. Stb von Reihe 1 einhäkeln, je 1 fM in die nächsten 16 M, 2 fM in die nächste M, je 1 fM in die nächsten 2 M, 2 fM in die nächste M, je 1 fM in die nächsten 6 M, 2 fM in die nächste M, je 1 fM in die nächsten 2 M, 2 fM in die nächste M, 1 DSV in die markierte M, MM entfernen, (1 fM, 1 DSV) in die nächsten 16 M, (1 fM, 1 DSV) gleichmäßig über alle M des Halbkreisabschnitts des entsprechenden Motivs, 1 fM in die letzte M, die Rd mit 1 Km in die 1. fM schließen. Das Garn befestigen.

Motiv 74

Reihe 1: Mit Garn C und der größeren Nadel (5 mm) einen Fadenring machen, (1 st Stb, 7 Stb) in den Ring, wenden, – *8 Stb.*

Reihe 2: (1 st Stb, 1 Stb) in die 1. M, je 2 Stb in jd M bis zum Ende der Reihe, wenden – *16 Stb.*

Reihe 3: (1 st Stb, 1 Stb) in die 1. M, 1 Stb in die nächste M, [2 Stb in die nächste M, 1 Stb in die nächste M] 3-mal, [1 Stb in die nächste M, 2 Stb in die nächste M] 4-mal. Das Garn befestigen.

Runde für die Umrandung: Mit der VS des Motivs nach oben Garn E mit 1 Km auf das 1. Stb von Reihe 3 einhäkeln, je 1 fM in die 5 M, 2 fM in die nächste M, 1 MM in die 1. fM, 2 fM in die nächste M, je 1 fM in die nächsten 6 M, 2 fM in die nächste M, je 1 fM in die nächsten 2 M, 2 fM in die nächste M, je 1 fM in die nächsten 5 M, (1 fM, 1 DSV) gleichmäßig entlang aller M des Halbkreisabschnitts von Motiv 64) die Rd mit 1 Km in die 1. fM schließen. Das Garn befestigen.

Motiv 75–83

Reihe 1–3: Gleich häkeln wie Motiv 74 bis Reihe 3.

Runde für die Borte: Mit der VS des Motivs nach oben Garn E mit 1 Km oben im 1. Stb von Reihe 1 einhäkeln, je 1 fM in die ersten 5 M, 2 fM in die nächste M, 1 MM in die 1. fM, je 1 fM in die nächsten 2 M, 2 fM in die nächste M, je 1 fM in die nächsten 6 M, 2 fM in die nächste M, je 1 fM in die nächsten 2 M, 2 fM in die nächste M, (1 fM, 1 DSV) in die 5 M, (1 fM, 1 DSV) gleichmäßig entlang aller M des Halbkreisabschnitts des entsprechenden Motivs, die Rd mit 1 Km in die 1. fM schließen. Das Garn befestigen.

Motiv 84–94

Häkeln Sie gleich wie Motiv 22–32.

Motiv 95–104

Häkeln Sie gleich wie Motiv 12–21.

Motiv 105–115

Häkeln Sie gleich wie Motiv 22–32.

Motiv 116

Runde 1: Mit Garn C und der größeren Nadel (5 mm) 12 Lm, 3 Stb in die 5. Lm von der Nadel (die ersten 4 Lm zählen als 1 Stb, 1 Lm), je 1 Stb in die nächsten 6 Lm, (2 Stb, 1 Lm, 3 Stb, 1 Lm, 2 Stb) in die letzte Lm, entlang der anderen Seite der Lm-K vom Anfang häkeln und je 1 Stb in die nächsten 6 Lm, 2 Stb in die nächste Lm, die Rd mit 1 Km in dieselbe Lm wie das 1. der 3 Stb schließen. – *25 Stb; 3 Lm-Bg.*

Runde 2: 1 Km in den 1. Lm-Bg, (1 st Stb, 1 Lm, 2 Stb) in denselben Lm-Bg, 2 Stb zus häkeln über die nächsten 2 M, 3 Stb in die nächste M, je 1 Stb in die nächsten 8 M, (2 Stb, 1 Lm, 2 Stb) in den nächsten Lm-Bg, je 1 Stb in die nächsten 3 M, (2 Stb, 2 Lm, 2 Stb) in den nächsten Lm-Bg, je 1 Stb in die nächsten 8 M, 3 Stb in die nächste M, 2 Stb zus häkeln über die nächsten 2 M, 1 Stb in den 1. Lm-Bg der Rd, die Rd mit 1 Km auf das st Stb schließen – *39 Stb; 3 Lm-Bg.*

Runde 3: 1 Km in den 1. Lm-Bg, (1 st Stb, 1 Lm, 3 hStb) in denselben Lm-Bg, 3 Stb zus häkeln über die nächsten 3 M, 4 Stb in die nächste M, 1 MM in das 4. Stb, je 1 Stb in die nächsten 12 M, (2 Stb, 2 Lm, 2 Stb) in den nächsten Lm-Bg, je 1 Stb in die nächsten 7 M, (2 Stb, 2 Lm, 2 Stb) in den nächsten Lm-Bg, je 1 Stb in die nächsten 12 M, 4 Stb in die nächste M, 3 Stb zus häkeln über die nächsten 3 M, 2 hStb in den 1. Lm-Bg der Rd, die Rd mit 1 Km oben auf das st Stb schließen. Das Garn befestigen.

Runde für die Umrandung: Mit der VS nach oben und der Spitze nach oben zeigend Garn E mit 1 Km in die untere linke Ecke des Lm-Bg in der Ecke einhäkeln, 3 fM in denselben Lm-Bg in der Ecke, je 1 fM in die nächsten 11 M bis zum nächsten Lm-Bg in der Ecke, 3 fM in den Lm-Bg in der Ecke, je 1 fM in die nächsten 15 M, 2 fM in die nächste M, 1 DSV in die danebenliegende M in der Ecke von Motiv 105, 1 fM in dieselbe M wie zuvor, 1 DSV, (1 fM, 1 DSV) in die nächsten 6 M, 1 fM in den nächsten Lm-Bg, 1 DSV, 1 fM in denselben Lm-Bg, die Ecken wie zuvor verbinden, 1 fM in den nächsten Lm-Bg, 1 DSV, (1 fM, 1 DSV) in die nächsten 7 M, 1 fM in dieselbe M wie die 1. M, je 1 fM in die nächsten 15 M, die Rd mit 1 Km in die 1. M schließen. Das Garn befestigen.

Motiv 117–125

Runde 1–3: Häkeln Sie gleich wie Motiv 116 bis Reihe 3.

Runde für die Umrandung: Mit der VS nach oben und der Spitze nach oben zeigend Garn E mit 1 Km in die untere linke Ecke des Lm-Bg in der Ecke einhäkeln, 3 fM in denselben Lm-Bg in der Ecke, je 1 fM in die nächsten 11 M bis zum nächsten Lm-Bg in der Ecke, (2 fM, 1 DSV) in die danebenliegende M in der Ecke des Motivs, 1 fM in dieselbe Ecke, 1 DSV in das danebenliegende Motiv,

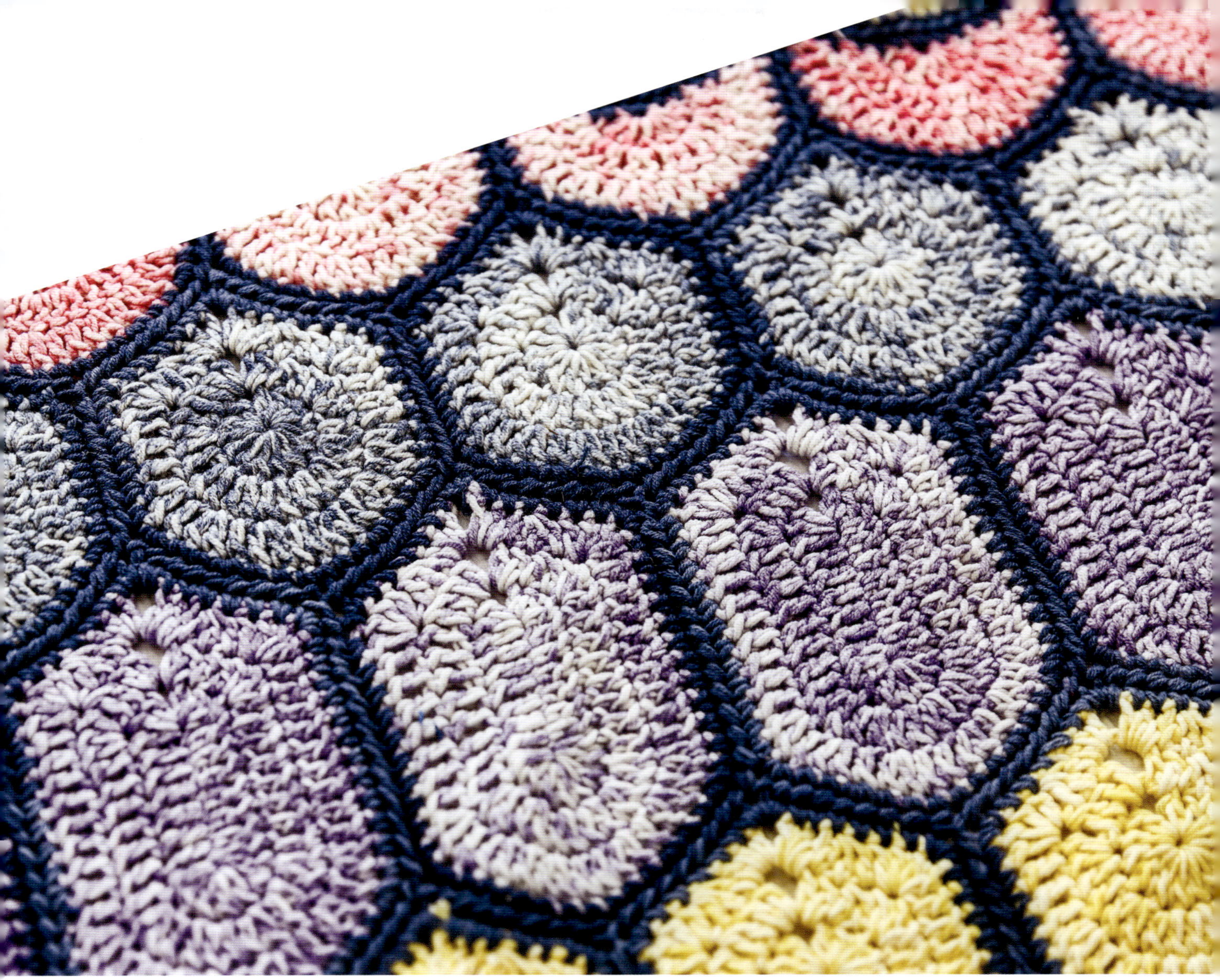

(1 fM, 1 DSV) in die nächsten 14 M, 2 fM in die nächste M, 1 DSV in die nebenanliegende M in der Ecke des entsprechenden Motivs, 1 fM in dieselbe M wie die vorige fM, 1 DSV, (1 fM, 1 DSV) in die nächsten 6 M, 1 fM in den nächsten Lm-Bg, 1 DSV, 1 fM in denselben Lm-Bg, die Ecke wie zuvor verbinden, 1 fM in denselben Lm-Bg, 1 DSV, (1 fM, 1 DSV) in die nächsten 6 M, 1 fM in dieselbe M wie die vorige fM, je 1 fM in die nächsten 14 M, die Rd mit 1 Km in die 1. fM beenden. Das Garn befestigen.

Borte

Runde 1: Mit der VS nach oben und der kleineren Häkelnadel (4 mm) Garn E mit 1 Km in einer Ecke einhäkeln, * 3 fM in die M in der Ecke, fM gleichmäßig bis zur nächsten Ecke, (ein Vielfaches von 3 + 1 M häklen); wdh ab * rundherum, die Rd mit 1 Km in die 1. fM beenden.

Runde 2: 1 Km in die nächste M, * (1 fM, 2 Lm, 1 fM) in die M in der Ecke, (1 Lm, die nächste M ausl, 1 fM) bis zur nächsten Ecke, 1 Lm; wdh ab * rundherum, die Rd mit 1 Km in die 1. fM schließen.

Anmerkung: *Auf jd Seite sollte eine gerade Anzahl an Lm-Bg sein.*

Runde 3: 1 Km in den nächsten Lm-Bg in der Ecke, * (1 fM, 2 Lm, 1 fM, 4 Lm, 1 fM, 2 Lm, 1 fM) in den Lm-Bg in der Ecke, 2 Lm, 1 fM in den nächsten Lm-Bg, 2 Lm, (1 fM, 4 Lm, 1 fM) in den nächsten Lm-Bg; wdh ab * bis zum einschließlich letzten Lm-Bg vor der Ecke, 2 Lm, 1 fM in den nächsten Lm-Bg, 2 Lm; wdh ab * rundherum, die Rd mit 1 Km in die 1. fM schließen. Das Garn befestigen.

KAPITEL 5

Zementfliesen

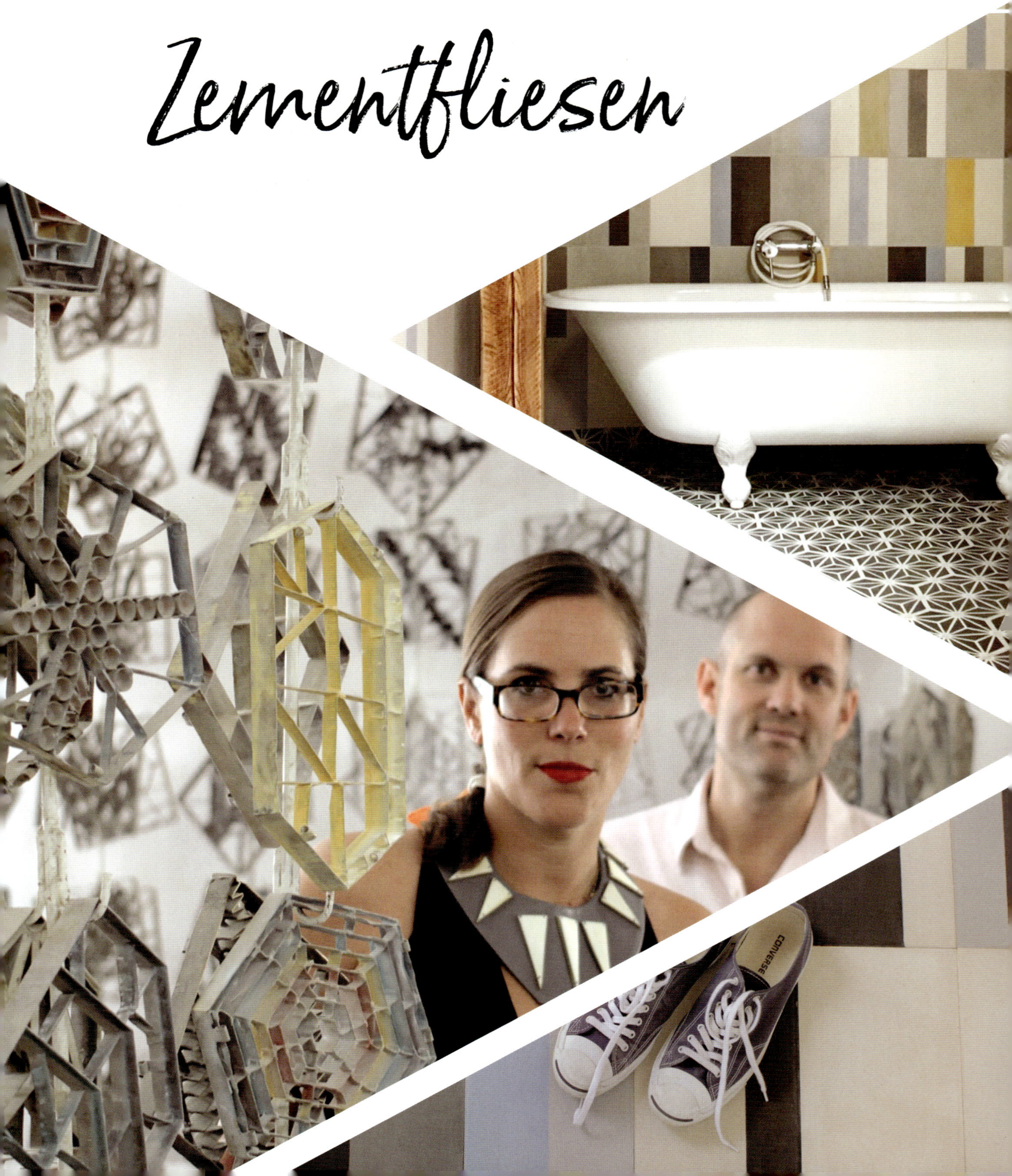

CAITLIN DOWE-SANDES

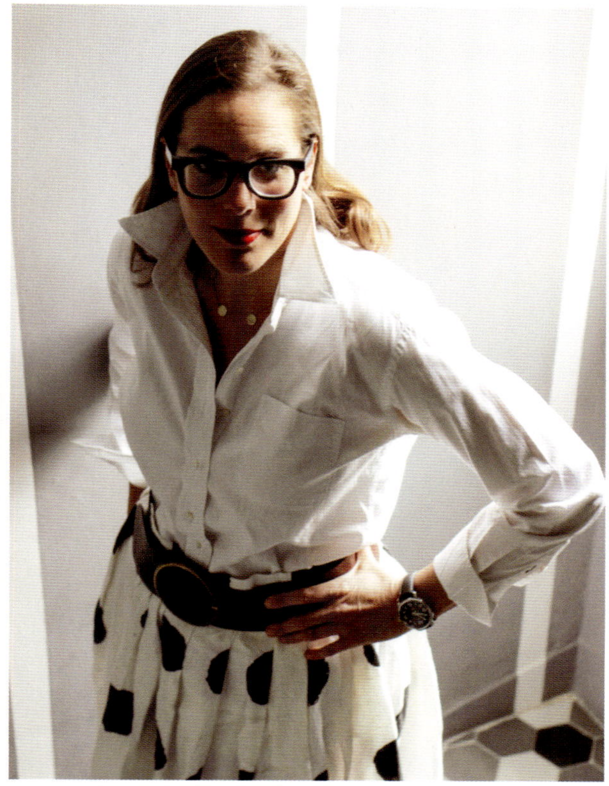

DIE KÜNSTLERIN

Caitlin Dowe-Sandes und ihr Mann Samuel gründeten die Zementfliesenfirma *Popham Design* mit Sitz im nordafrikanischen Marokko. Durch die Orientierung am heimischen Architekturstil und dem marokkanischen Design nehmen ihre Fliesen kräftige Erdtöne und einfache, klare Linien auf. Caitlin ist stolz auf ihr Team aus Kunsthandwerkern, das nicht nur schöne, handgemachte Zementfliesen gestaltet, sondern die kulturelle und künstlerische Identität Marokkos verkörpert. Caitlins Arbeit wurde mehr als 100 Mal in Zeitschriften veröffentlicht – häufig mit Fokus auf dem mit zahlreichen Eigenkreationen geschmackvoll dekorierten Wohnhaus des Paares.

DIE INSPIRATION

Anders als die farbenfrohen, strahlenden und komplexen Muster aus den vorigen Kapiteln wohnt der Zementfliese eine gedämpftere Sphäre, bestimmt von kräftigen Erdtönen und großen, weiten Motiven inne. Das Interesse an reichhhaltigen und interessanten Fliesendesigns wächst und Designer, wie Caitlin Dowe-Sandes, beeinflussen tagtäglich die Zementfliesenindustrie. Caitlin tut dies, verbunden mit der Marrokanischen Ästhetik und Kultur, in dem Wunsch, die Art Deco-Bewegung zu erhalten. Als Häkelmusterdesignerin sehe ich an jeder Ecke potenzielle Häkeldecken – die kräftigen, sich wiederholenden, einfachen geometrischen Formen und sauberen Linien, die Caitlin und ihr Team gestalten, sind die perfekte Inspiration für mich! Traditionelle Marokkanische Kunst ist oft gekennzeichnet durch glatte Oberflächen und stromlinienförmige geometrische Formen. Das Team um Dowe-Sandes hat dieses Erscheinungsbild mit einem modernen, zeitgemäßen Stil verschmolzen. Für die Designs in diesem Kapitel habe ich mich von den großen Formen von drei Fliesenlinien von *Popham Design* inspirieren lassen. Ich habe erdige, neutrale Garnfarben und leicht strukturierte Maschen verwendet, um die Oberfläche des Bodenbelags im großen Stil nachzuempfinden, und ich übertrage die Idee der großen Fliesenformen in großzügig bemessene Motive mit langen Linien und glatten Kanten. Der von *Tate* inspirierte *Steinerne Pfad* beinhaltet ein Fliesenmuster aus sich wiederholenden Rechtecken. *Marokkanische Fliese* basiert auf dem Zusammenspiel einiger Designs von Caitlin, wie etwa *Zigzag* und *Envelope*. *New Yorker*, ein frisches und simples achteckiges Fliesenmotiv, ist beeinflusst von *Honeycomb Hex*.

ANMERKUNG

Die Blöcke werden der Länge nach von links nach rechts gehäkelt, wie es in die Arbeitsrichtung in der Darstellung für die Blöcke und die Farben angegeben ist. Zum Beispiel wird beim linken oberen Block als erste Farbe E verwendet, als zweite Farbe A. Benutzen Sie die schematische Darstellung das ganze Muster hindurch als Leitfaden für die Positionierung der Farben. Block 1 wird ganz in einer Farbe gehäkelt und stellt das allgemeine Muster für die einzelnen Quadrate dar. Die Blöcke 2–5 werden zwar mit zwei Farben, aber im selben Muster wie Block 1 gehäkelt.

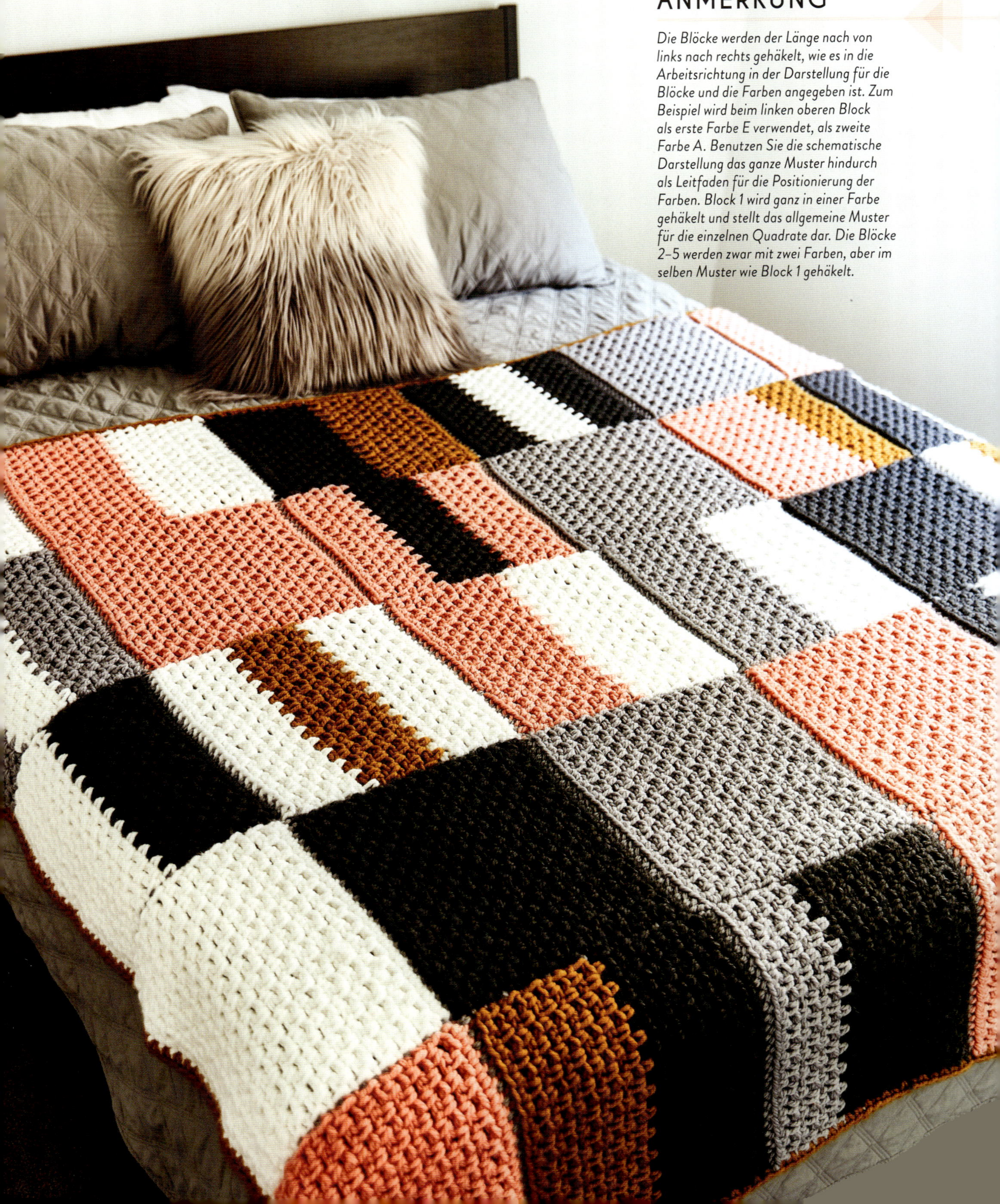

STEINERNER *Pfad*

Manchmal mag ich langsam fortschreitende, komplexe Muster mit feiner Maschenprobe und ein andermal will ich einfach nur eine riesige Nadel zücken und auf die Schnelle etwas Einfaches, Schickes und Superkuscheliges zaubern. *Steinerner Pfad* ist von Caitlin Dowe-Sandes' Gehwegdesign aus Zementfliesen inspiriert, der sich durch klare Linien und eine stilvolle, ausgewählte Farbpalette auszeichnet. Für dieses Projekt habe ich das Perlmuster ausgewählt, weil es eine leichte Textur ergibt und sich so der Stein wiederfindet. Mit dickem Garn gehäkelt, entsteht ein schweres Stück, das perfekt geeignet ist, um sich noch einmal im Bett umzudrehen, wenn es draußen schneit.

GRÖSSE BEI FERTIGSTELLUNG

165 × 183 cm

GARN

Sehr dickes Garn (superbulky).

Hier gezeigt: Scheepjes Roma Big (100 % Acryl; 132 m/220 g): #56 (A), #4 (B), #2 (C), #1 (D), #23 (E), je 4 Knäuel.

HÄCKELNADELN

10 mm für die Quadrate der Decke und die Verbindungen

9 mm für die Borte

Falls notwendig, passen Sie die Nadelstärke an, um die gleiche Maschenprobe zu erhalten.

WEITERE MATERIALIEN

Sticknadel

MASCHENPROBE

8 M und 7 Reihen = 10 cm im Perlmuster mit der größeren Häkelnadel (10 mm), gespannt.

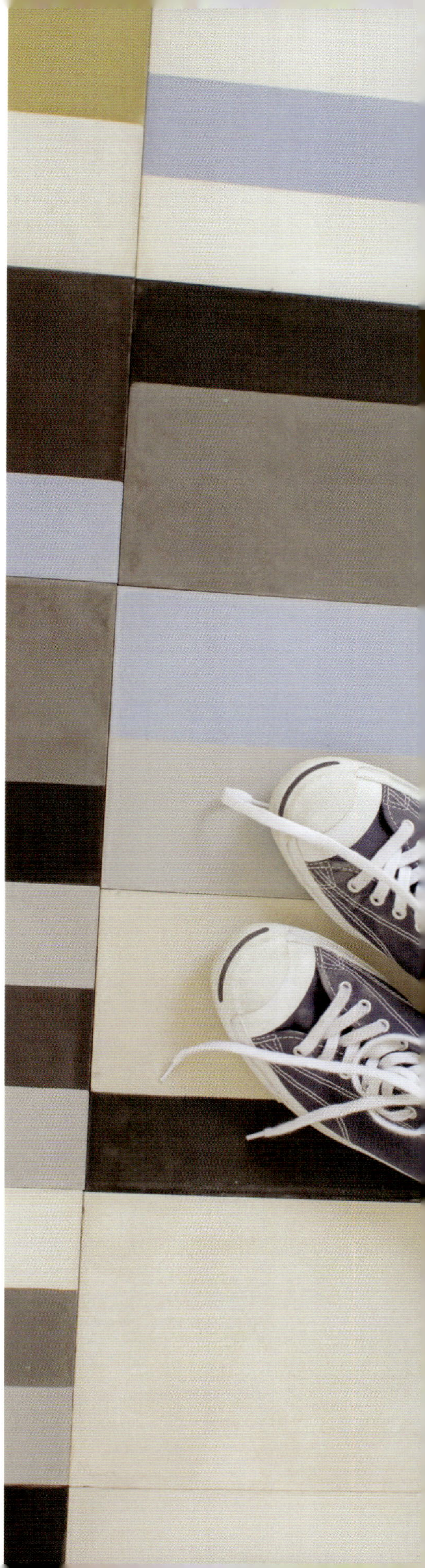

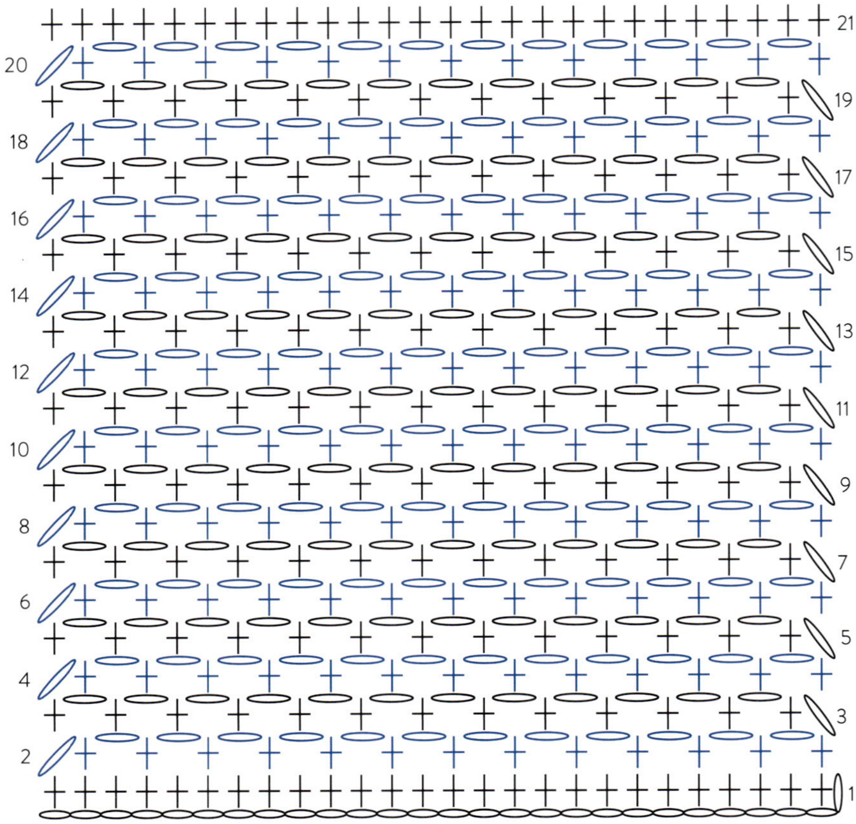

HÄKELDIAGRAMM FÜR DAS QUADRAT

MASCHENKUNDE

⬭ = Luftmasche (Lm)

\+ = feste Masche (fM)

Quadrat 1 (10-mal häkeln)

Reihe 1: Mit der angegebenen Farbe und der größeren Häkelnadel (10 mm) 27 Lm, 1 fM in die 2. Lm von der Nadel, je 1 fM in jd Lm bis zum Ende der Reihe, wenden – *26 fM.*

Reihe 2: * 1 Lm, die nächste M ausl, 1 fM in die nächste M; wdh ab * bis zum Ende der Reihe, wenden – *13 fM; 13 Lm.*

Reihe 3 (Musterreihe): * 1 Lm, die nächste M ausl, 1 fM in den nächsten Lm-Bg; wdh ab * bis zum Ende der Reihe, wenden – *13 fM; 13 Lm.*

Reihe 4–20: Reihe 3 wdh.

Reihe 21: Je 1 fM in jd M und jd Lm-Bg bis zum Ende der Reihe. Das Garn befestigen und die Garnenden vernähen – *26 fM.*

Quadrat 2 (6-mal häkeln)

Reihe 1–7: Mit der 1. angegebenen Farbe und der größeren Häkelnadel (10 mm) gleich häkeln wie Quadrat 1. Das Garn befestigen.

Reihe 8–14: Die 2. Farbe mit 1 Km in die 1. fM einhäkeln, gleich häkeln wie Quadrat 1. Das Garn befestigen.

Reihe 15–21: Die 1. Farbe mit 1 Km in die 1. fM wieder einhäkeln und gleich häkeln wie Quadrat 1. Das Garn befestigen und die Enden vernähen.

Quadrat 3 (4-mal häkeln)

Reihe 1–7: Mit der 1. angegebenen Farbe und der größeren Häkelnadel (10 mm) gleich häkeln wie Quadrat 1. Das Garn befestigen.

Reihen 8–21: Die 2. Farbe mit 1 Km in die 1. fM einhäkeln, gleich häkeln wie Quadrat 1. Das Garn befestigen und die Enden vernähen.

Quadrat 4 (9-mal häkeln)

Reihe 1–10: Mit der 1. angegebenen Farbe und der größeren Häkelnadel (10 mm) gleich häkeln wie Quadrat 1. Das Garn befestigen.

Reihe 11–21: Die 2. Farbe mit 1 Km in die 1. fM einhäkeln, gleich häkeln wie Quadrat 1. Das Garn befestigen und die Enden vernähen.

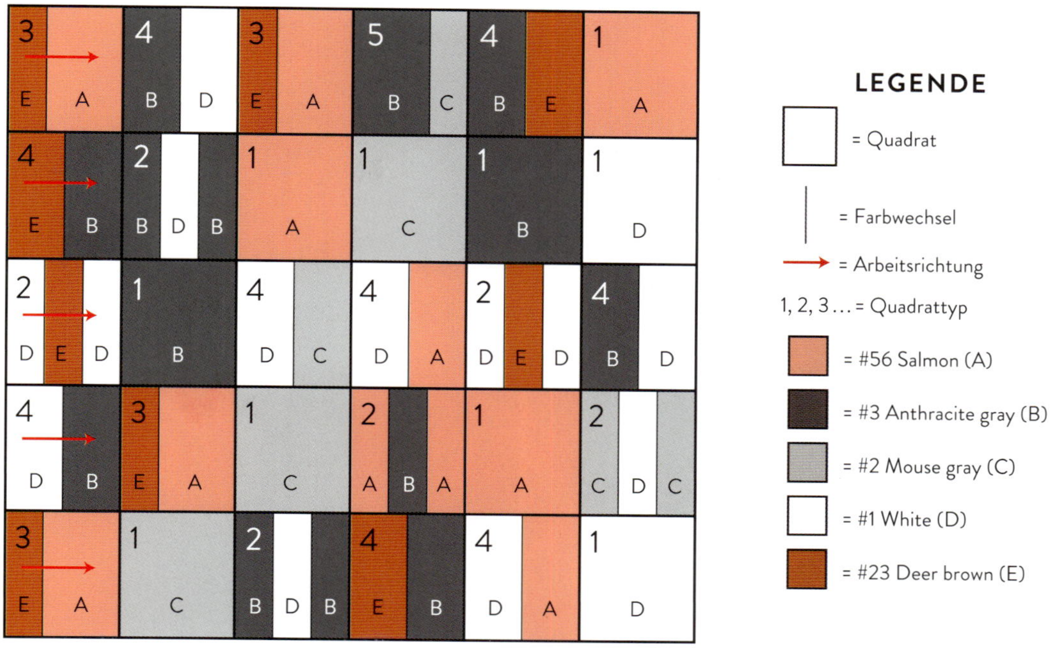

SCHEMATISCHE DARSTELLUNG

Quadrat 5 (1-mal häkeln)

Reihe 1–14: Mit der 1. angegebenen Farbe und der größeren Häkelnadel (10 mm) gleich häkeln wie Quadrat 1. Das Garn befestigen.

Reihe 15–21: Die 2. Farbe mit 1 Km in die 1. fM einhäkeln, gleich häkeln wie Quadrat 1. Das Garn befestigen und die Enden vernähen.

Zusammenfügen der Quadrate

Legen Sie die Quadrate, wie in der schematischen Darstellung gezeigt, auf. Häkeln Sie die Verbindungen mit Garn E und verwenden Sie die größere Häkelnadel (10 mm). Arbeiten Sie erst in vertikalen Bahnen und dann in horizontalen Reihen und verbinden Sie die Quadrate, indem Sie Km auf der RS durch die hinteren Maschenglieder häkeln wie folgt: 2 nebeneinanderliegende Quadrate aufnehmen und mit VS an VS Km durch die äußeren Schlingen häkeln bis zum Ende der Reihe. Ohne das Garn zu befestigen, das nächste Quadratpaar aufnehmen und auf diese Weise nach unten arbeiten, bis Sie am Ende des letzten Quadrats angelangt sind. Das Garn abschneiden und die Enden vernähen. Jede folgende Bahn aus Quadraten zusammenfügen, bis alle Quadrate vertikal verbunden sind.

Dann das Werkstück drehen, um die Quadrate auf dieselbe Weise in horizontaler Richtung zu verbinden. Wenn alle Quadrate aneinandergefügt sind, wird die einfache Borte gehäkelt.

TIPP

Wenn Sie beim Häkeln der horizontalen Verbindungen die vertikalen Verbindungen überqueren, häkeln Sie dafür 1 Lm. Wird diese Lm ausgelassen, kann die Decke sich verziehen und sich an den Ecken, an denen vier Quadrate aufeinanderstoßen, wellen.

Borte

Mit der kleineren Häkelnadel (9 mm) und der VS nach oben Garn E mit 1 Km in einer Ecke einhäkeln, 3 fM in dieselbe M, fM gleichmäßig in alle M und Lm-Bg rundherum häkeln, 3 fM in jd Ecke, die Runde mit 1 Km in die 1. fM schließen. Das Garn befestigen und die Garnenden vernähen.

TIPP

Wo an den Seiten die fM in die Seiten der Reihen gehäkelt werden, müssen Sie darauf achten, 1 fM in die Seite jeder Reihe zu häkeln. Vergewissern Sie sich, dass die gegenüberliegenden Seiten dieselbe Anzahl an fM aufweisen.

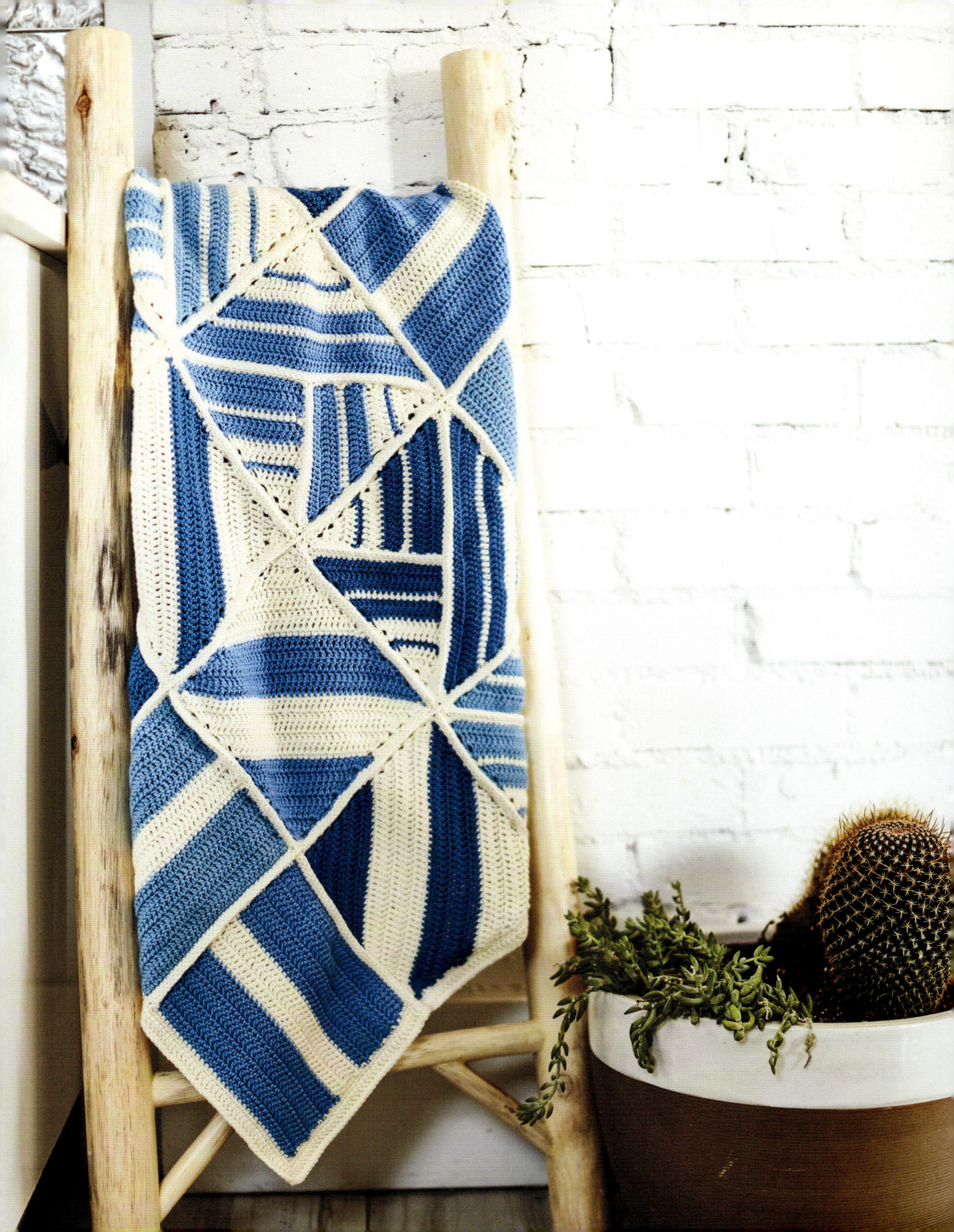

MAROKKANISCHE FLIESE

Nichts peppt einen Raum mehr auf als ein frischer, neuer Boden – ganz besonders, wenn es sich dabei um ein schönes Stranddesign wie diese Zementfliesen der Designerin Caitlin Dowe-Sandes handelt. Die Fliesenkomposition, die mir ins Auge stach, beinhaltet Stilelemente von *Envelope* und *Zigzag*, die ich in dieses einzigartige Werkstück habe einfließen lassen. Wie sich herausstellt, kann eine frische, neue Decke mit strahlenden Farben einen Raum ebenfalls aufpeppen! Häkeln Sie dieses Werkstück mit zwei Farben für einen atemberaubenden Effekt!

GRÖSSE BEI FERTIGSTELLUNG

99 × 117 cm

GARN

DK-Garn (leichtes Kammgarn)

Hier gezeigt: Cascade 220 Superwash (100 % Superwash-Wolle; 200 m/100 g): #817 Aran (MC), 10 Knäuel; #846 Blue (A), #884 Skyline Blue (B), #883 Puget Sound (C), je 4 Knäuel.

HÄCKELNADELN

4,25 mm für Motive

3,75 mm für die Borte

Falls notwendig, passen Sie die Nadelstärke an, um die gleiche Maschenprobe zu erhalten.

WEITERE MATERIALIEN

Sticknadel

MASCHENPROBE

16 M und 12 Reihen = 10 cm in Stb mit der größeren Häkelnadel (4,25 mm), gespannt.

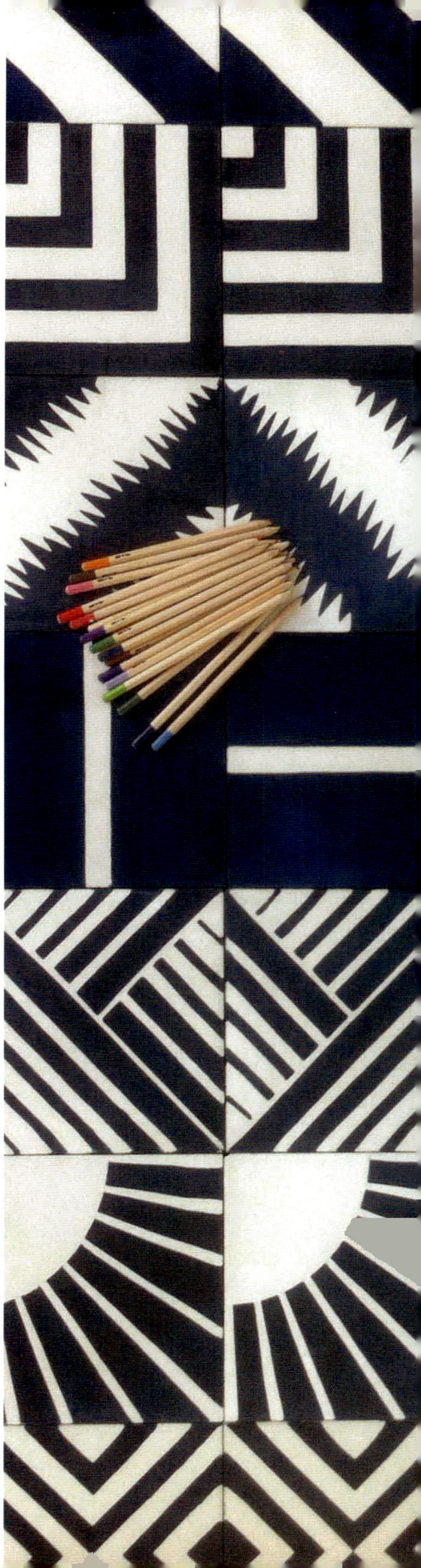

MASCHENKUNDE

Abnahme am Reihenanfang (Abn am RA)
1 st Stb (zählt nicht als M), 1 M ausl, 1 Stb in die nächste M.

Abnahme am Reihenende (Abn am RE)
U, die Nadel in die nächste M einstechen, U, 1 Schlinge hochziehen, U, das Garn durch 2 Schlingen auf der Nadel ziehen, U 2-mal, 1 M ausl, die Nadel in die nächste M stechen, U, 1 Schlinge hochziehen, (U, das Garn durch 2 Schlingen auf der Nadel ziehen) 2-mal, U, das Garn durch alle 3 Schlingen auf der Nadel ziehen.

Motiv 1

Anmerkung: *12-mal in der Hauptfarbe (HF) und der Kontrastfarbe (KF) A, B oder C häkeln, wie in der Darstellung gezeigt.*

Reihe 1 (RS): Mit der größeren Nadel (4,25 mm) und Garn in der KF 38 Lm ein bisschen lockerer häkeln, 1 Stb in die 4. Lm von der Nadel (Wm zählt als 1 Stb), je 1 Stb in jd Lm bis zum Ende der Reihe, wenden – *36 Stb.*

Reihe 2–7: 1 st Stb (s. Glossar) in die 1. M, je 1 Stb in jd M bis zum Ende der Reihe, wenden. Das Garn nach Reihe 7 befestigen.

Reihe 8: Mit der VS nach oben das Garn in der HF mit 1 Km in die 1. M einhäkeln, 1 fM in dieselbe M, je 1 fM in jd M bis zum Ende der Reihe, wenden – *36 fM.*

Reihe 9–11: Reihe 2 wdh.

Reihe 12: Je 1 fM in jd M bis zum Ende der Reihe. Das Garn befestigen.

Reihe 13–19: Mit der RS nach oben das Garn derselben KF mit 1 Km in die 1. M einhäkeln, Reihe 2 wdh. Das Garn befestigen.

Umrandung des Motivs: Mit der VS nach oben das Garn in der HF mit 1 Km in die 1. M von Reihe 19 einhäkeln, * 3 fM in dieselbe M, je 1 fM in jd M bis zum Ende der Reihe, 3 fM in die letzte M der Reihe, 34 fM gleichmäßig entlang der nächsten Seite; 1-mal wdh ab *, die Rd mit 1 Km in die 1. fM schließen. Das Garn befestigen.

Motiv 2

Anmerkung: *12-mal in der Hauptfarbe (HF) und der Kontrastfarbe (KF) A, B oder C häkeln, wie in der Darstellung gezeigt.*

Reihe 1 (RS): Mit Garn in der KF 3 Lm, 1 Km in die 3. Lm von der Nadel, um einen Ring zu erhalten, (1 st Stb, 1 Lm, 3 Stb, 1 Lm, 1 DStb) in den Ring, wenden – *4 Stb; 1 DStb; 2 Lm-Bg.*

Reihe 2–7: 1 st Stb in die 1. M, 1 Lm, 2 Stb in den nächsten Lm-Bg, je 1 Stb in jd M bis zum nächsten Lm-Bg, 2 Stb in den nächsten Lm-Bg, 1 Lm, 1 DStb in die letzte M, wenden – *28 Stb; 1 DStb; 2 Lm-Bg.* Das Garn befestigen.

Reihe 8: Mit der VS nach oben das Garn in der HF mit 1 Km in die 1. M einhäkeln, 1 fM in dieselbe M, 1 Lm, die nächste Lm ausl, je 1 fM in jd M bis zum nächsten Lm-Bg, 1 Lm, 1 fM in die letzte M, wenden – *30 fM; 2 Lm-Bg.*

Reihe 9–13: Reihe 2 wdh – *48 Stb; 1 DStb; 2 Lm-Bg am Ende von Reihe 13.*

Reihe 14: Die 1. M ausl, 1 fM in den nächsten Lm-Bg, je 1 fM in jd M bis zum nächsten Lm-Bg, 1 fM in den nächsten Lm-Bg, wenden und die letzte M ungehäkelt lassen – *49 fM.* Das Garn befestigen.

Reihe 15: Mit der RS nach oben das Garn in derselben KF mit 1 Km in die 1. M einhäkeln, Abn am RA (s. Maschenkunde) über die ersten 3 M, 1 Stb in jd M bis zu den letzten 3 M, Abn am RE über die letzten 3 M, wenden – *45 M.*

Reihe 16–19: Abn am RA über die ersten 3 M, je 1 Stb in jd M bis zu den letzten 3 M, Abnahme am RE über die letzten 3 M, wenden – *29 M* am Ende von Reihe 19. Das Garn befestigen.

Reihe 20: Mit der VS nach oben das Garn in der HF mit 1 Km in die 1. M einhäkeln, je 1 fM in jd M bis zum Ende der Reihe, wenden – *29 fM.*

Reihe 21–26: Reihe 16 wdh – *5 M am Ende von Reihe 26.*

Reihe 27: 1 st Stb, 4 Stb zus häkeln (s. Glossar) über die nächsten 4 M, 1 Lm und Lm zuziehen, um die letzte M zu befestigen, wenden. Das Garn nicht abschneiden.

Umrandung des Motivs: * 3 fM in die M in der Ecke, 34 fM gleichmäßig entlang der nächsten Seite; wdh ab * rundherum, die Rd mit 1 Km in die 1. fM schließen. Das Garn befestigen.

Motiv 3

Anmerkung: *6-mal in der Hauptfarbe (HF) und der Kontrastfarbe (KF) A, B oder C häkeln, wie in der Darstellung gezeigt.*

Großes Dreieck (1-mal häkeln)

Reihe 1 (VS): Mit dem Garn in der HF 3 Lm, 1 Km in die 3. Lm von der Nadel, um einen Ring zu bilden, (1 st Stb, 1 Lm, 3 Stb, 1 Lm, 1 DStb) in den Ring, wenden – *4 Stb; 1 DStb; 2 Lm-Bg.*

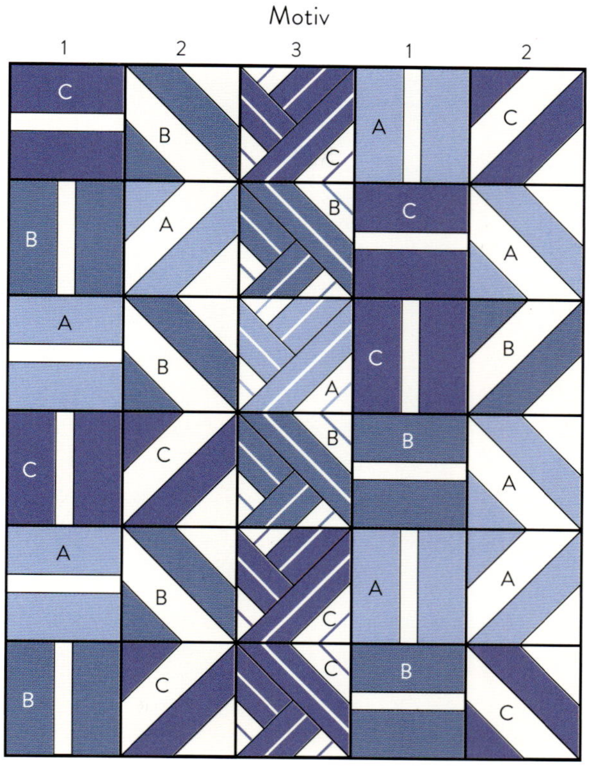

SCHEMATISCHE DARSTELLUNG

FARBAUFSCHLÜSSELUNG

- = #817 Aran (HF)
- = #846 Blue (A)
- = #884 Skyline Blue (B)
- = #883 Puget Sound (C)

1, 2, 3 … = Motivtyp in jd Bahn

A, B, C … = Kontrastfarbe für jd Motiv

Reihe 2–4: 1 st Stb in die 1. M, 1 Lm, 2 Stb in den nächsten Lm-Bg, je 1 Stb in jd M bis zum nächsten Lm-Bg, 2 Stb in den nächsten Lm-Bg, 1 Lm, 1 DStb in die letzte M, wenden – *16 Stb; 1 DStb; 2 Lm-Bg am Ende von Reihe 4.* Das Garn befestigen.

Reihe 5: Mit der VS nach oben das Garn in der KF mit 1 Km in die 1. M einhäkeln, 1 st Stb in die 1. M, 1 Lm, 1 hStb in den nächsten Lm-Bg, 1 hStb in jd M bis zum nächsten Lm-Bg, 1 hStb in den nächsten Lm-Bg, 1 Lm, 1 hStb in die letzte M, wenden – *1 Stb; 18 hStb; 2 Lm-Bg.* Das Garn befestigen.

Reihe 6: Mit der RS nach oben das Garn in der HF mit 1 Km in die 1. M einhäkeln, Reihe 2 wdh, wenden – *22 Stb; 1 DStb; 2 Lm-Bg.*

Reihe 7: Reihe 2 wdh – *26 Stb; 1 DStb; 2 Lm-Bg.* Das Garn befestigen.

Reihe 8 und 9: Mit dem Garn in der KF Reihe 2 wdh – *34 Stb; 1 DStb; 2 Lm-Bg.* Das Garn befestigen.

Reihe 10: Mit der VS nach oben das Garn in der HF mit 1 Km in die 1. M einhäkeln, Reihe 5 wdh – *1 Stb; 36 hStb; 2 Lm-Bg.* Das Garn befestigen.

Reihe 11–13: Mit dem Garn in der KF Reihe 2 wdh – *47 Stb; 1 DStb; 2 Lm-Bg.* Das Garn befestigen.

Reihe 14: Mit der VS nach oben das Garn in der HF mit 1 Km in die 1. M einhäkeln, 1 fM in dieselbe M, 1 fM in den nächsten Lm-Bg, je 1 fM in jd M bis zum nächsten Lm-Bg, 1 fM in den nächsten Lm-Bg, 1 fM in die letzte M. Das Garn befestigen und einen etwa 3 - mal so langen Faden wie die Diagonale zum Nähen stehenlassen.

Kleines Dreieck

Anmerkung: *2-mal häkeln mit dem Garn in der HF und KF A, B oder C, wie in der schematischen Darstellung gezeigt.*

Reihe 1 (VS): Mit dem Garn in der HF 3 Lm, 1 Km in 3. Lm von der Nadel, um einen Ring zu bilden, (1 st Stb, 1 Lm, 1 DStb) in den Ring, wenden – *1 Stb; 1 DStb; 1 Lm-Bg.*

Reihe 2: 1 st Stb in die 1. M, 1 Lm, 2 Stb in den nächsten Lm-Bg, je 1 Stb in jd M bis zum Ende der Reihe, wenden – *4 Stb; 1 Lm-Bg.*

Reihe 3: 1 st Stb in die 1. M, je 1 Stb in jd M bis zum nächsten Lm-Bg, 2 Stb in den nächsten Lm-Bg, 1 Lm, 1 DStb in die letzte M, wenden – *6 Stb; 1 Lm-Bg.*

Reihe 4: Reihe 2 wdh – *8 Stb; 1 Lm-Bg.* Das Garn befestigen.

Reihe 5: Mit der VS nach oben das Garn in der KF mit 1 Km in die 1. M einhäkeln, 1 st Stb in die 1. M, je 1 hStb in jd M bis zum nächsten Lm-Bg, 1 hStb in den nächsten Lm-Bg, 1 Lm, 1 Stb in die letzte M, wenden – *7 hStb; 2 Stb; 1 Lm-Bg.* Das Garn befestigen.

Reihe 6: Mit der RS nach oben das Garn in der HF mit 1 Km in die 1. M einhäkeln, Reihe 2 wdh – *11 Stb; 1 Lm-Bg.*

Reihe 7: Reihe 3 wdh – *13 Stb; 1 Lm-Bg.* Das Garn befestigen.

Reihe 8 und 9: Mit Garn in der KF, Reihe 6 und 7 wdh – *17 Stb; 1 Lm-Bg am Ende von Reihe 9.* Das Garn befestigen.

Reihe 10: Mit der VS nach oben das Garn in der HF mit 1 Km in die 1. M einhäkeln, Reihe 5 wdh – *16 hStb; 2 Stb; 1 Lm-Bg.* Das Garn befestigen.

Reihe 11–13: Mit Garn in der KF Reihe 2–3 wdh, dann Reihe 2 wdh – *24 Stb; 1 Lm-Bg am Ende von Reihe 13.*

Reihe für die Umrandung: Mit der VS nach oben das Garn in der HF mit 1 Km in den Ring einhäkeln, 24 fM gleichmäßig entlang der Seitenkante bis hinauf zum st Stb in Reihe 13 häkeln, 3 fM auf das st Stb, je 1 fM in jd M bis zum nächsten Lm-Bg, 1 fM in den nächsten Lm-Bg, 1 fM in die letzte M. Das Garn befestigen und einen langen Faden zum Nähen stehenlassen. Die Dreiecke wie in der schematischen Darstellung gezeigt auflegen.

Die kleinen Dreiecke zusammenfügen

Die kleinen Dreiecke mit den RS aneinander auflegen und den langen Faden zum Zusammennähen suchen. Achten Sie darauf, dass die M der Umrandungsreihe zusammenpassen, während Sie arbeiten, und häkeln Sie Km entlang der Ränder, dabei nur durch die hinteren Maschenglieder (innenliegende Schlingen) häkeln. Das Garn befestigen.

Die großen Dreiecke zum Quadrat zusammenfügen

Die einzelnen Teile RS an RS halten, den langen Faden zum Zusammennähen suchen und Km entlang der Seiten häkeln, dabei nur durch die hinteren Maschenglieder (innenliegende Schlingen) häkeln wie zuvor. Das Garn befestigen.

Runde für die Umrandung von Motiv 3: Mit der VS nach oben das Garn in der HF mit 1 Km in einer Ecke einhäkeln, * 3 fM in die Ecke, 34 fM gleichmäßig bis zur nächsten Ecke; wdh ab * rundherum, die Rd mit 1 Km in die 1. fM schließen. Das Garn befestigen.

Zusammenfügen der Decke

Nehmen Sie die schematische Darstellung zur Hilfe und legen Sie die Quadrate auf. Mit dem Garn in der HF die Motive mit Km verbinden wie die Einzelteile von Motiv 3. Zuerst in vertikalen Reihen arbeiten, dann erst die Teile in horizontalen Reihen wie folgt zusammenfügen:

Nehmen Sie 2 nebeneinanderliegende Motive auf, legen Sie die RS aneinander und häkeln Sie Km durch die inneren Schlingen entlang der Länge, dabei darauf achten, dass die M zusammenpassen. ***Anmerkung:*** *Arbeiten Sie nur in die hinteren Maschenglieder beider Quadrate. Ohne das Garn abzuschneiden, das nächste Motivpaar aufnehmen und auf diese Weise die Arbeit entlang nach unten häkeln, bis die Kante der Decke erreicht ist.* Das Garn befestigen und die Garnenden vernähen. Jede folgende Bahn aus Quadraten ebenso verbinden, bis alle vertikalen Bahnen zusammengefügt sind.

Die Arbeit drehen, um die horizontalen Reihen auf dieselbe Weise zusammenzufügen. Wenn alle Quadrate miteinander verbunden sind, häkeln Sie die einfache Borte.

TIPP

Wenn Sie beim Häkeln der horizontalen Verbindungen die vertikalen Verbindungen überqueren, häkeln Sie dafür 1 Lm. Wird diese Lm ausgelassen, kann die Decke sich verziehen und sich an den Ecken, an denen vier Quadrate aufeinanderstoßen, wellen.

Borte

Runde 1: Mit der kleineren Häkelnadel (3,75 mm) das Garn in der HF mit 1 Km in einer Ecke einhäkeln, * 3 fM in die M in der Ecke, fM gleichmäßig entlang der Seite, dabei darauf achten, 23 fM entlang jedes Quadrats zu häkeln; wdh ab * rundherum, die Rd mit 1 Km in die 1. fM beenden.

Runde 2: 1 Km in die nächste fM, (1 st Stb, 2 Lm, 2 Stb) in die M in der Ecke, * je 1 Stb in jd M bis zur nächsten M in der Ecke **, (2 Stb, 2 Lm, 2 Stb) in die nächste M in der Ecke; wdh ab * rundherum, die letzte Wdh bei ** beenden, 1 Stb in die 1. fM in der Ecke, um die Ecke fertigzustellen, die Rd mit 1 Km auf das st Stb schließen.

Runde 3: 1 Km in den 1. Lm-Bg in der Ecke, * 3 fM in den Lm-Bg in der Ecke, je 1 fM in jd M bis zum nächsten Lm-Bg; wdh ab * rundherum, die Rd mit 1 Km in die 1. fM schließen. Das Garn befestigen und die Enden vernähen.

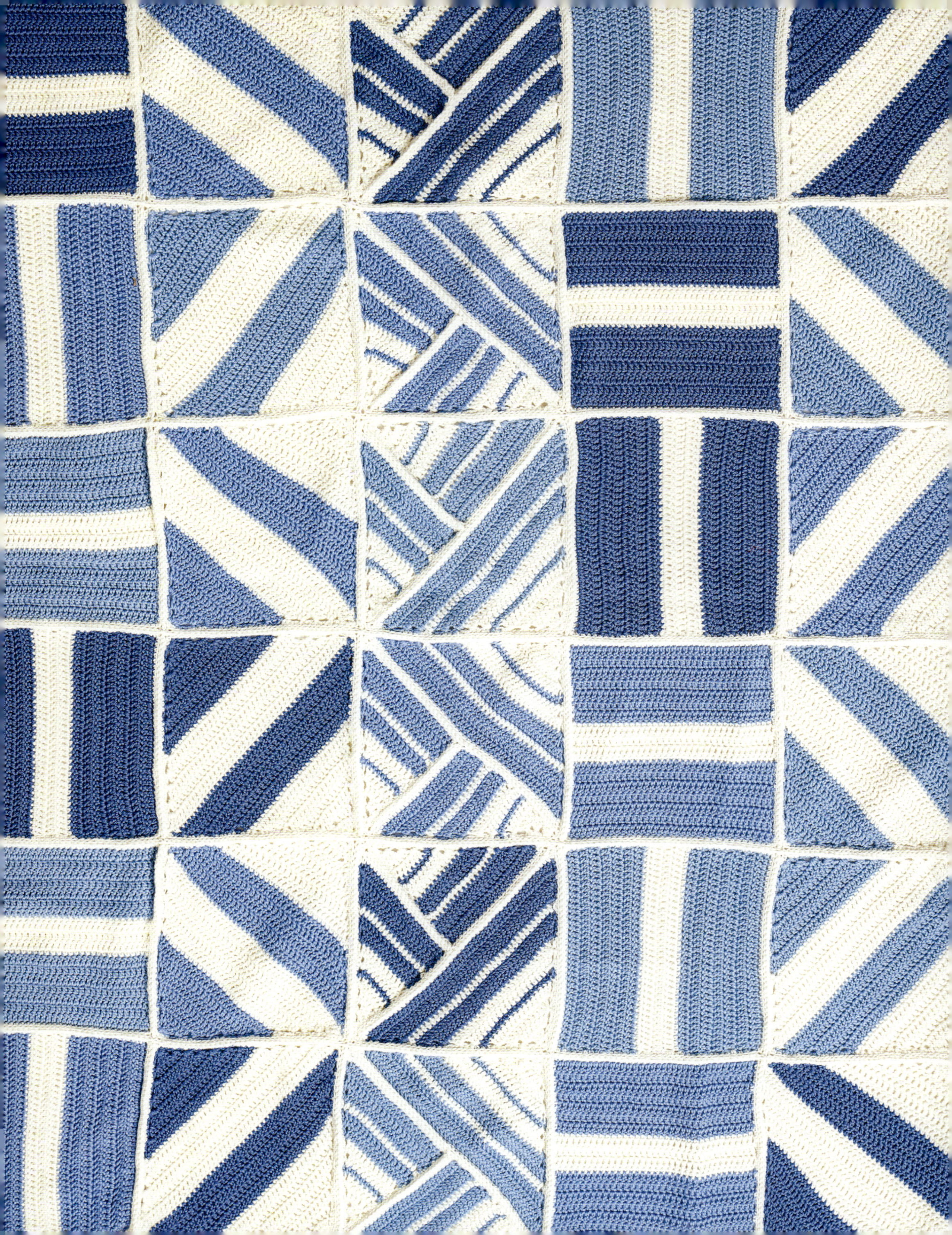

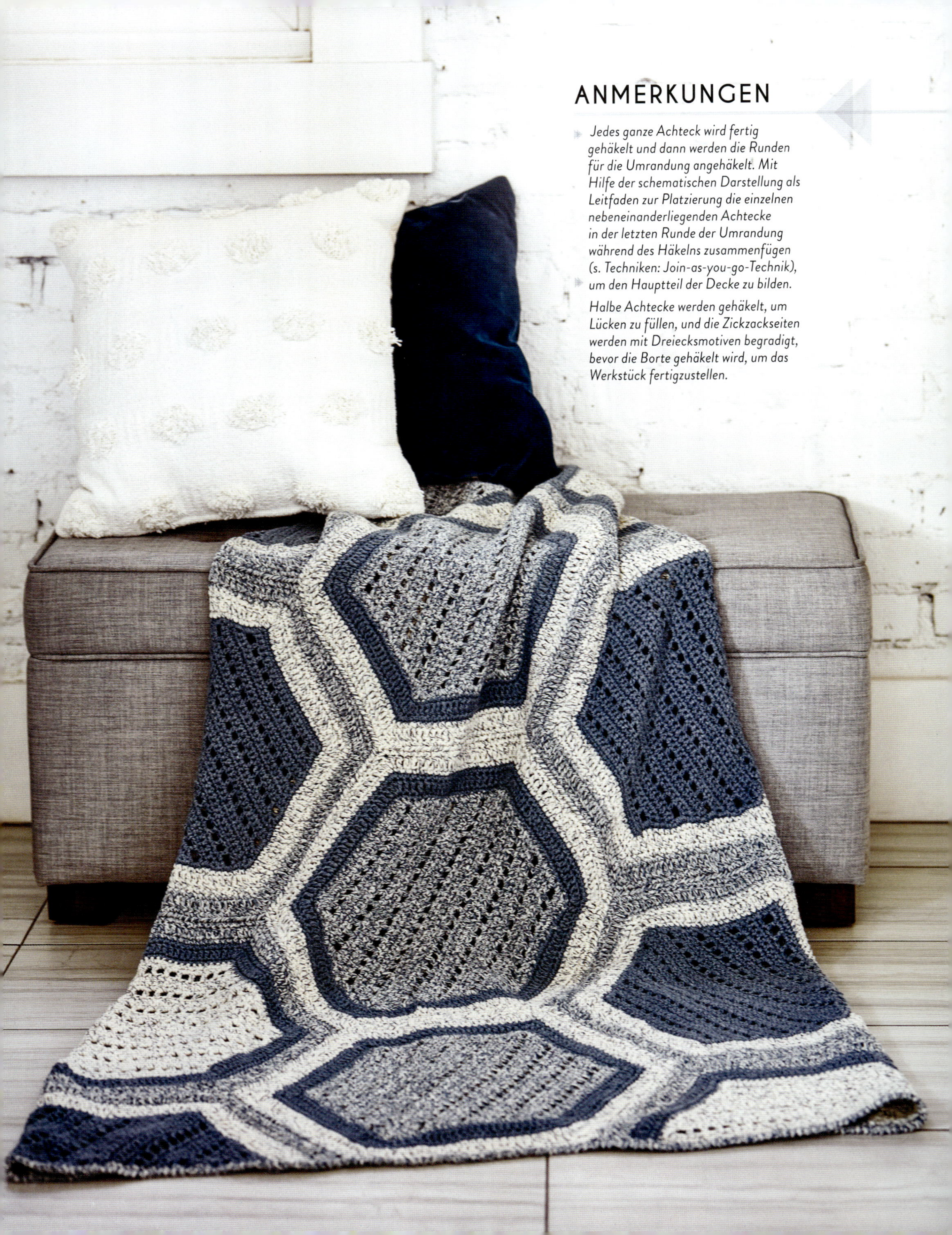

ANMERKUNGEN

- *Jedes ganze Achteck wird fertig gehäkelt und dann werden die Runden für die Umrandung angehäkelt. Mit Hilfe der schematischen Darstellung als Leitfaden zur Platzierung die einzelnen nebeneinanderliegenden Achtecke in der letzten Runde der Umrandung während des Häkelns zusammenfügen (s. Techniken: Join-as-you-go-Technik), um den Hauptteil der Decke zu bilden.*
- *Halbe Achtecke werden gehäkelt, um Lücken zu füllen, und die Zickzackseiten werden mit Dreiecksmotiven begradigt, bevor die Borte gehäkelt wird, um das Werkstück fertigzustellen.*

Honeycomb Hex von Caitlin Dowe-Sandes

NEW *Yorker*

Da komplexe und detailreiche Fliesenböden an Beliebtheit gewinnen, fühlt es sich erfrischend an, Inspiration aus einer simplen Zementfliese mit pfiffiger Farbanordnung zu gewinnen. *Honeycomb Hex* ist perfekt aufgeteilt und bietet sich dazu an, mit rotierenden Motiven zu spielen, um großartige Lochmuster zu erhalten. Ich habe dieses Werkstück *New Yorker* genannt, weil es mich an den ausgesuchten Stil der Architektur und des Dekors von New York erinnert.

GRÖSSE BEI FERTIGSTELLUNG

147,5 × 160 cm

GARN

Kammgarn (mittlere Stärke)

Hier gezeigt: Wool und the Gang Billie Jean Garn (135 m/100 g): Dirty Denim (A) (60 % wiederverwerteter Denim, 40 % wiederverwertete Rohbaumwolle), 11 Knäuel; Raw Denim (B) (100 % wiederverwerteter Denim), 8 Knäuel; Washed Out Denim (C) (20 % wiederverwerteter Denim, 80 % wiederverwertete Rohbaumwolle), 8 Knäuel.

HÄCKELNADELN

6 mm

5,5 mm

5 mm für die letzte Runde der Borte

Falls notwendig, passen Sie die Nadelstärke an, um die gleiche Maschenprobe zu erhalten.

WEITERE MATERIALIEN

6 Maschenmarkierer; Sticknadel

MASCHENPROBE

Reihe 1–3 des ganzen Achtecks messen 21,5 cm der Länge nach, im Muster gehäkelt mit der mittleren (5,5 mm)/größeren Häkelnadel (6 mm).

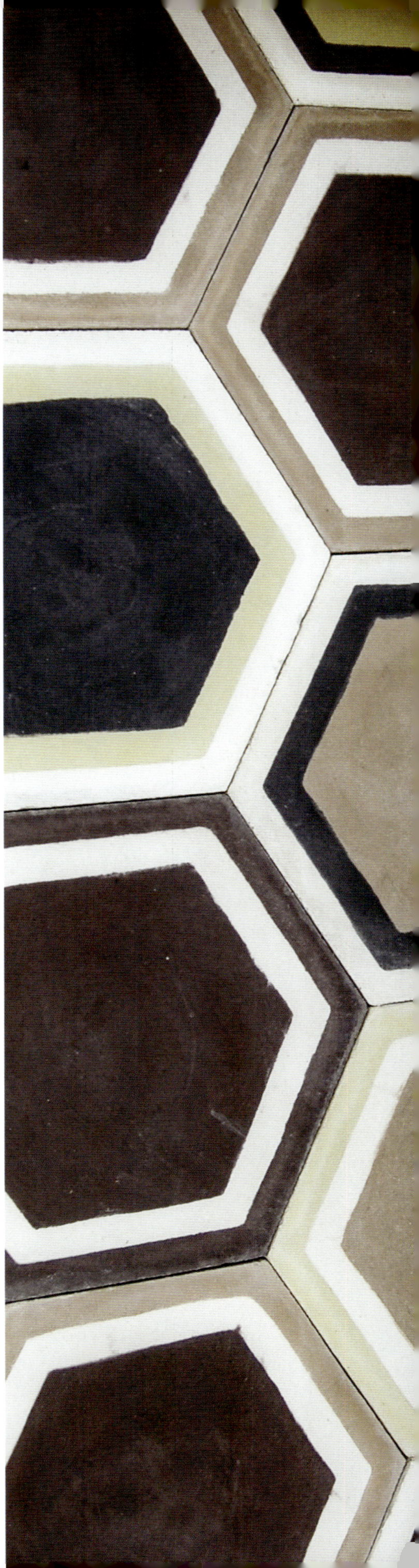

Achteck 1

Anmerkung: *Benutzen Sie Garn A als 1. Farbe, Garn B als 2. Farbe und Garn C als 3. Farbe.*

Reihe 1 (VS): Mit der mittleren Häkelnadel (5,5 mm) und Garn in der 1. Farbe 24 Lm, 1 fM in die 3. Lm von der Nadel (Wm zählt als 1 fM), je 1 fM in jd Lm bis zum Ende der Reihe, wenden – *23 fM.*

Reihe 2: Zur größeren Häkelnadel wechseln (6 mm) 1 st hStb (s. Glossar) in die 1. M, * 1 Lm, die nächste M ausl, 1 hStb in die nächste M; wdh ab * bis zum Ende der Reihe, wenden – *12 hStb; 11 Lm-Bg.*

Reihe 3: 2 fM in die 1. M, 1 fM in den nächsten Lm-Bg, je 2 fM in jd Lm-Bg bis zur letzten M, 2 fM in das letzte hStb, wenden – *25 fM.*

Reihe 4 und 5: 2 fM in die 1. M, je 1 fM in jd M bis zur letzten M, 2 fM in die letzte M, wenden – *29 fM am Ende von Reihe 5.*

Reihe 6–13: Reihe 2–5 noch 2-mal wdh – *41 fM am Ende von Reihe 13.*

Reihe 14–16: Reihe 2–4 wdh– *45 fM am Ende von Reihe 16.*

Reihe 17 und 18: Die 1. M ausl, je 1 fM in jd M bis zur letzten M, wenden, die letzte M ungehäkelt lassen – *41 fM am Ende von Reihe 18.*

Reihe 19: Reihe 2 wdh – *21 hStb; 20 Lm-Bg.*

Reihe 20: 1 fM in den 1. Lm-Bg, je 2 fM in alle restl Lm-Bg bis zum Ende der Reihe, wenden – *39 fM.*

Reihe 21 und 22: Reihe 17 wdh – *35 fM am Ende von Reihe 22.*

Reihe 23–30: Reihen 19–22 noch 2-mal wdh – *23 M am Ende von Reihe 30.*

Reihe 31: Reihe 2 wdh – *12 hStb; 11 Lm-Bg.*

Reihe 32: 1 fM in den 1. Lm-Bg, je 2 fM in jd Lm-Bg bis zum Ende der Reihe, 1 Lm und das Garn durch die Lm ziehen, um die letzte M zu sichern, auf die VS wenden – *23 fM.* Das Garn nicht abschneiden.

Umrandung des Achtecks

Runde 1: Mit der VS nach oben mit derselben Farbe und der größeren Häkelnadel (6 mm) 1 fM in die Seite der letzten fM von Reihe 32, diese fM mit 1 MM als 1. Ecke markieren, * 21 fM gleichmäßig bis zur nächsten Ecke **, 1 fM in die nächste Ecke und diese M mit 1 MM als 2. Ecke markieren; wdh ab * rundherum, dabei die 3., 4., 5. und 6. Ecke markieren, dann 1-mal wdh von * bis **, die Rd mit 1 Km in die 1. fM beenden – *132 fM.* Das Garn befestigen.

Runde 2: Mit der mittleren Häkelnadel (5,5 mm) und der VS nach vorne das Garn in der 2. Farbe mit 1 Km in die 1. Ecke einhäkeln, je 1 fM in jd M rundherum, die Rd mit 1 Km in die 1. fM beenden. Jd MM in die entsprechende fM in der Ecke verschieben – *132 fM.*

Runde 3: 1 Km in die nächste fM, (1 st Stb [siehe Glossar], 2 Stb) in die fM in der Ecke, den MM zum mittleren Stb verschieben, * je 1 Stb in jd M bis zur nächsten markierten M in der Ecke **, 3 Stb in die M in der Ecke, den MM ins mittlere Stb verschieben; wdh ab * rundherum, die letzte Wdh bei ** beenden, die Rd mit 1 Km in das st Stb schließen – *144 Stb.*

Runde 4: 1 Km in das nächste Stb, 3 fM in das Stb in der Ecke, den MM zur mittleren fM verschieben, * je 1 fM in jd M bis zum nächsten markierten Stb in der Ecke **, 3 fM in das nächste Stb in der Ecke; wdh ab * rundherum, dabei die letzte Wdh bei ** beenden, die Rd mit 1 Km in die 1. fM schließen – *156 fM.* Das Garn befestigen.

Runde 5–7: Mit der VS nach oben das Garn in der 3. Farbe mit 1 Km in der markierten 1. Ecke einhäkeln, Runde 2–4 wdh, MM nach Rd 7 entfernen – *180 fM.* Das Garn befestigen.

Achteck 2

Anmerkung: *Verwenden Sie Garn A als 1. Farbe, B für 2. Farbe und C als 3. Farbe.*

Anmerkung: *Achten Sie auf die Ausrichtung der 1. Ecke und der 1. Seite des ganzen Achtecks. Dies ist wichtig, da die „Lochmusterreihen" aus (1 hStb, 1 Lm) Streifen bilden, die ein Designelement ergeben, wenn sie in eine bestimmte Richtung zeigen, wie auf dem Foto des fertigen Werkstücks gezeigt.*

Gleich häkeln wie Achteck 1 bis einschließlich Runde 6 der Umrandung.

Runde 7 (Verbindungsrunde): Die MM entfernen, während die Rd gehäkelt wird, 1 Km in die nächste M, 3 fM in die 1. Ecke, je 1 fM in jd M bis zur 2. Ecke, 3 fM in die 2. Ecke, je 1 fM in jd M bis zur 3. Ecke, 2 fM in die 3. Ecke, die Schlinge von der Nadel nehmen, die Nadel von vorne nach hinten in die 1. Ecke des ganzen Achtecks 1 stechen, die Schlinge aufnehmen und auf die VS der Arbeit durchziehen (DSV), die 3. fM in die 3. Ecke, 1 DSV in die entsprechende M des ganzen Achtecks 1, (1 fM, 1 DSV) in jd M bis zur 3. Seite der 4. Ecke, 1 fM in die 4. Ecke, 1 DSV, 2 fM in die 4. Ecke, die Runde ohne weiteres Zusammenfügen (DSV) beenden, die Rd mit 1 Km in die 1. fM schließen – *180 fM.* Das Garn befestigen.

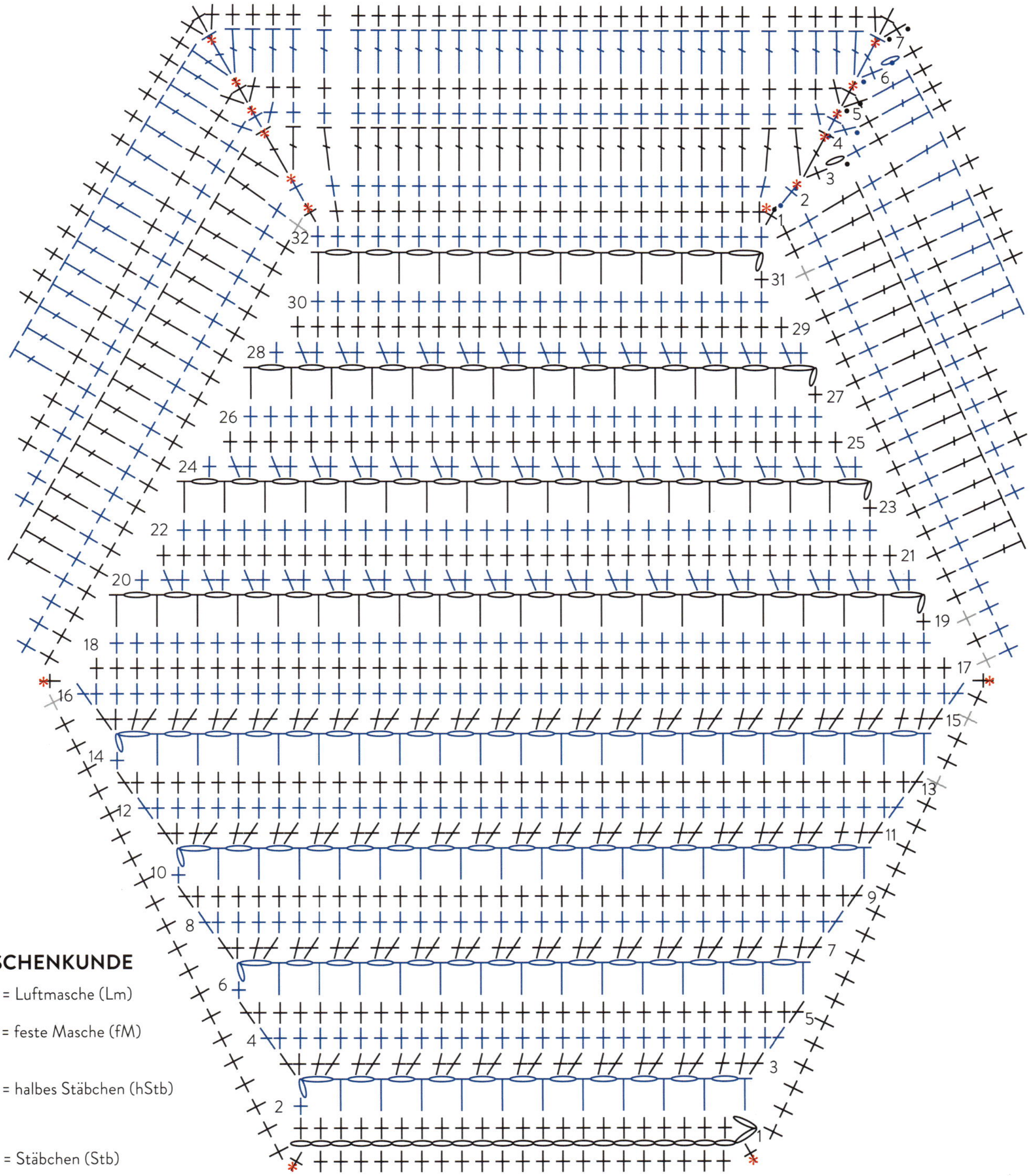

HÄKELDIAGRAMM FÜR ACHTECK 1

MASCHENKUNDE

- = Luftmasche (Lm)
- = feste Masche (fM)
- = halbes Stäbchen (hStb)
- = Stäbchen (Stb)
- = stehendes halbes Stäbchen (1 st hStb)
- = stehendes Stäbchen (1 st Stb)
- * = Maschenmarkierer

Achteck 3–14

Anmerkung: *Noch 12-mal mit dem Häkeldiagramm für das Achteck als Leitfaden häkeln, wie folgt: 6-mal häkeln mit Garn A als 1. Farbe, Garn B als 2. Farbe und Garn C als 3. Farbe. 4-mal häkeln mit Garn B als 1. Farbe, Garn C als 2. Farbe und Garn A als 3. Farbe. 2-mal häkeln mit Garn C als 1. Farbe, Garn B als 2. Farbe und Garn A als 3. Farbe.*

Gleich arbeiten wie für Achteck 2, dabei die Seiten zusammenfügen, die durch blaue Linien in der schematischen Darstellung gekennzeichnet sind.

TIPP

Wird eine Ecke erreicht, wo 2 Achtecke aufeinandertreffen, die fM in der Ecke häkeln, die Schlinge fallenlassen, die Häkelnadel von vorne nach hinten einstechen und zurück in die M in der linken Ecke des Achtecks, dann in die M in der rechten Ecke des Achtecks stechen, 1 DSV durch beide Schichten und dann die Ecke mit fM fertigstellen wie zuvor.

Halbes Achteck 16 and 18

Anmerkung: *1-mal häkeln mit Garn B als 1. Farbe, Garn C als 2. Farbe und Garn A als 3. Farbe. 1-mal häkeln mit Garn C als 1. Farbe, Garn B als 2. Farbe und Garn A als 3. Farbe.*

Reihe 1 (RS) und 2: Gleich häkeln wie Reihe 1 und 2 von Achteck 1.

Reihe 3: 2 fM in die 1. M, 1 fM in den nächsten Lm-Bg, 2 fM in jd Lm-Bg bis zum Ende der Reihe, wenden – *23 fM.*

Reihe 4: Die 1. M ausl, je 1 fM in jd M bis zur letzten M, 2 fM in die letzte M, wenden – *23 fM.*

Reihe 5: 2 fM in die 1. M, je 1 fM in jd M bis zum Ende der Reihe, wenden, die letzte M ungehäkelt lassen – *23 fM.*

Reihe 6–13: Reihen 2–5 noch 2-mal wdh – *23 fM am Ende von Reihe 13.*

Reihe 14–16: Reihe 2–4 wdh – *23 fM am Ende von Reihe 16.*

Reihe 17 und 18: Die 1. M ausl, je 1 fM in jd M bis zur letzten M, wenden, die letzte M ungehäkelt lassen – *19 fM am Ende von Reihe 18.*

Reihe 19: Reihe 2 wdh – *10 hStb; 9 Lm-Bg.*

Reihe 20: 1 fM in den 1. Lm-Bg, je 2 fM in jd Lm-Bg bis zum Ende der Reihe, wenden – *17 fM.*

Reihe 21 und 22: Reihe 17 wdh – *13 fM am Ende von Reihe 22.*

Reihe 23–26: Reihe 19–22 wdh – *7 fM am Ende von Reihe 26.*

Reihe 27 und 28: Reihe 19 und 20 wdh – *5 fM am Ende von Reihe 28.*

Reihe 29: Die 1. M ausl, je 1 fM in die nächsten 4 M, wenden – *4 fM.*

Reihe 30: Die 1. M ausl, je 1 fM in die nächsten 2 M, wenden, die letzte M ungehäkelt lassen – *2 fM.*

Reihe 31: 1 fM in die 1. M, 1 Lm, 1 fM in die letzte M, wenden.

Reihe 32: 1 fM in den nächsten Lm-Bg, 1 Lm und das Garn durchziehen und die Lm zuziehen, um die letzte M zu befestigen, wenden, sodass die VS nach oben zeigt. Das Garn nicht befestigen. Mit der Umrandung des halben Achtecks fortfahren.

Halbes Achteck 15 and 17

Anmerkung: *1-mal häkeln mit Garn C als 1. Farbe, Garn B als 2. Farbe und Garn A als 3. Farbe. 1-mal häkeln mit Garn B als 1. Farbe, Garn C als 2. Farbe und Garn A als 3. Farbe.*

Mit Garn in der 1. Farbe gleich häkeln wie für Achteck 1 bis Reihe 16. Das Garn nicht befestigen. Mit der Umrandung des halben Achtecks fortfahren.

Umrandung für das halbe Achteck

Runde 1: Mit der VS nach oben in derselben Farbe mit der größeren Häkelnadel (6 mm) für das halbe Achteck 16 und 18 häkeln: 1 fM in die Seite der fM in Reihe 32, (für das halbe Achteck 15 und 17: 1 fM in die 1. M von Reihe 16), * 21 fM gleichmäßig entlang der Seite, 1 fM und diese M als Ecke markieren; 2-mal ab * wdh. Das Garn befestigen. **Anmerkung:** *Es ist nicht notwendig, die 4. Ecke zu markieren – 67 fM.*

Runde 2: Mit der VS nach oben und der mittleren Häkelnadel (5,5 mm) das Garn in der 2. Farbe mit 1 Km in die 1. M einhäkeln, je 1 fM in jd M bis zum Ende der Reihe und 2 MM versetzen, wenden – *67 fM.*

Runde 3: (1 st Stb, 1 Stb) in die 1. M, * je 1 Stb in jd M bis zur nächsten markierten M in der Ecke, 3 Stb in die nächste M in der Ecke, den MM zum Stb in der Mitte bewegen; 1-mal wdh ab *, je 1 Stb in jd M bis zur letzten M, 2 Stb in die letzte M, wenden – *73 Stb.*

Runde 4: 2 fM in die 1. M, * je 1 fM in jd M bis zur markierten M in der Ecke, 3 fM in die nächste M in der Ecke, den MM in die mittlere fM verschieben; 1-mal wdh ab *, je 1 fM in jd M bis zur letzten M, 2 fM in die letzte M – *79 fM.* Das Garn befestigen.

Reihe 5: Mit der VS nach oben das Garn in der 3. Farbe mit 1 Km in die 1. M in der Ecke einhäkeln, Reihe 2 wdh.

Reihe 6: Reihe 3 wdh.

Reihe 7 (Verbindungsreihe): Das halbe Achteck auflegen, wo es der schematischen Darstellung nach angefügt werden soll. Die MM entfernen, während die Reihe gehäkelt wird, 1 fM in die 1. M, 1 DSV in die M in der Ecke des nebenanliegenden ganzen Achtecks, 1 fM in dieselbe M, 1 DSV, (1 fM, 1 DSV) in jd M bis zum Ende der Reihe, die Seiten wie zuvor für das ganze Achteck verbinden und bis zu den 2 fM in die letzte M arbeiten. Das Garn befestigen.

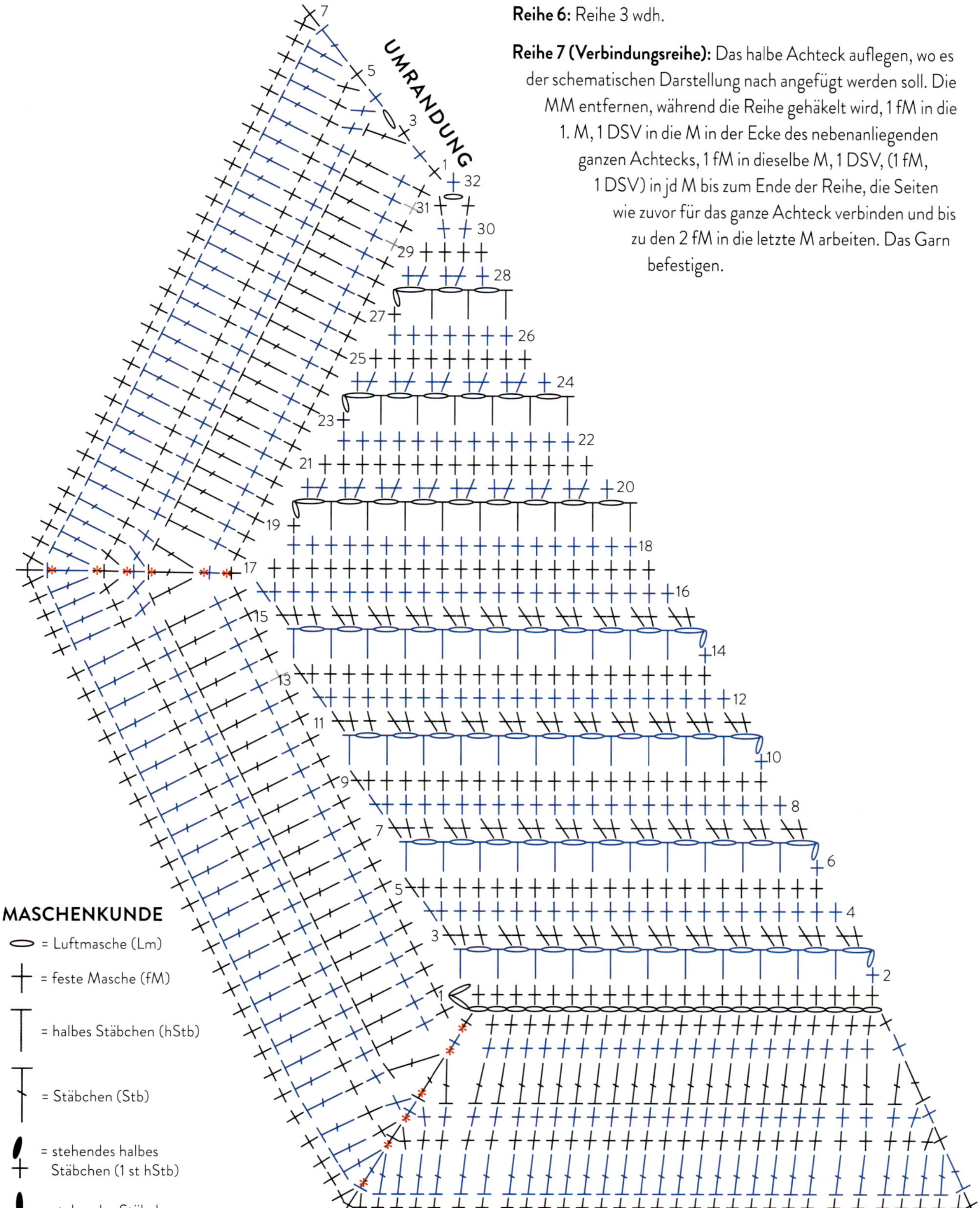

MASCHENKUNDE

- = Luftmasche (Lm)
- = feste Masche (fM)
- = halbes Stäbchen (hStb)
- = Stäbchen (Stb)
- = stehendes halbes Stäbchen (1 st hStb)
- = stehendes Stäbchen (1 st Stb)
- * = Maschenmarkierer

DIAGRAMM FÜR HALBES ACHTECK 16 UND 18

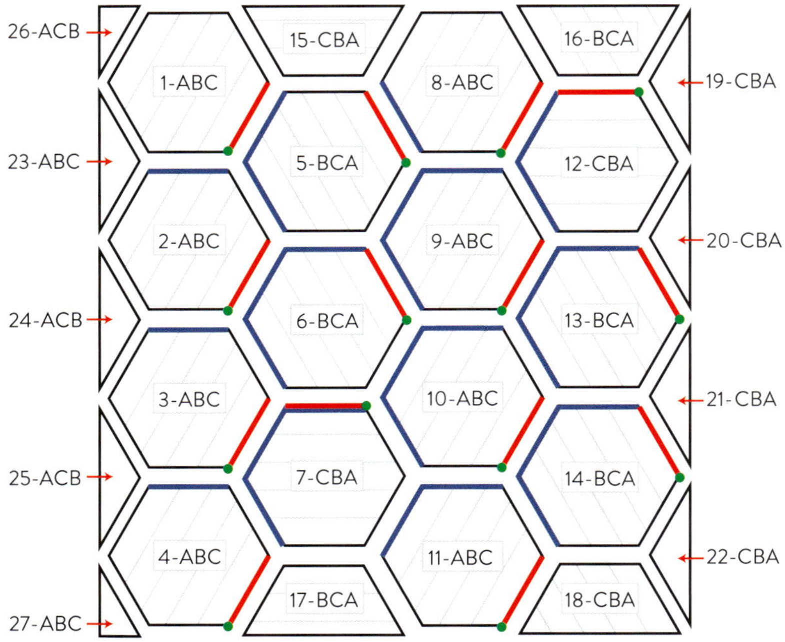

SCHEMATISCHE DARSTELLUNG

LEGENDE

1, 2, 3 … = Reihenfolge des Verbindens
A, B, C … = Farbe
Streifen = Ausrichtung des Lochmusters

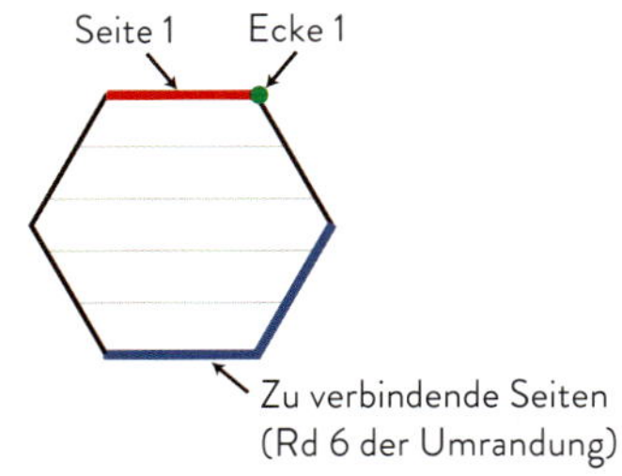

Die Seiten begradigen

Die Lücken an den Zickzackseiten mit den großen und kleinen Dreiecken wie folgt füllen:

Große Dreiecke (für Motiv 19–25)

Anmerkung: *4-mal häkeln mit Garn C als 1. Farbe, Garn B als 2. Farbe und Garn A als 3. Farbe. 2-mal häkeln mit Garn A als 1. Farbe, Garn C als 2. Farbe und Garn B als 3. Farbe. 1-mal häkeln mit Garn A als 1. Farbe, Garn B als 2. Farbe und Garn C als 3. Farbe.*

Reihe 1: Mit der mittleren Häkelnadel (5,5 mm) und der VS nach oben, das Garn in der 1. Farbe in die mittlere fM der 3 fM in der rechten Ecke der dreieckigen Lücke einhäkeln, 2 fM zus häkeln (s. Glossar) über die ersten 2 M, je 1 fM in die nächsten 29 M, 2 fM zus häkeln über die nächste fM desselben Achtecks und die 1. fM des nächsten Achtecks, je 1 fM in die nächsten 29 M, 2 fM zus häkeln über die nächsten 2 M, wenden.

Reihe 2: 3 st Stb zus häkeln (s. Glossar) über die ersten 3 M, je 1 Stb in die nächsten 25 M, 3 Stb zus häkeln über die nächsten 3 M, je 1 Stb in die nächsten 25 M, 5 Stb zus häkeln (s. Glossar) über die nächsten 5 M, wenden.

Reihe 3: 2 fM zus häkeln über die ersten 2 M, je 1 fM in die nächsten 23 M, 3 fM zus häkeln (s. Glossar) über die nächsten 3 M, je 1 fM in die nächsten 23 M, 2 fM zus häkeln über die nächsten 2 M, nicht wenden. Das Garn befestigen.

Reihe 4: Mit der VS nach oben das Garn in der 2. Farbe mit 1 Km in die 1. M einhäkeln, 2 fM zus häkeln über die ersten 2 M, je 1 fM in die nächsten 21 M, 3 fM zus häkeln über die nächsten 3 M, je 1 fM in die nächsten 21 M, 2 fM zus häkeln über die nächsten 2 M, wenden.

Reihe 5: 3 st Stb zus häkeln über die ersten 3 M, je 1 Stb in die nächsten 18 M, 3 Stb zus häkeln über die nächsten 3 M, je 1 Stb in die nächsten 18 M, 3 Stb zus häkeln über die nächsten 3 M, wenden.

Reihe 6: 2 fM zus häkeln über die ersten 2 M, je 1 fM in die nächsten 16 M, 3 fM zus häkeln über die nächsten 3 M, je 1 fM in die nächsten 16 M, 2 fM zus häkeln über die nächsten 2 M, nicht wenden. Das Garn befestigen.

Reihe 7: Zur größeren Häkelnadel (6 mm) wechseln und mit der VS nach oben das Garn in der 3. Farbe mit 1 Km in die 1. M einhäkeln, 2 fM zus häkeln über die ersten 2 M, je 1 fM in die nächsten 14 M, 3 fM zus häkeln über die nächsten 3 M, je 1 fM in die nächsten 14 M, 2 fM zus häkeln über die letzten 2 M, wenden.

Reihe 8: 4 st Stb zus häkeln (s. Glossar) über die ersten 4 M, je 1 Stb in die nächsten 10 M, 3 Stb zus häkeln über die nächsten 3 M, je 1 Stb in die nächsten 10 M, 4 Stb zus häkeln über die letzten 4 M, wenden.

Reihe 9: 4 st Stb zus häkeln über die ersten 4 M, je 1 Stb in die nächsten 6 M, 3 Stb zus häkeln über die nächsten 3 M, je 1 Stb in nächsten 6 M, 4 Stb zus häkeln über die letzten 4 M, wenden.

Reihe 10: 4 st Stb zus häkeln über die ersten 4 M, 1 Stb in die nächste M, 5 Stb zus häkeln über die nächsten 5 M, 1 Stb in die nächste M, 4 Stb zus häkeln über die letzten 4 M, wenden.

Reihe 11: 5 fM zus häkeln (s. Glossar) über die ersten 5 M. Das Garn befestigen.

Kleines Dreieck 26

Reihe 1: Mit der mittleren Häkelnadel (5,5 mm) und der VS nach oben Garn A in der mittleren fM der 3 fM in der Ecke der rechten Dreieckslücke einhäkeln, 2 fM zus häkeln über die ersten 2 M, je 1 fM in die nächsten 29 M, 2 fM zus häkeln über die letzten 2 M, wenden – *31 M.*

Reihe 2: 3 st Stb zus häkeln über die ersten 3 M, je 1 Stb in die nächsten 25 M, 3 Stb zus häkeln über die letzten 3 M, wenden – *27 M.*

Reihe 3: 2 fM zus häkeln über die ersten 2 M, je 1 fM in die nächsten 23 M, 2 fM zus häkeln über die letzten 2 M. Das Garn befestigen. – *25 M.*

Reihe 4: Mit der VS nach oben Garn C mit 1 Km in die 1. M einhäkeln, 2 fM zus häkeln über die ersten 2 M, je 1 fM in die nächsten 21 M, 2 fM zus häkeln über die letzten 2 M, wenden – *23 M.*

Reihe 5: 3 st Stb zus häkeln über die ersten 3 M, je 1 Stb in die nächsten 18 M, 2 Stb zus häkeln (s. Glossar) über die letzten 2 M, wenden – *20 M.*

Reihe 6: 2 fM zus häkeln über die ersten 2 M, je 1 fM in die nächsten 16 M, 2 fM zus häkeln über die letzten 2 M – *18 M.* Das Garn befestigen.

Reihe 7: Zur größeren Nadel (6 mm) wechseln und mit der VS nach oben Garn B mit 1 Km in die 1. M einhäkeln, 2 fM zus häkeln über die ersten 2 M, je 1 fM in die nächsten 14 M, 2 fM zus häkeln über die nächsten 2 M, wenden – *16 M.*

Reihe 8: 4 st Stb zus häkeln über die ersten 4 M, je 1 Stb in die nächsten 10 M, 2 Stb zus häkeln über die nächsten 2 M, wenden – *12 M.*

Reihe 9: 2 st Stb zus häkeln über die nächsten 2 M, je 1 Stb in die nächsten 6 M, 4 Stb zus häkeln über die nächsten 4 M, wenden – *8 M.*

Reihe 10: 4 st Stb zus häkeln über die nächsten 4 M, 1 Stb in die nächste M, 3 Stb zus häkeln über die nächsten 3 M, wenden – *3 M.*

Reihe 11: 3 fM zus häkeln über die ersten 3 M – *1 M.* Das Garn befestigen.

Kleines Dreieck 27

Reihe 1: Mit der mittleren Häkelnadel (5,5 mm) und der VS nach oben Garn A in die mittlere fM der 3 fM in der Ecke der rechten Dreieckslücke einhäkeln, 2 fM zus häkeln über die ersten 2 M, je 1 fM in die nächsten 29 M, 2 fM zus häkeln über die letzten 2 M, wenden – 31 M.

Reihe 2: 3 st Stb zus häkeln über die ersten 3 M, je 1 Stb in die nächsten 25 M, 3 Stb zus häkeln über die letzten 3 M, wenden – 27 M.

Reihe 3: 2 fM zus häkeln über die ersten 2 M, je 1 fM in die nächsten 23 M, 2 fM zus häkeln über die letzten 2 M – *25 M.* Das Garn befestigen.

Reihe 4: Mit der VS nach oben Garn B mit 1 Km in die 1. M einhäkeln, 2 fM zus häkeln über die ersten 2 M, je 1 fM in die nächsten 21 M, 2 fM zus häkeln über die letzten 2 M, wenden – *23 M.*

Reihe 5: 2 st Stb zus häkeln über die ersten 2 M, je 1 Stb in die nächsten 18 M, 3 Stb zus häkeln über die letzten 3 M, wenden – *20 M.*

Reihe 6: 2 fM zus häkeln über die ersten 2 M, je 1 fM in die nächsten 16 M, 2 fM zus häkeln über die letzten 2 M – *18 M.* Das Garn befestigen.

Reihe 7: Zur größten Häkelnadel (6 mm) wechseln und die VS nach oben halten, Garn B mit 1 Km in die 1. M einhäkeln, 2 fM zus häkeln über die ersten 2 M, je 1 fM in die nächsten 14 M, 2 fM zus häkeln über die letzten 2 M, wenden – *16 M.*

Reihe 8: 2 st Stb zus häkeln über die ersten 2 M, je 1 Stb in die nächsten 10 M, 4 Stb zus häkeln über die letzten 4 M, wenden – *12 M.*

Reihe 9: 4 st Stb zus häkeln über die ersten 4 M, je 1 Stb in die nächsten 6 M, 2 Stb zus häkeln über die letzten 2 M, wenden – *8 M.*

Reihe 10: 3 st Stb zus häkeln über die ersten 3 M, 1 Stb in die nächste M, 4 Stb zus häkeln über die letzten 4 M, wenden – *2 M.*

Reihe 11: 3 fM zus häkeln über die ersten 3 M – *1 M.* Das Garn befestigen.

Die Decke ist nun zum Rechteck begradigt und bereit für die Borte.

Borte

Runde 1: Mit der VS nach oben und der mittleren Häkelnadel (5,5 mm) Garn A in einer Ecke einhäkeln, 3 fM in dieselbe M, fM gleichmäßig rundherum häkeln, dabei darauf achten, dieselbe Maschenanzahl in die gegenüberliegenden Seiten des Werkstücks zu häkeln, 3 fM in jd Ecke, die Rd mit 1 Km in die 1. fM schließen.

Runde 2: Von links nach rechts im Krebsstich (s. Glossar) in jd M rundherum, die Rd mit 1 Km in den 1. Krebsstich beenden.

Anmerkung: *Keine zusätzlichen M in die Ecken häkeln, um eine ordentliche, abgerundete Ecke zu erhalten. Das Garn befestigen und die Enden vernähen.*

KAPITEL 6

Quilten

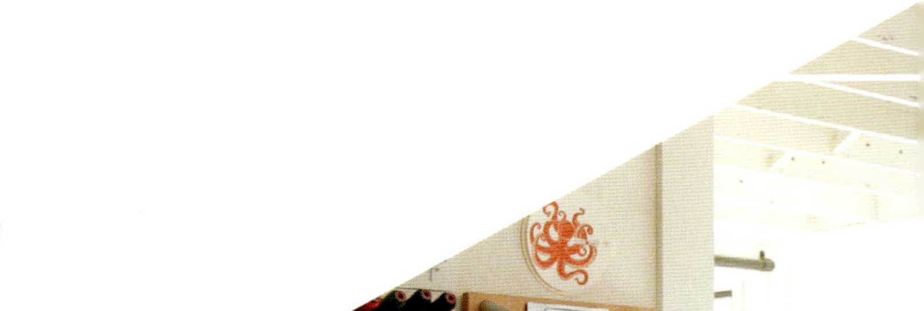

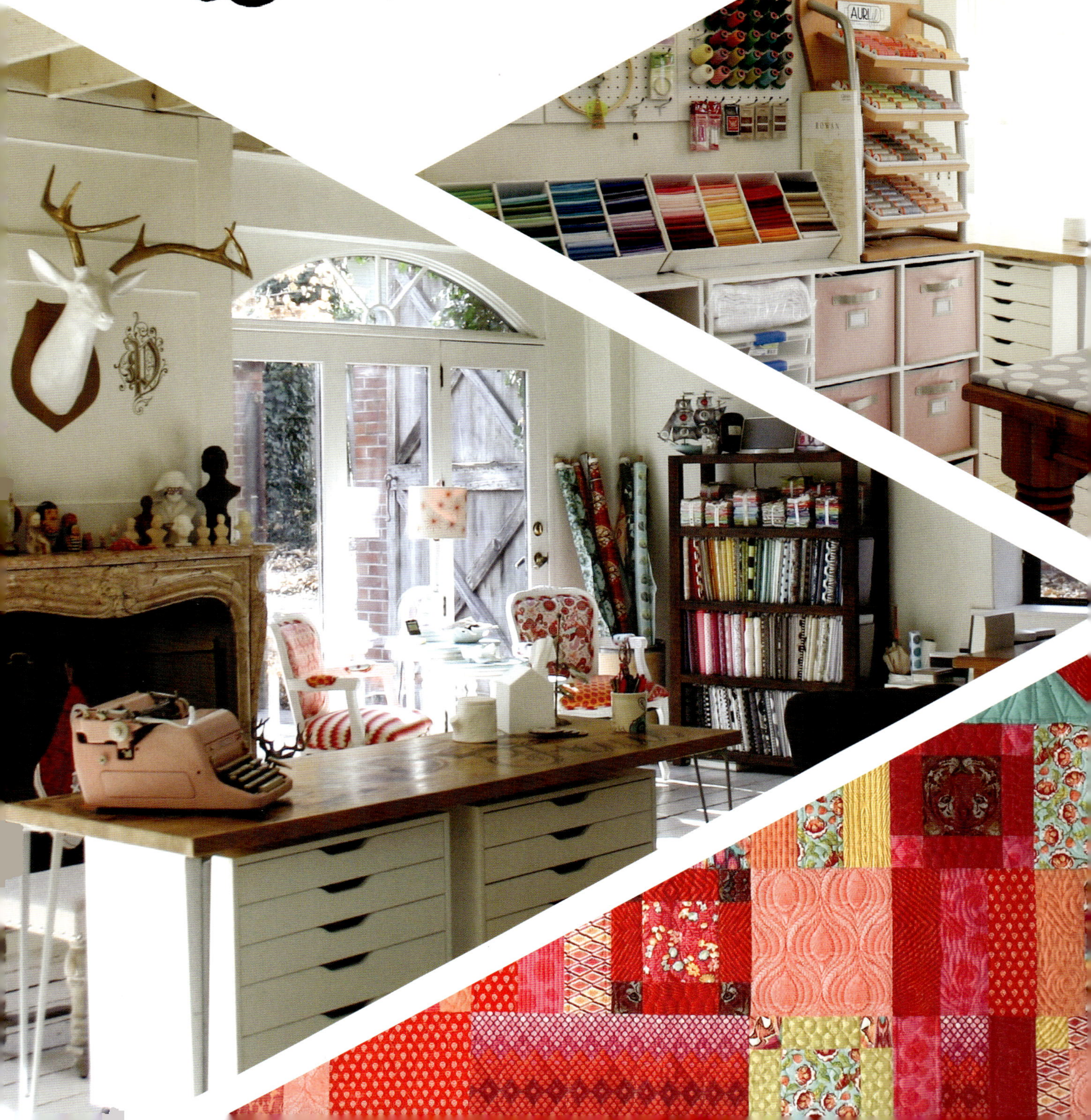

TULA PINK

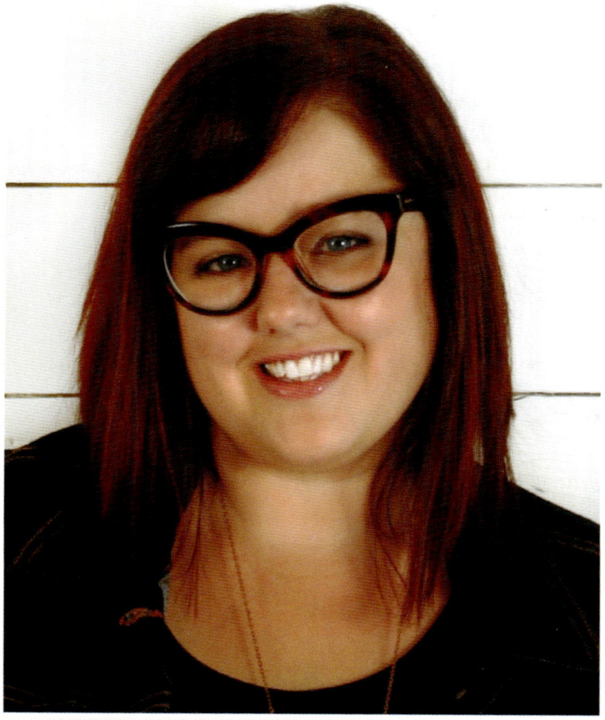

DIE KÜNSTLERIN

Tula Pink ist eine einflussreiche Quilt-Designerin, die in einer kleinen Stadt außerhalb von Kansas City in Missouri lebt. Wenn Sie nicht gerade ihre Talente einsetzt, um Designstoffkollektionen zu gestalten, als Botschafterin für Bernina-Nähmaschinen zu arbeiten und Kollektionen für Aurifil-Garne und Renaissance Ribbons zu entwickeln, findet man sie beim Niederschreiben beliebter Patchworkmuster – oder dabei, ihre Entwürfe auf Reisen zu schicken. Tula tourt durch die Welt und stellt ihre Arbeit auf Patchwork-Messen vor. Sie ist als Senior Designerin bei *Moda Fabrics* und *FreeSpirit Fabrics* ebenso eine der wichtigsten Einflussnehmerinnen der Industrie.

DIE INSPIRATION

Die gemütliche und warme Tradition des Quiltens ist für mich schon mein ganzes Häkelleben über eine riesige Quelle visueller Inspiration. Für mich ist jedes Patchworkquadrat wie eine Mini-Studie über Geometrie und Bewegung und oft verschmelze ich diese Designelemente bei meiner Häkelkunst in dem Versuch, die Textilindustrie zu beeinflussen und dabei zu helfen, frisch zu bleiben und sich zu entwickeln. Vor allem Tula Pink inspiriert mich unaufhörlich, denn ihre kräftige, strahlende Farbwahl und die lauten, kraftvollen Designs haben sie zu einer beständigen, starken Kraft in den Arenen des Quiltens und des Stoffdesigns gemacht.

Auch wenn das Quilten etwas ist, was ich immer einmal ausprobieren wollte (und ich habe eine verstaubte Kiste mit zugeschnittenem Stoff und Patchworkmaterialien, die das beweisen), konnte ich niemals meine Häkelnadel lang genug ablegen, um ihm eine faire Chance zu geben.

Glücklicherweise ist das Häkeln selbst hervorragend geeignet, um die Aspekte des Quiltens zu erkunden. In *Ombré-Streifen*, das von Tula Pinks *Shoreline-Patchwork* inspiriert ist, spiele ich mit „pingeligen Schnitttechniken“. Beim Quilten zeichnet diese Technik einen bestimmten Bereich eines Stoffstücks aus. Ich habe dies in graduierende Garne an bestimmten Stellen übersetzt, um ein opulentes Deckendesign zu ersinnen. *Sonnenaufgang über der Stadt* baut traditionelle Patchwork-Muster wie Fliegende Gänse und das 9er-Patch, wie sie in dem inspirationsgebenden Werk *Flower Market* zu sehen sind. *Süßer Frühling,* mein Wink an eines meiner liebsten Muster von Tula, nämlich *The Butterfly,* bietet die Chance, sich dem entschleunigten Genuss des Nähens per Hand hinzugeben.

ANMERKUNG

Die Decke wird in Streifen gefertigt, die während des Häkelns miteinander mit der Join-As-You-Go-Technik verbunden werden. Streifen 1 wird vollständig gehäkelt, dann werden die Streifen 2–18 gehäkelt und simultan an der linken Seite, wie im Muster angegeben, an den zuvor fertiggehäkelten Streifen angehäkelt. Die schematische Darstellung zeigt, welche Farben Sie für die sieben Abschnitte eines jeden Streifens benutzen müssen. Jeder Streifen beginnt und endet mit Farbe A oder B, die penibelst zugeschnitten werden, um die Wirkung des Ombré-Effekts in diesem Werkstück zu kontrollieren.

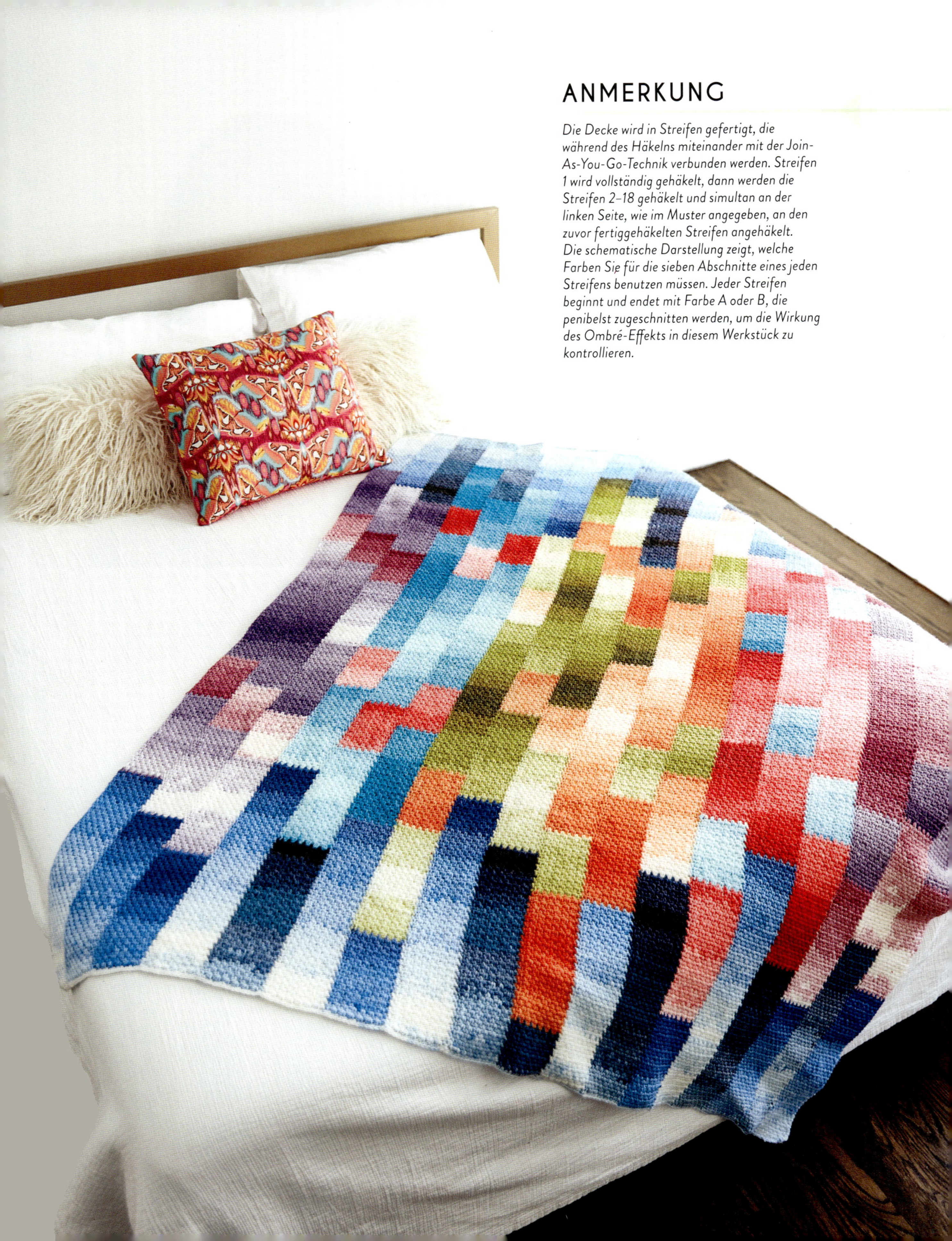

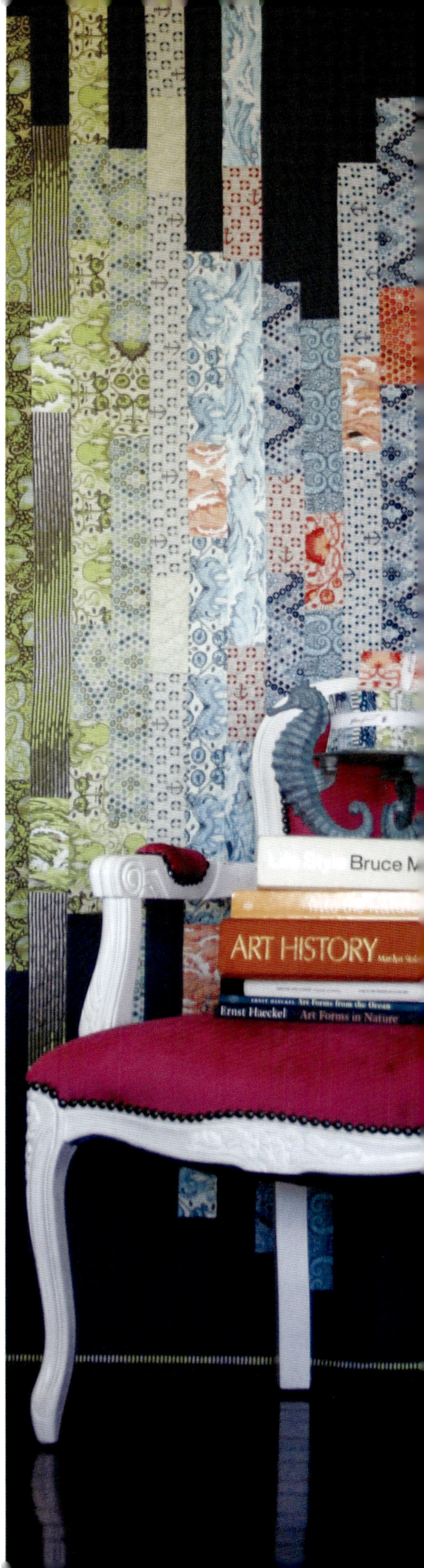

Shoreline by Tula Pink

OMBRÉ-Streifen

Wenn ich einen Quilt sehe, der sich in meinem Kopf so leicht ins Häkeln übersetzen lässt, muss ich ihn fast immer sofort und auf der Stelle auf die Häkelnadel bekommen. Tula Pinks *Shoreline* hat mich ans Designbrett zitiert und mich ausknobeln lassen, wie ich diese schönen Ton-in-Ton-Farbspektren einfließen lassen könnte. Während ich online durch dutzende Garne blätterte (einer meiner liebsten Zeitvertreibe) entdeckte ich Kamgarn-Papatya-Batik-Garn, das Monochrompaletten mit langen Farbverläufen anbietet. Es gibt viele andere Garne wie diese auf dem Markt; suchen Sie sich einfach Ihren Favoriten aus und Sie können ebenso tagträumen, wie Sie mit einer ganzen Palette Ombréstoffen an dieser Patchworkatrappe arbeiten.

GRÖSSE BEI FERTIGSTELLUNG

132 × 168 cm

GARN

DK-Garn (leichtes Kammgarn)

Hier gezeigt: Kamgarn Papatya Batik (100 % Acryl; 360 m/100 g): #554-10 (A), #554-19 (B), #554-04 (C), #554-05 (D), #554-07 (E), #554-03 (F), #554-06 (G), #554-08 (H), je 2 Knäuel.

HÄCKELNADELN

5 mm

5,5 mm

Falls notwendig, passen Sie die Nadelstärke an, um die gleiche Maschenprobe zu erhalten.

WEITERE MATERIALIEN

Sticknadel

MASCHENPROBE

Jeder Streifen (14 M) = 7,5 cm breit; 17 Reihen = 10 cm im Muster, gehäkelt mit der größeren Häkelnadel (5,5 mm), gespannt.

Garn in Farbe A und B vorbereiten

Diese Garnknäuel haben lange Farbverläufe, von dunkleren Nuancen der Farbe bis hin zu Weiß.
Um den Verblassungseffekt am oberen und unteren Ende der Decke zu erhalten und die Farben in der Mitte richtig hervorstechen zu lassen, bereiten Sie das Garn vor, bevor Sie mit der Decke beginnen: Entfernen Sie die Banderolen der Knäuel und nehmen Sie das lose Ende des Garns in die Hand. Wickeln Sie das Garn zu einem kleinen Knäuel auf und achten Sie darauf, dass Ihre Farbe nach und nach entweder heller oder dunkler wird.

Wenn Sie etwa in der Mitte der stärksten Farbe angelangt sind, sei es nun der dunkelste oder der hellste Farbton, schneiden Sie das Garn ab und wickeln das Knäuel auf. Nun wickeln Sie ein neues Knäuel auf, behalten dabei den Farbwechsel im Auge und schneiden das Garn in der Mitte des stärksten Farbtons ab. Auf diese Weise fortfahren, bis das gesamte Knäuel verbraucht ist, dann ebenso mit dem Rest der Farben A und B verfahren. Ihr penibel zugeschnittenes Garnknäuel ist in etwa golfballgroß. Einige sind außen weiß, andere zeigen den dunkelsten Farbton. Sortieren Sie die Knäuel in weiße und dunkle Knäuel. Beginnen Sie jeden Streifen an der Unterkante (Abschnitt 1) mit dem Knäuel vom weißen Haufen und beenden Sie jeden Streifen (Abschnitt 7) mit dem Knäuel vom dunklen Haufen, um den „ausgewaschenen" Effekt an Ober- und Unterkante zu erhalten.

Streifen 1

Abschnitt 1

Reihe 1 (VS): Mit Garn A und der kleineren Häkelnadel (5 mm) 15 Lm, 1 fM in die 3. Lm von der Nadel (Wm zählt als 1 Lm-Bg), * 1 Lm, 1 Lm ausl, 1 fM in die nächste Lm; wdh ab * bis zum Ende der Reihe, wenden – *7 fM; 7 Lm-Bg.*

Reihe 2 und 3: * 1 Lm (zählt als 1 Lm-Bg), 1 fM in den nächsten Lm-Bg; wdh ab * bis zum Ende der Reihe, wenden – *7 fM; 7 Lm-Bg.*

Reihen 4–50: Zur größeren Häkelnadel wechseln (5,5 mm), Reihe 2 wdh. Das Garn befestigen.

Abschnitt 2

Mit der VS nach oben Garn C mit 1 Km in die 1. fM einhäkeln. Reihe 2 für 36 Reihen wdh. Das Garn befestigen.

Abschnitt 3

Mit der VS nach oben Garn H mit 1 Km in die 1. fM einhäkeln. Reihe 2 für 20 Reihen wdh. Das Garn befestigen.

Abschnitt 4

Mit der VS nach oben Garn C mit 1 Km in die 1. fM einhäkeln. Reihe 2 für 72 Reihen wdh. Das Garn befestigen.

Abschnitt 5

Mit der VS nach oben Garn H mit 1 Km in die 1. fM einhäkeln. Reihe 2 für 20 Reihen wdh. Das Garn befestigen.

Abschnitt 6

Mit der VS nach oben Garn C mit 1 Km in die 1. fM einhäkeln. Reihe 2 für 36 Reihen wdh. Das Garn befestigen.

Abschnitt 7

Mit der VS nach oben Garn A mit 1 Km in die 1. fM einhäkeln. Reihe 2 für 50 Reihen wdh – insgesamt 284 Reihen. Das Garn befestigen.

MASCHENKUNDE

⬭ = Luftmasche (Lm)

+ = feste Masche (fM)

= Durchziehen der Schlinge zum Verbinden (DSV)

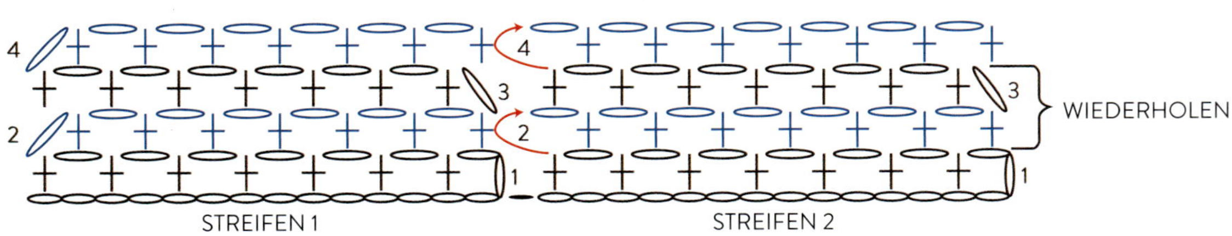

DIAGRAMM ZUM ANEINANDERFÜGEN DER STREIFEN

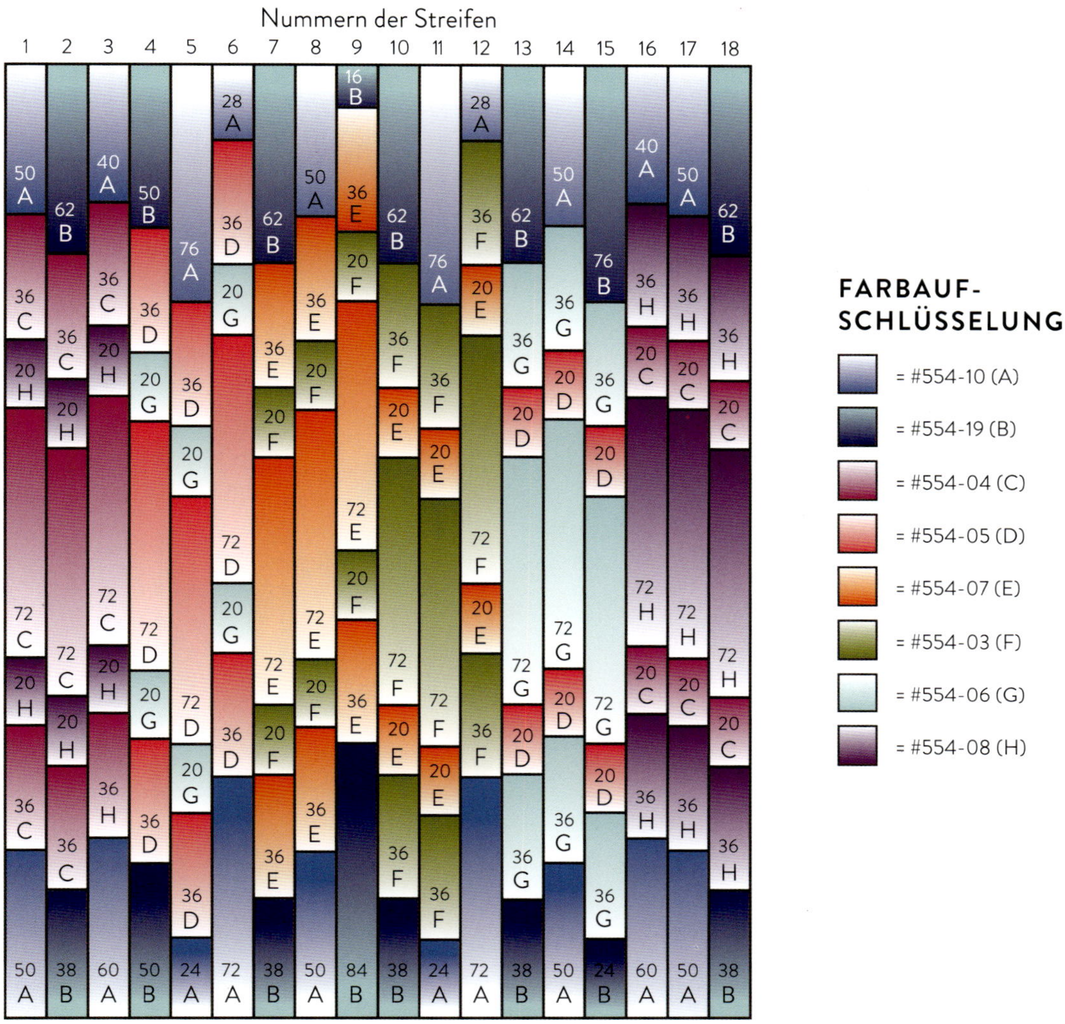

SCHEMATISCHE DARSTELLUNG

Streifen 2–18

Anmerkung: *Benutzen Sie die schematische Darstellung als Leitfaden, um zu sehen, welche Farben für jeden Streifen verwendet werden sollten. Streifen 1 befindet sich auf der linken Seite der Darstellung. Wechseln Sie die Nadeln wie in Abschnitt 1 des 1. Streifens angegeben.*

Reihe 1: Mit der kleineren Häkelnadel (5 mm) das Garn in der 1. Farbe (A oder B, wie dargestellt) mit 1 Km in die untere rechte Ecke des vorigen Streifens einhäkeln, 15 Lm, Reihe 1 von Streifen 1 wdh.

Reihe 2: Die RS der Arbeit sollte nach oben zeigen. Bevor Sie die Reihe beginnen, ziehen Sie die Häkelnadel aus der Schlinge, stechen die Nadel von vorne nach hinten durch die letzte fM von Reihe 2 des fertigen Streifens, schieben Sie die Schlinge wieder zurück auf die Nadel und ziehen Sie sie zum Verbinden (DSV, siehe Techniken) auf die VS der Arbeit durch. * 1 Lm, 1 fM in den nächsten Lm-Bg; wdh ab * bis zum Ende der Reihe, wenden.

Reihe 3: * 1 Lm, 1 fM in den nächsten Lm-Bg; wdh ab * bis zum Ende der Reihe, wenden.

Reihe 4–284: Im Muster weiterhäkeln und mit DSV am Beginn jeder geradzahligen Reihe den Streifen während des Häkelns anfügen. Wechseln Sie die Farben anhand der schematischen Darstellung und häkeln Sie mit den durch Buchstaben und Reihennummern angegebenen Farben.

TIPP

Vernähen Sie die Enden noch während der Arbeit, um es sich am Ende leichter zu machen, da diese Arbeit keine Borte erhält. Haben Sie Freude an den unverarbeiteten Kanten!

ANMERKUNG

Diese Decke besteht aus 56 im Überwendlingsstich aneinandergefügten Blöcken.

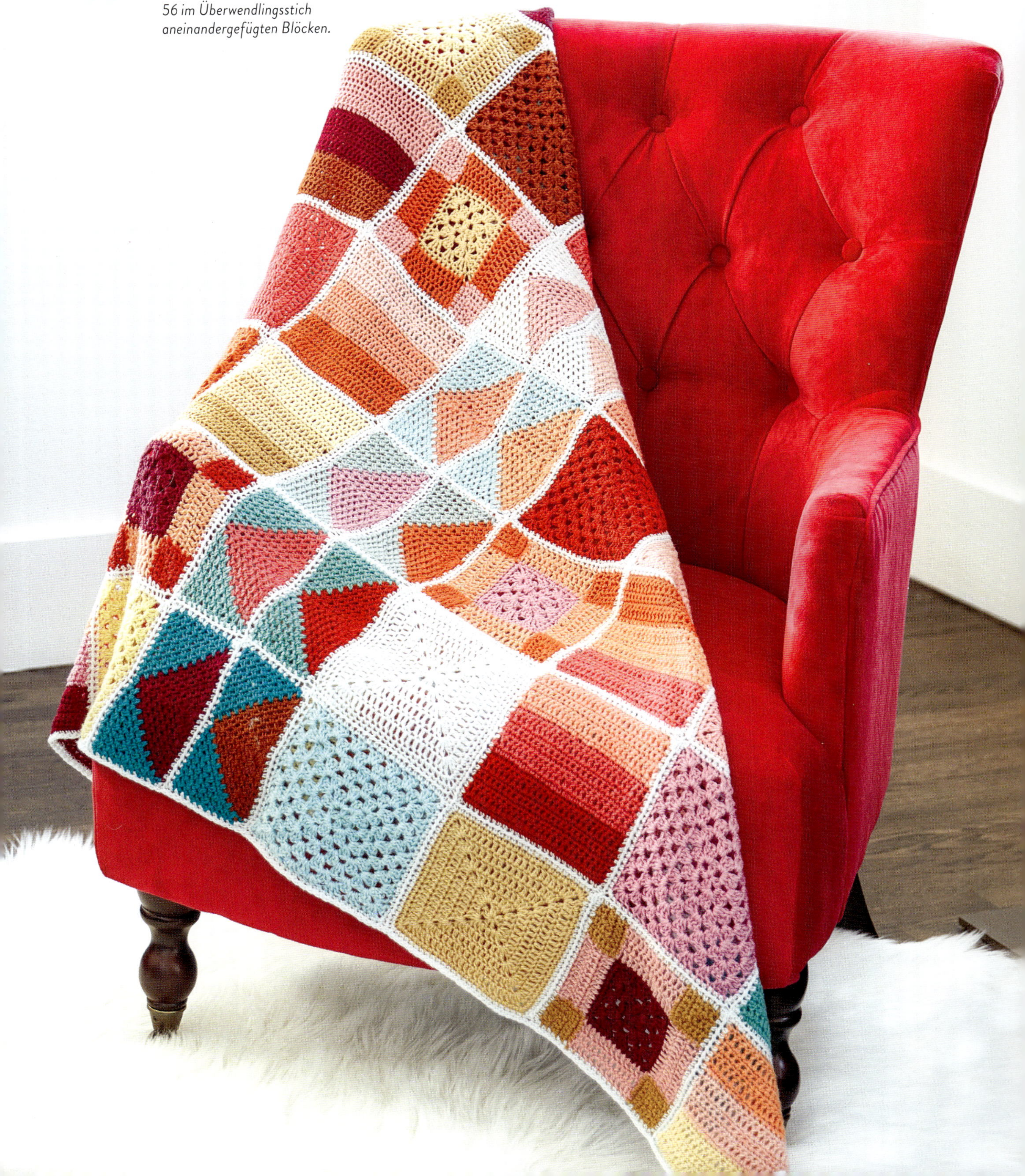

Flower Market von Tula Pink

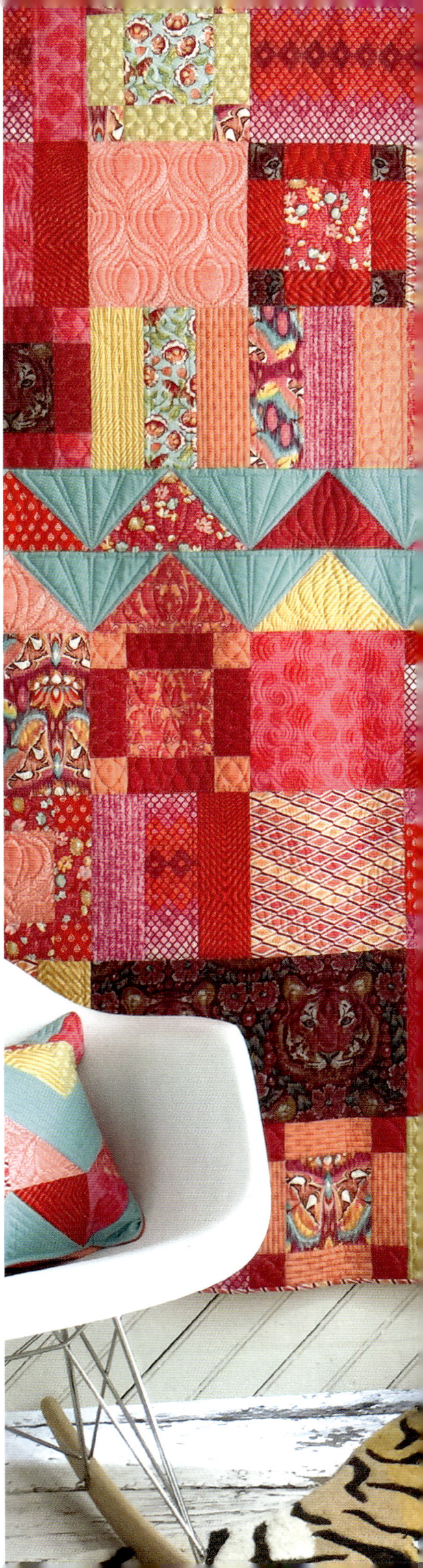

SONNENAUFGANG über der Stadt

Die Inspiration für dieses farbenfrohe und fröhliche Werkstück fand ich in *Flower Market* von Tula Pink, einer Patchworkdecke, für die sie die satten, sonnigen Farbtöne ihrer Stofflinie Eden verwendet. Sie fühlen sich wie eine richtige Quilterin, wenn sie die 9er-Patches und die Fliegenden Gänse häkeln. Das ist Maschenarbeit per Hand in Perfektion!

GRÖSSE BEI FERTIGSTELLUNG

99 × 112 cm

GARN

Sportgarn (fein)

Hier gezeigt: Knit Picks Palette (100 % Peruanische Hochlandwolle; 200 m/ 50 g): #25548 Clarity (A), 4 Knäuel; #26044 Wonderland Heather (B), #25549 Sagebrush (C), #25094 Tranquil (D), #25547 Marina (E), #24558 Custard (F), #25086 Safflower (G), #24252 Cornmeal (H), #24251 Turmeric (I), #24569 Cotton Candy (J), #23721 Hyacinth (K), #24568 Cosmopolitan (L), #24553 Serrano (M), #25089 Regal (N), #24570 Blossom Heather (O), #24555 Mai Tai Heather (P), #24557 Conch (Q), #26057 Cayenne (R), #24248 Masala (S), je 1 Knäuel.

HÄKELNADEL

3,75 mm

Falls notwendig, passen Sie die Nadelstärke an, um die gleiche Maschenprobe zu erhalten.

WEITERE MATERIALIEN

Sticknadel

MASCHENPROBE

Die ersten 5 Rd von Block 1 = 10 × 10 cm, nicht gespannt.

MASCHENKUNDE

Zunahme (Zun)
(1 fM, 1 Lm, 1 fM) in dieselbe M oder denselben Lm-Bg wie angegeben.

Block 1: Granny Square (10-mal häkeln)

Anmerkung: *Halten Sie sich an die schematische Darstellung für die Farben.*

Runde 1 (VS): 3 Lm, 1 Km in die 3. Luftmasche von der Nadel, um einen Ring zu bilden, 1 st Stb (s. Glossar) in den Ring, (3 Lm, 3 Stb) 3-mal in den Ring, 3 Lm, 2 Stb in den Ring, die Rd mit 1 Km auf das st Stb beenden, wenden.

Runde 2 (RS): 1 Km in den 1. Lm-Bg, (1 st Stb, 3 Lm, 3 Stb) in den 1. Lm-Bg, (3 Stb, 3 Lm, 3 Stb) in jd der nächsten 3 Lm-Bg, 2 Stb in den 1. Lm-Bg in der Ecke, um die Ecke fertigzustellen, die Rd mit 1 Km auf das st Stb schließen, wenden.

Runde 3 (Musterrunde) (VS): 1 Km in den 1. Lm-Bg, (1 st Stb, 3 Lm, 3 Stb) in den 1. Lm-Bg, * je 3 Stb zw alle Mg aus 3 Stb bis zum nächsten Lm-Bg in der Ecke **, (3 Stb, 3 Lm, 3 Stb) in den Lm-Bg in der Ecke; wdh ab * rundherum, die letzte Wdh bei ** beenden, 2 Stb in den 1. Lm-Bg in der Ecke, um die Ecke fertigzustellen, die Rd mit 1 Km auf das st Stb beenden, wenden.

Runde 4–7: Rd 3 wdh, die Arbeit am Ende jd Rd wenden. Das Garn befestigen.

Block 2: Massives Granny Square (10-mal häkeln)

Anmerkung: *Halten Sie sich an die schematische Darstellung für die Farben.*

Runde 1 (VS): 3 Lm, 1 Km in die 3. Luftmasche von der Häkelnadel, um einen Ring zu bilden, 1 st Stb in den Ring, (3 Lm, 3 Stb) 3-mal in den Ring, 3 Lm, 2 Stb in den Ring, die Rd mit 1 Km auf das st Stb beenden.

Runde 2 (Musterrunde): (1 st Stb, 2 Lm, 2 Stb) in den 1. Lm-Bg, * je 1 Stb in jd M bis zum nächsten Lm-Bg **, (2 Stb, 2 Lm, 2 Stb) in den nächsten Lm-Bg; wdh ab * rundherum, die letzte Wdh bei ** beenden, 1 Stb in die 1. Ecke, um die Ecke fertigzustellen, die Rd mit 1 Km auf das st Stb beenden.

Runde 3–6: Rd 2 wdh.

Runde 7: 1 Km in den 1. Lm-Bg, * 3 fM in den Lm-Bg in der Ecke, je 1 fM in jd M bis zum nächsten Lm-Bg in der Ecke; wdh ab * rundherum, die Rd mit 1 Km in die 1. fM beenden. Das Garn befestigen.

Block 3: Gestreiftes Quadrat (17-mal häkeln)

Anmerkung: *Dieser Block wird mit drei Farben gehäkelt. Halten Sie sich an die schematische Darstellung für die Farben und beachten Sie, dass sie von links nach rechts nummeriert sind: 1. Farbe, 2. Farbe und 3. Farbe.*

Reihe 1 (VS): Mit der 1. Farbe 27 Lm häkeln, 1 fM in die 3. Lm von der Nadel (Wm zählt als 1 fM), je 1 fM in jd Lm bis zum Ende der Reihe, wenden – *26 fM.*

Reihe 2: 1 st Stb in die 1. M, 1 Stb in jd M bis zum Ende der Reihe, wenden – *26 Stb.*

Reihe 3–5: Je 1 fM in jd M bis zum Ende der Reihe, wenden.

Reihe 6: Reihe 2 wdh.

Reihe 7: Reihe 3 wdh. Das Garn befestigen.

Reihe 8: Mit der RS nach oben das Garn in der 2. Farbe in die 1. M einhäkeln, Reihe 3 wdh.

Reihe 9–14: Reihe 2–7 wdh.

Reihe 15: Mit der VS nach oben das Garn in der 3. Farbe in die 1. M einhäkeln, Reihe 3 wdh.

Reihe 16–21: Reihe 2–7 wdh. Das Garn befestigen.

Block 4: 9er-Patch (14-mal häkeln)

Anmerkung: *Dieser Block wird mit drei Farben gehäkelt. Halten Sie sich für die Farbe an die schematische Darstellung und beachten Sie, dass diese in der Reihenfolge ihrer Verwendung durchnummeriert sind. Verwenden Sie das Diagramm des 9er-Patches als Leitfaden, wenn nötig.*

Quadrat in der Mitte

Runde 1–3: Mit dem Garn in der 1. Farbe wie Block 1 bis Rd 3 häkeln, die Arbeit nach Rd 3 nicht wenden.

Runde 4: Mit der VS nach oben 1 Km in den 1. Lm-Bg, * 3 fM in den Lm-Bg, je 1 fM in jd M bis zum nächsten Lm-Bg in der Ecke; wdh ab * rundherum, die Rd mit 1 Km in die 1. fM schließen. Das Garn befestigen.

Seitenrechteck

Reihe 1: Mit der VS nach oben das Garn in der 2. Farbe mit 1 Km in eine fM in der Ecke des mittleren Quadrats einhäkeln, 1 st Stb in dieselbe M, je 1 Stb in jd M bis zur nächsten fM in der Ecke, wenden – *13 Stb.*

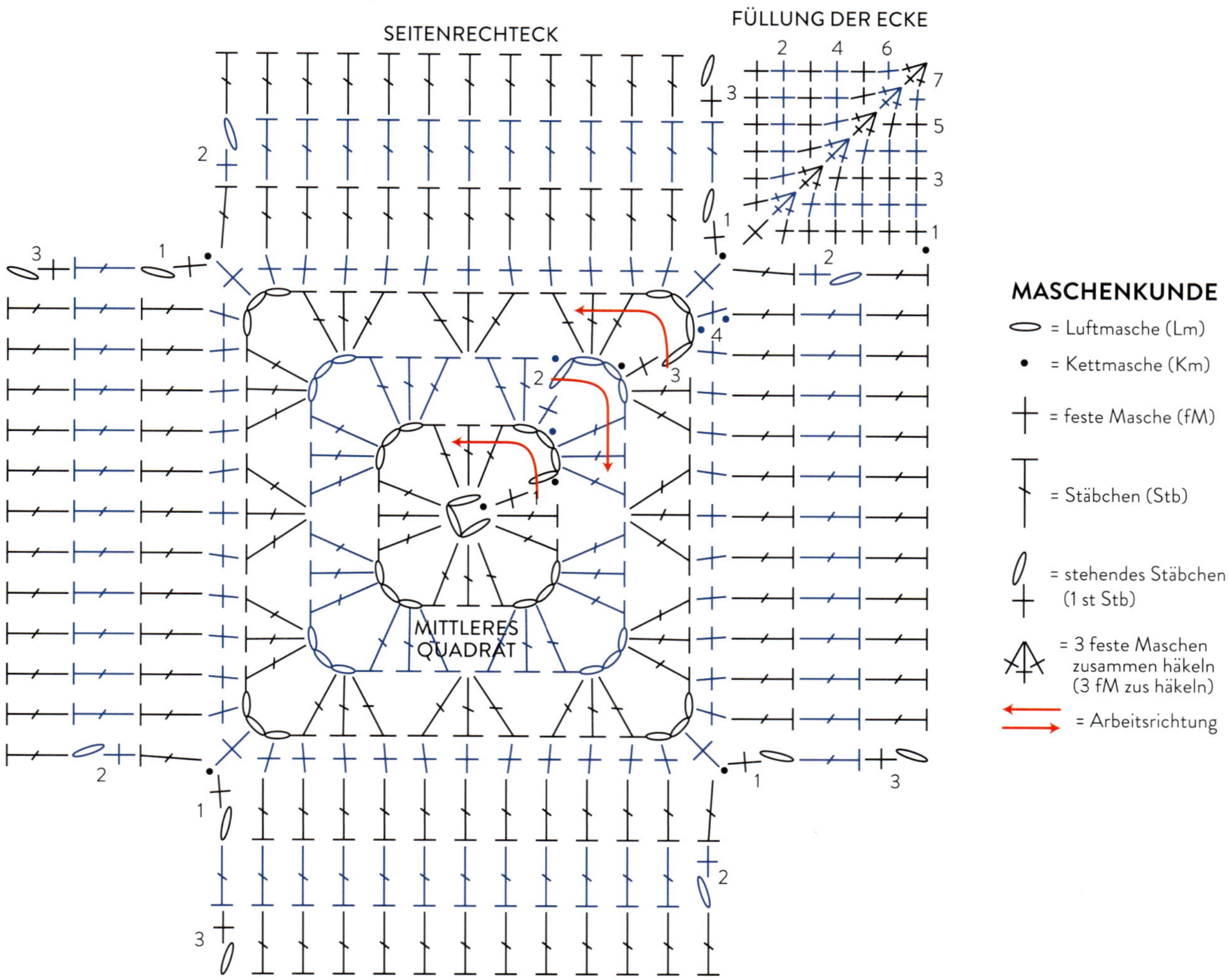

HÄKELDIAGRAMM FÜR DEN 9ER-PATCH

Reihe 2 und 3: 1 st Stb, je 1 Stb in jd M bis zum Ende der Reihe, wenden. Das Garn befestigen. Das Seitenrechteck an den restl 3 Seiten des mittleren Quadrats wdh.

Die Ecke füllen

Reihe 1: Mit der VS nach oben das Garn in der 3. Farbe mit 1 Km auf das letzte Stb an einem Seitenrechteck einhäkeln, 1 fM an dieselbe Stelle, weitere 5 fM gleichmäßig entlang der Seite desselben Seitenrechtecks häkeln, 1 fM in die mittlere fM aus Rd 4 des mittleren Quadrats, 6 fM gleichmäßig entlang der nächsten Seite des Rechtecks häkeln, wenden – *13 fM*.

Reihe 2: Je 1 fM in die ersten 5 M, 3 fM zus häkeln (s. Glossar) über die nächsten 3 M, je 1 fM in jd der letzten 5 M, wenden.

Reihe 3–5: Je 1 fM in jd M bis 1 M vor der Abnahme in der Mitte, 3 fM zus häkeln über die nächsten 3 M, je 1 fM in jd verbliebene M bis zum Ende der Reihe, wenden.

Reihe 6: 1 fM in die 1. M, 3 fM zus häkeln über die nächsten 3 M, 1 fM in die letzte M, wenden.

Reihe 7: 3 fM zus häkeln über die ersten 3 M. Das Garn befestigen.

Das Füllen der Ecke in jd der 3 restl 9er-Patches wdh. Die Enden vernähen.

Block 5: Fliegende Gänse (10-mal häkeln)

***Anmerkung:** Dies ist ein Rechteck. Zwei übereinandergelegte Blöcke ergeben ein Quadrat. Halten Sie sich für die Farben 1 und 2 an die schematische Darstellung und verwenden Sie das Häkeldiagramm für die Fliegenden Gänse als Leitfaden, falls notwendig.*

Hauptdreieck

Reihe 1 (VS): Mit der 1. Farbe 3 Lm, die Rd mit 1 Km in die 3. Lm von der Nadel schließen, um einen Ring zu bilden, (1 st Stb, 8 Stb) in den Ring, wenden – *9 Stb.*

Reihe 2: 1 Zun in die 1. M, (1 Lm, die nächste M ausl, 1 fM in die nächste M, 1 Lm, 1 M ausl, Zun in die nächste M) 2-mal, wenden.

Reihe 3–9: 1 Zun in die 1. M, * (1 Lm, 1 fM) in jd Lm-Bg bis zur nächsten Zun, 1 Lm, 1 Zun in den Lm-Bg der nächsten Zun; 1-mal wdh ab *, wenden. Am Ende der letzten Rd nicht wenden. Das Garn befestigen – *3 Zun; 16 fM; 18 Lm-Bg nach Reihe 9.*

Die Ecken füllen

Reihe 1 (VS): Mit der VS nach oben die 2. Farbe mit 1 Km in den Lm-Bg der 1. Zun in Reihe 9 einhäkeln, 1 fM in denselben Lm-Bg, (1 Lm, 1 fM) in jd der nächsten 10 Lm-Bg, dabei im Lm-Bg der nächsten Zun enden, wenden – *11 fM; 10 Lm-Bg.*

Reihe 2–10: 1 fM in den 1. Lm-Bg, (1 Lm, 1 fM) in jd Lm-Bg bis zum Ende der Reihe, wenden – *2 fM; 1 Lm-Bg am Ende von Reihe 10.*

Reihe 11: 1 fM in den nächsten Lm-Bg. Das Garn befestigen.

Mit der RS nach oben für die 2. Seite des Hauptdreiecks wdh.

Aneinanderfügen der Blöcke

Alle Blöcke mit 1 Rd aus fM mit Garn A vorbereiten, wie folgt:

Blöcke 1–4

Mit der VS nach oben Garn A mit 1 Km in einer Ecke einhäkeln, * 3 fM in den Lm-Bg in der Ecke, 24 fM gleichmäßig bis zur nächsten Ecke; wdh ab * rundherum, die Rd mit 1 Km in die 1. fM schließen. Das Garn befestigen.

Block 5

Mit der VS nach oben Garn A mit 1 Km in einer Ecke direkt vor einer langen Seite einhäkeln, * 3 fM in den Lm-Bg in der Ecke, 24 fM gleichmäßig bis zur nächsten Ecke, 3 fM in die M in der Ecke, 11 fM gleichmäßig bis zur nächsten Ecke an der kurzen Seite; 1-mal wdh ab *, die Rd mit 1 Km in die 1. fM schließen. Das Garn befestigen.

MASCHENKUNDE

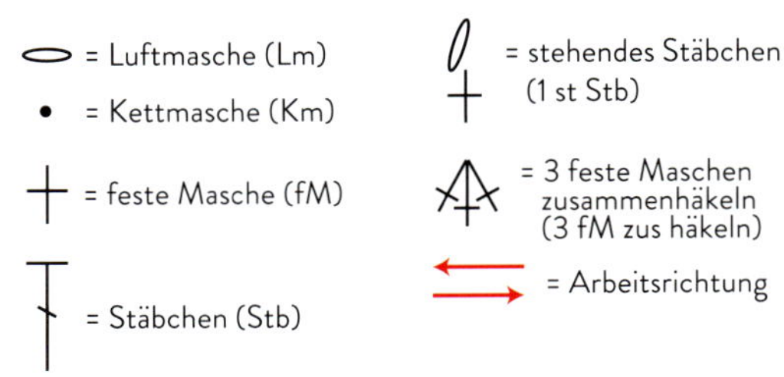

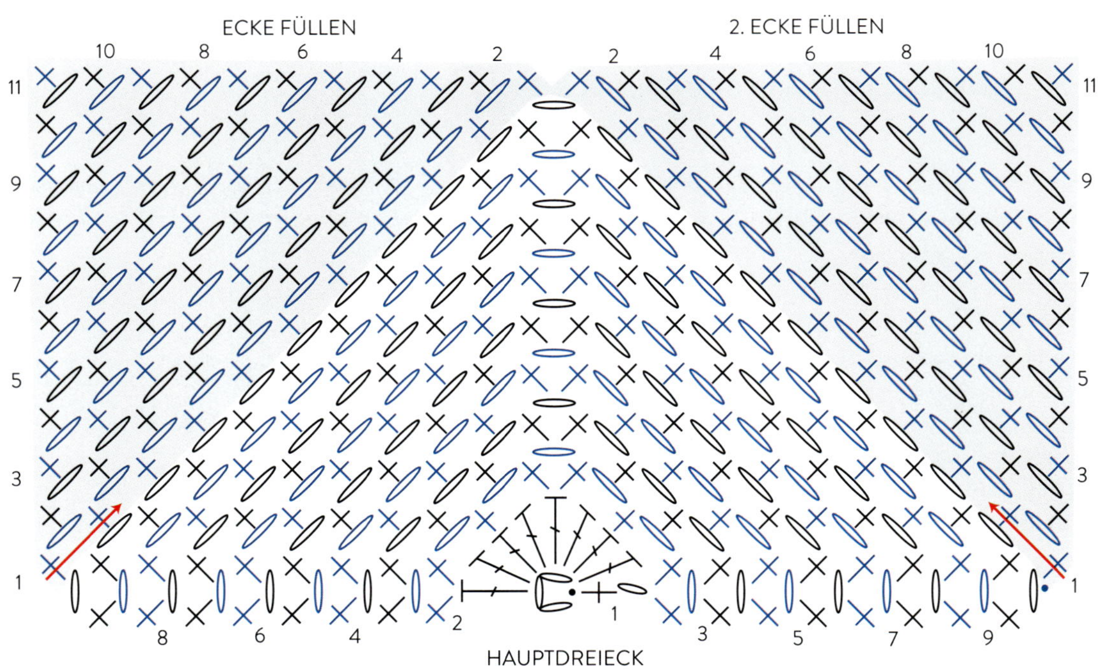

DIAGRAMM FÜR „FLIEGENDE GÄNSE“

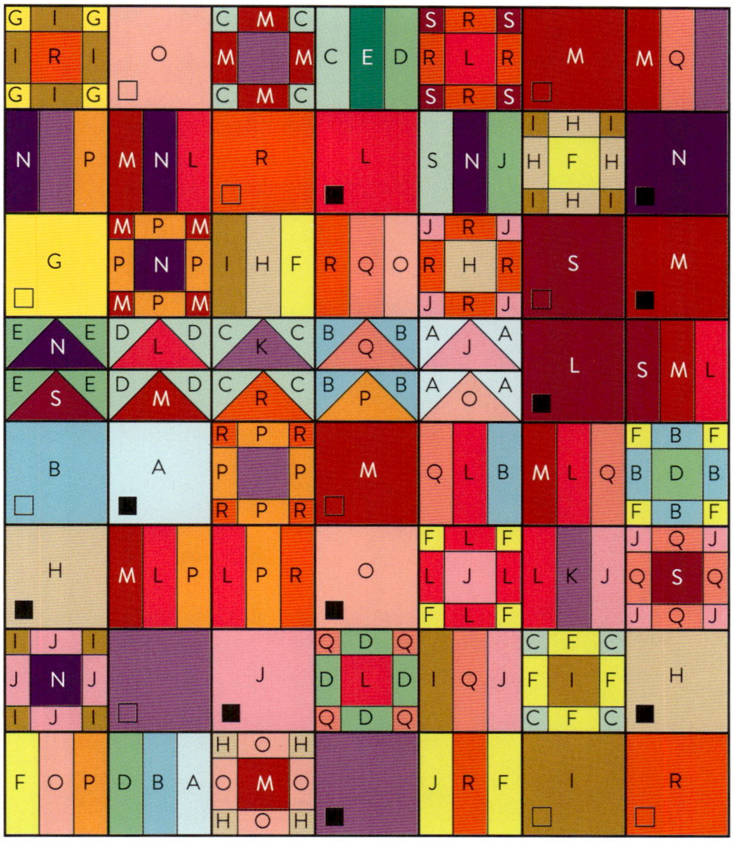

SCHEMATISCHE DARSTELLUNG

LEGENDE ZUM MUSTER

- = Block 1: Granny Square
- = Block 2: Massives Granny Square
- = Block 3: Gestreiftes Quadrat, gehäkelt in dieser Reihenfolge
- = Block 4: 9er-Patch, gehäkelt in dieser Reihenfolge
- = Block 5: Fliegende Gänse, gehäkelt in dieser Reihenfolge
- = #25548 Clarity (A)
- = #26044 Wonderland Heather (B)
- = #25549 Sagebrush (C)
- = #25094 Tranquil (D)
- = #25547 Marina (E)
- = #24558 Custard (F)
- = #25086 Safflower (G)
- = #24252 Cornmeal (H)
- = #24251 Turmeric (I)
- = #24569 Cotton Candy (J)
- = #23721 Hyacinth (K)
- = #24568 Cosmopolitan (L)
- = #24553 Serrano (M)
- = #25089 Regal (N)
- = #24570 Blossom Heather (O)
- = #24005 Golden Heather (P)
- = #24557 Conch (Q)
- = #26057 Cayenne (R)
- = #24248 Masala (S)

Mit einer Sticknadel und Garn A 2 zusammenpassende Block-5-Motive im Überwendlingsstich RS auf RS mit der schematischen Darstellung als Leitfaden zusammennähen und 5 „Fliegende Gänse"-Quadrate nähen.

TIPP

Beim Häkeln in die Seite eines Stb häkeln Sie in die M und nicht „darum herum", um keine Löcher an den Seiten zu erzeugen.

Alle 56 Blöcke mit der VS nach oben der schematischen Darstellung entsprechend auflegen. Mit einer Sticknadel und Garn A im Überwendlingsstich zusammennähen, dabei in R arbeiten, zuerst horizontal, dann vertikal, bis alle Blöcke zusammengefügt sind.

Borte

Runde 1: Mit der VS nach oben Garn A mit 1 Km in einer Ecke einhäkeln, * 3 fM in die M in der Ecke, je 1 fM in jd fM bis zur nächsten Ecke; wdh ab * rundherum, die Rd mit 1 Km in die 1. fM schließen.

Runde 2: 1 Km in die nächste fM in der Ecke, * 3 fM in die M in der Ecke, je 1 fM in jd fM bis zur nächsten Ecke; wdh ab * rundherum, die Rd mit 1 Km in die 1. fM beenden. Das Garn befestigen und die Garnenden vernähen.

ANMERKUNG

Alle Teile werden einzeln gehäkelt und dann im Überwendlingsstich zusammengehäkelt, wie es die schematische Darstellung vorgibt. Dann werden die Lücken gefüllt, um die Ränder des Werkstücks zu begradigen. Ein Grannystreifenabschnitt wird entlang der Oberseite und der Unterseite gehäkelt, bevor eine einfache Borte angebracht wird.

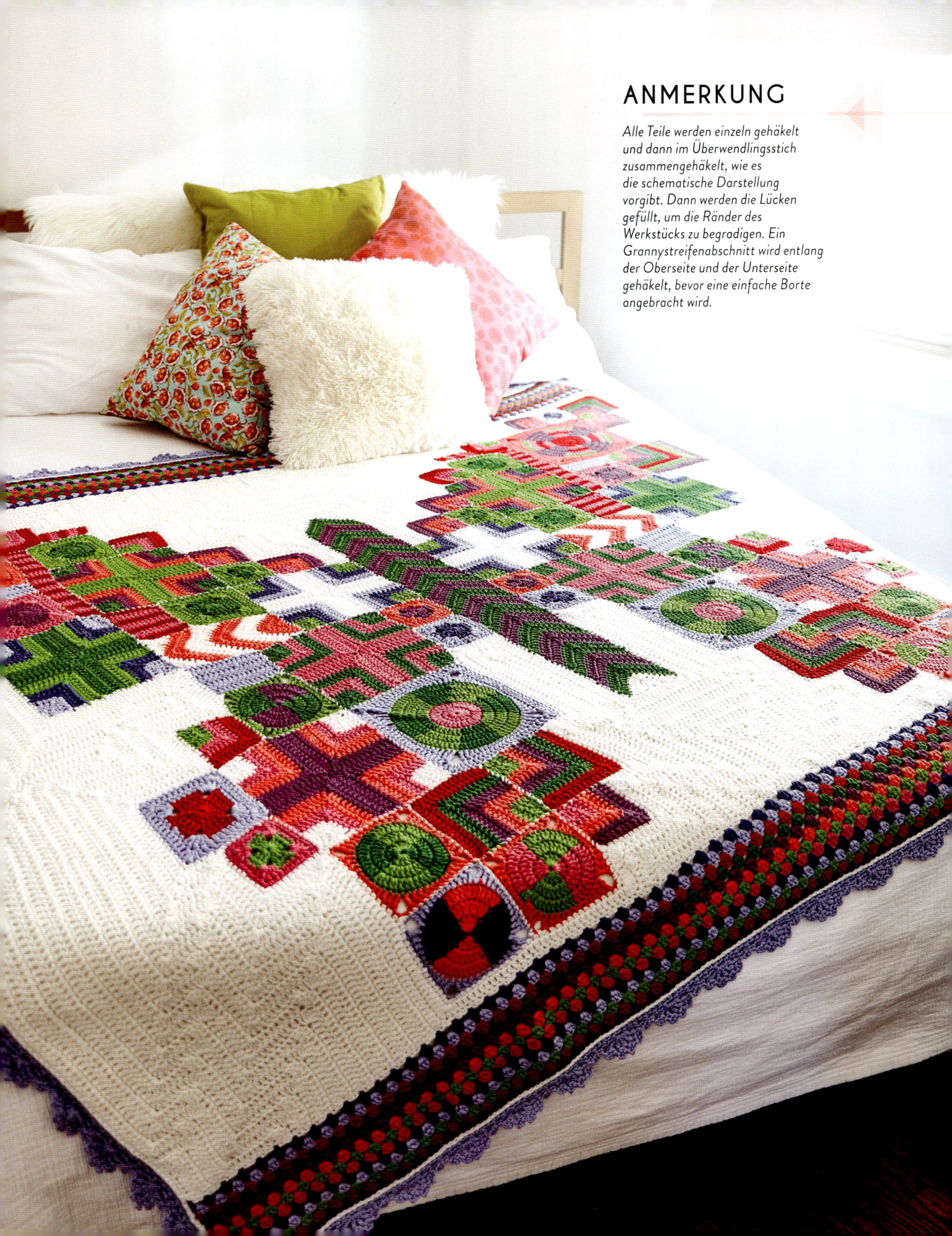

The Butterfly von Tula Pink

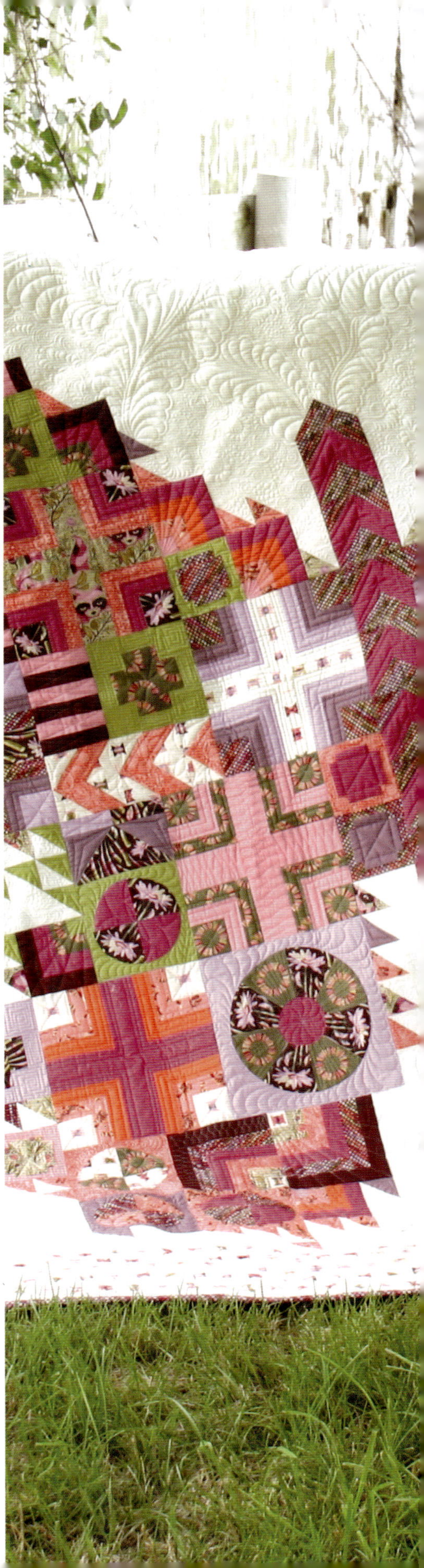

SÜSSER Frühling

Gibt es etwas Unterhaltsameres, als einen verrückten Haufen Quadrate zusammenzunähen? Diese Decke, die von Tula Pinks *The Butterfly* inspiriert ist, sprüht so voller Freude, in strahlenden Farben gehäkelt und per Hand zusammengenäht, genau wie beim Gestalten von Patchworkmustern. Diese Patchworkfähigkeiten werden mit einer wesentlichen Technik gepaart, nämlich den Granny-Streifen. Das ist pure Freude! *Süßer Frühling* ist ein kreatives und herausforderndes Muster, das Ihnen bestimmt viel Freude bringen wird!

GRÖSSE BEI FERTIGSTELLUNG

165 × 178 cm

GARN

Dickes Garn.

Hier gezeigt: Scheepjes Bloom (100 % Baumwolle; 80 m/50 g): #423 Daisy (A), 18 Knäuel; #403 Viola (B), 4 Knäuel; #412 Light Fern (C), 5 Knäuel; #406 Tulip (D), 6 Knäuel; #411 Dark Fern (E), 4 Knäuel; #408 Geranium (F), 4 Knäuel; #407 Fuchsia (G), 6 Knäuel; #402 French Lavender (H), 4 Knäuel; #404 Lilac (I), 6 Knäuel.

HÄKELNADELN

6 mm für die Decke

5,5 mm für die Borte

Falls notwendig, passen Sie die Nadelstärke an, um die gleiche Maschenprobe zu erhalten.

WEITERE MATERIALIEN

Sticknadel

MASCHENPROBE

Block L misst 11,5 × 11,5 cm, gehäkelt mit der größeren Häkelnadel (6 mm), gespannt.

MASCHENKUNDE

4 stehende Stäbchen zusammenhäkeln (4 st Stb zus häkeln [über 5 M])
1 st Stb (zählt nicht als M), U, die Nadel in die nächste M einstechen, U, Schlinge durch die M ziehen, U, das Garn durch 2 Schlingen auf der Häkelnadel ziehen, die nächste Lm ausl, (U, die Nadel in die nächste M einstechen, U, Schlinge durch die M ziehen, U, das Garn durch 2 Schlingen auf der Häkelnadel ziehen) 2-mal, U, das Garn durch 4 Schlingen auf der Nadel ziehen.

2 Stäbchen zusammenhäkeln (2 Stb zus häkeln [über 3 M])
U, die Nadel in die nächste M einstechen, U, Schlinge durch die M ziehen, U, das Garn durch 2 Schlingen auf der Häkelnadel ziehen, die nächste Lm ausl, U, die Nadel in die nächste M einstechen, U, Schlinge durch die M ziehen, U, das Garn durch 2 Schlingen auf der Häkelnadel ziehen, U, das Garn durch 3 Schlingen auf der Häkelnadel ziehen.

4 Stäbchen zusammenhäkeln (4 Stb zus häkeln [über 5 M])
(U, die Nadel in die nächste M einstechen, U, Schlinge durch die M ziehen, U, das Garn durch 2 Schlingen auf der Nadel ziehen) 2-mal, die nächste Lm ausl, (U, die Nadel in die nächste M einstechen, U, Schlinge durch die M ziehen, U, das Garn durch 2 Schlingen auf der Nadel ziehen) 2-mal, U, das Garn durch 5 Schlingen auf der Nadel ziehen.

2 feste Maschen zusammenhäkeln (2 fM zus häkeln [über 3 M])
Die Nadel in die nächste M einstechen, U, Schlinge durch die M ziehen, die nächste Lm ausl, die Nadel in die nächste M einstechen, U, Schlinge durch die M ziehen, U, das Garn durch 3 Schlingen auf der Nadel ziehen.

Block A (2-mal häkeln)

Reihe 1 (VS): Mit der größeren Häkelnadel (6 mm) und Garn B 45 Lm häkeln, 1 Stb in die 4. Lm von der Nadel (Wm zählt hier und durchgehend als 1 Stb), je 1 Stb in die nächsten 17 Lm, 4 Stb zus häkeln über die nächsten 5 Lm (s. Maschenkunde), je 1 Stb in die nächsten 19 Lm, wenden – *38 Stb; 1 x 4 Stb zus häkeln.*

Reihe 2: Je 1 fM in jd der ersten 18 M, 2 fM zus häkeln über die nächsten 3 M (s. Maschenkunde), je 1 fM in die nächsten 18 M, wenden – *36 fM; 1 x 2 fM zus häkeln.* Das Garn befestigen.

Reihe 3: Mit der VS nach oben Garn C mit 1 Km in die 1. M einhäkeln, 1 st Stb (s. Glossar) in dieselbe M, je 1 Stb in die nächsten 15 M, 4 Stb zus häkeln über die nächsten 5 M, je 1 Stb in die nächsten 16 M, wenden – *32 Stb; 1 x 4 Stb zus häkeln.*

Reihe 4: Je 1 fM in jd der ersten 15 M, 2 fM zus häkeln über die nächsten 3 M, je 1 fM in die nächsten 15 M, wenden – *30 fM; 1 x 2 fM zus häkeln.* Das Garn befestigen.

Reihe 5: Mit der VS nach oben Garn D mit 1 Km in die 1. M einhäkeln, 1 st Stb in dieselbe M, je 1 Stb in die nächsten 13 M, 2 Stb zus häkeln über die nächsten 3 M (s. Maschenkunde), je 1 Stb in die nächsten 14 M, wenden – *28 Stb; 1 x 2 Stb zus häkeln.*

Reihe 6: Je 1 fM in jd der ersten 13 M, 2 fM zus häkeln über die nächsten 3 M, je 1 fM in die nächsten 13 M, wenden – *26 fM; 1 x 2 fM zus häkeln.* Das Garn befestigen.

Reihe 7: Mit der VS nach oben Garn E mit 1 Km in die 1. M, 1 st Stb in dieselbe M, je 1 Stb in die nächsten 10 M, 4 Stb zus häkeln über die nächsten 5 M, je 1 Stb in die nächsten 11 M, wenden – *22 Stb; 1 x 4 Stb zus häkeln.*

Reihe 8: Je 1 fM in jd der ersten 10 M, 2 fM zus häkeln über die nächsten 3 M, je 1 fM in die nächsten 10 M, wenden – *20 fM; 1 x 2 fM zus häkeln.* Das Garn befestigen.

Reihe 9: Mit der VS nach oben Garn B mit 1 Km in die 1. M einhäkeln, 1 st Stb in dieselbe M, je 1 Stb in die nächsten 8 M, 2 Stb zus häkeln über die nächsten 3 M, je 1 Stb in die nächsten 9 M, wenden – *18 Stb; 1 x 2 Stb zus häkeln.*

Reihe 10: Je 1 fM in jd der ersten 8 M, 2 fM zus häkeln über die nächsten 3 M, je 1 fM in die nächsten 8 M, wenden – *16 fM; 1 x 2 fM zus häkeln.* Das Garn befestigen.

Reihe 11: Mit der VS nach oben Garn F mit 1 Km in die 1. M einhäkeln, 1 st Stb in dieselbe M, je 1 Stb in die nächsten 5 M, 4 Stb zus häkeln über die nächsten 5 M, je 1 Stb in die nächsten 6 M, wenden – *12 Stb; 1 x 4 Stb zus häkeln.*

Reihe 12: Je 1 fM in jd der ersten 5 M, 2 fM zus häkeln über die nächsten 3 M, je 1 fM in die nächsten 5 M, wenden – *10 fM; 1 x 2 fM zus häkeln.* Das Garn befestigen.

Reihe 13: Mit der VS nach oben, Garn C mit 1 Km in die 1. M einhäkeln, 1 st Stb in dieselbe M, je 1 Stb in die nächsten 2 M, 4 Stb zus häkeln über die nächsten 5 M, je 1 Stb in die nächsten 3 M, wenden – *6 Stb; 1 x 4 Stb zus häkeln.*

Reihe 14: Je 1 fM in jd der ersten 2 M, 2 fM zus häkeln über die nächsten 3 M, je 1 fM in die nächsten 2 M, wenden – *4 fM; 1 x 2 fM zus häkeln.*

Reihe 15: 4 st Stb zus häkeln über die ersten 5 M (s. Maschenkunde). Das Garn befestigen.

Block B (6-mal häkeln)

Reihe 1 (VS): Mit der größeren Häkelnadel (6 mm) und Garn D 35 Lm häkeln, 1 Stb in die 4. Lm von der Nadel (Wm zählt als 1 Stb), je 1 Stb in die nächsten 12 M, 2 Stb zus häkeln über die nächsten 3 Lm, je 1 Stb in die nächsten 14 M, wenden.

Reihe 2–11: Gleich häkeln wie Reihe 6–15 von Block A.

Block C (10-mal häkeln)

Reihe 1 (VS): Mit der größeren Häkelnadel (6 mm) und Garn B 25 Lm häkeln, 1 Stb in die 4. Lm von der Nadel, je 1 Stb in die nächsten 7 M, 4 Stb zus häkeln über die nächsten 5 M, je 1 Stb in die nächsten 9 M, wenden.

Reihe 2–7: Gleich häkeln wie Reihe 10–15 von Block A, dabei jedoch jeweils Garn B, F und G verwenden.

Block D (6-mal häkeln)

Reihe 1–7: Gleich häkeln wie Block C, jedoch Garn D, G und C verwenden.

Block E (2-mal häkeln)

Anmerkung: *Dieser Block beginnt mit einem Quadrat mit Briefecken in vier Farben, dann werden Lm angefügt, um die restl drei Quadrate mit Briefecken direkt an die vollständigen Quadrate in denselben vier Farben anzubringen, sodass der Block in einem Stück gearbeitet wird, ohne zu nähen. Ziehen Sie die schematische Darstellung zu Rate – bei Block E finden Sie Beispiele der von 1–4 nummerierten Briefecken.*

Briefecke 1

Reihe 1 (VS): Mit der größeren Häkelnadel (6 mm) und Garn C 29 Lm häkeln, 1 Stb in die 4. Lm von der Nadel (Wm zählt als 1 Stb), je 1 Stb in die nächsten 9 Lm, 4 Stb zus häkeln über die nächsten 5 Lm, je 1 Stb in die nächsten 11 M, wenden – *22 Stb; 1 x 4 Stb zus häkeln.*

Reihe 2–9: Gleich häkeln wie Reihe 8–15 von Block A, jedoch dabei Garn C für Reihe 2 verwenden, dann Garn F, B und E.

Briefecke 2

Reihe 1: Mit der VS nach oben Garn C mit 1 Km in die mittlere Lm in der Basis der 4 zus gehäkelten Stb aus R 1 der 1. Briefecke einhäkeln, 15 Lm, 1 Stb in die 4. Lm von der Nadel (Wm zählt als 1 Stb), je 1 Stb in die nächsten 9 Lm, 4 Stb zus häkeln über die nächsten 5 M, je 1 Stb in die nächsten 11 M, wenden.

Reihe 2–9: Gleich häkeln wie die 1. Briefecke.

Briefecke 3

Reihe 1–9: Mit der VS nach oben Garn C mit 1 Km in die mittlere Lm in der Basis der 4 zus gehäkelten Stb aus R 1 der 2. Briefecke einhäkeln, auf dieselbe Weise fertigstellen wie die 2. Briefecke

Briefecke 4

Reihe 1: Mit der VS nach oben Garn C mit 1 Km in die untere Schlinge des 1. Stb der 1. Briefecke einhäkeln, 1 st Stb in dieselbe M, je 1 Stb in die nächsten 10 Lm, 4 Stb zus häkeln über die nächsten 5 M, je 1 Stb in die nächsten 11 M, wenden.

Reihe 2–9: Gleich häkeln wie Reihe 2–9 der 1. Briefecke.

Block F (2-mal häkeln)

Gleich häkeln wie Block E, dabei jedoch Garn E, C, H und I verwenden.

Block G (2-mal häkeln)

Gleich häkeln wie Block E, dabei jedoch Garn A, I, H und C verwenden.

Block H (2-mal häkeln)

Gleich häkeln wie Block E, dabei jedoch Garn G, E, G und E verwenden.

Block I (2-mal häkeln)

Gleich häkeln wie Block E, dabei jedoch Garn B, F, G und A verwenden.

Block J (2-mal häkeln)

Runde 1: Mit der größeren Häkelnadel (6 mm) und Garn G 3 Lm häkeln, 1 Km in die 3. Lm von der Nadel, um einen Ring zu bilden, (1 st Stb, 15 Stb) in den Ring, die Rd mit 1 Km auf das st Stb schließen – *16 Stb.*

Runde 2: (1 st Stb, 1 Stb) in die 1. M, je 2 Stb in jd M rundherum, die Rd mit 1 Km auf das st Stb beenden – *32 Stb.* Das Garn befestigen.

Runde 3: Garn C mit 1 Km in ein Stb einhäkeln, (1 st Stb, 1 Stb) in dieselbe M, 1 Stb in die nächste M, 2 Stb in die nächste M, 1 Stb in die nächste M, zu Garn E wechseln im letzten U des letzten Stb, * mit Garn E über Garn C häkeln, während Sie nicht damit häkeln, [2 Stb in die nächste M, 1 Stb in die nächste M] 2-mal, im letzten U des letzten Stb zu Garn C wechseln **, mit Garn C über Garn E häkeln, [2 Stb in die nächste M, 1 Stb in die nächste M] 2-mal, zu Garn C wechseln im letzten U des letzten Stb, mit Garn C wdh ab * rundherum, die letzte Wdh bei ** beenden, die Rd mit 1 Km auf das st Stb schließen – *48 Stb.*

Runde 4: Mit Garn C (1 st Stb, 1 Stb) in die 1. M, je 1 Stb in die nächsten 2 M, 2 Stb in die nächste M, je 1 Stb in die nächsten 2 M, zu Garn E wechseln im letzten U des letzten Stb, * mit Garn E [2 Stb in die nächste M, je 1 Stb in die nächsten 2 M] 2-mal, zu Garn C wechseln **, mit Garn C [2 Stb in die nächste M, je 1 Stb in die nächsten 2 M] 2-mal, zu Garn E wechseln; wdh ab * rundherum, die letzte Wdh bei ** beenden, die Rd mit 1 Km auf das st Stb beenden – *64 Stb.*

Runde 5: Mit Garn C (1 st Stb, 1 Stb) in die 1. M, je 1 Stb in die nächsten 3 M, 2 Stb in die nächste M, je 1 Stb in die nächsten 3 M, dabei zu Garn E wechseln im letzten U des letzten Stb, * mit Garn E [2 Stb in die nächste M, je 1 Stb in die nächsten 3 M] 2-mal, zu Garn C wechseln**, mit Garn C [2 Stb in die nächste M, je 1 Stb in die nächsten 3 M] 2-mal; wdh ab * rundherum, die letzte Wdh bei ** beenden, die Rd mit 1 Km auf das st Stb beenden – *80 Stb.* Das Garn befestigen.

Runde 6: Garn I mit 1 Km in das letzte Stb eines Abschnitts mit Garn C in Rd 5 einhäkeln, 1 st VStb (s. Glossar) in dieselbe M, 3 Lm, 1 VStb in die nächste M, * 1 DStb in die nächste M, je 1 Stb in die nächsten 2 M, je 1 hStb in die nächsten 2 M, je 1 fM in die nächsten 8 M, je 1 hStb in die nächsten 2 M, je 1 Stb in die nächsten 2 M, 1 DStb in die nächste M **, 1 VStb in die nächste M; wdh ab * rundherum, die letzte Wdh bei ** beenden, die Rd mit 1 Km auf das st Vstb beenden – *8 Vstb; 8 DStb; 16 Stb; 16 hStb; 32 fM; 4 Lm-Bg.*

Runde 7: 1 Km in den nächsten Lm-Bg, (1 st Stb, 1 Stb, 1 DStb, 2 Stb) in denselben Lm-Bg, * je 1 Stb in die nächsten 20 M **, (2 Stb, 1 DStb, 2 Stb) in den nächsten Lm-Bg; wdh ab * rundherum, die letzte Wdh bei ** beenden, die Rd mit 1 Km auf das st Stb – *4 DStb; 96 Stb.* Das Garn befestigen.

Block K (2-mal häkeln)

Runde 1 und 2: Mit der größeren Häkelnadel (6 mm) und Garn D exakt so häkeln wie Block J. Das Garn befestigen.

Runde 3: Gleich häkeln wie Block J, jedoch mit Garn G beginnen und zu Garn B wechseln und diese beiden Farben abwechseln.

Runde 4: Gleich häkeln wie Block J, jedoch mit Garn D beginnen und zu Garn B wechseln und diese beiden Farben abwechseln.

Runde 5: Gleich häkeln wie Block J, jedoch mit Garn G beginnen und zu Garn B wechseln und diese beiden Farben abwechseln.

Runde 6: Mit der VS nach oben Garn C mit 1 Km in die 1. M einhäkeln, (1 st Stb, 1 Stb) in dieselbe M, je 1 Stb in die nächsten 4 M, 2 Stb in die nächste M, je 1 Stb in die nächsten 4 M und im letzten Stb zu Garn B wechseln, * mit Garn B [2 Stb in die nächste M, je 1 Stb in die nächsten 4 M] 2-mal und dabei im letzten Stb zu Garn C wechseln **, mit Garn C [2 Stb in die nächste M, je 1 Stb in die nächsten 4 M] 2-mal, dabei im letzten Stb zu Garn B wechseln; wdh ab * rundherum und die letzte Wdh bei ** beenden, die Rd mit 1 Km auf das st Stb beenden – *96 Stb.* Das Garn befestigen.

Runde 7: Mit der VS nach oben Garn F in das letzte Stb eines Abschnitts mit Garn B einhäkeln, 1 st VStb in dieselbe M, * 3 Lm, 2 VStb in die nächste M, 1 VStb in die nächste M, je 1 DStb in die nächsten 2 M, je 1 Stb in die nächsten 2 M, je 1 hStb in die nächsten 2 M, je 1 fM in die nächsten 8 M, je 1 hStb in die nächsten 2 M, je 1 Stb in die nächsten 2 M, je 1 DStb in die nächsten 2 M, 1 VStb in die nächste M **, 2 VStb in die nächste M; wdh ab * rundherum, die letzte Wdh bei ** beenden, 1 VStb in die 1. M, die Rd mit 1 Km auf das st VStb schließen – *24 VStb; 16 DStb; 16 Stb; 16 hStb; 32 fM; 4 Lm-Bg.*

Runde 8: (1 st Stb, 1 Stb, 1 DStb, 2 Stb) in den 1. Lm-Bg, * je 1 Stb in die nächsten 26 M **, (2 Stb, 1 DStb, 2 Stb) in den nächsten Lm-Bg (Ecke gehäkelt); wdh ab * rundherum, die letzte Wdh bei ** beenden, die Rd mit 1 Km auf das st Stb beenden – *4 DStb; 120 Stb.* Das Garn befestigen.

Block L (4-mal häkeln)

Runde 1: Mit der größeren Häkelnadel (6 mm) und Garn E 3 Lm häkeln, 1 Km in die 3. Lm von der Nadel, um einen Ring zu bilden, 1 st DStb (s. Glossar) in den Ring, [3 Stb, 1 DStb] 3-mal in den Ring, 3 Stb in den Ring, die Rd mit 1 Km auf das st DStb beenden – *4 DStb; 12 Stb.*

Runde 2: (1 st Stb, 3 Lm, 1 Stb) in dieselbe M, * je 1 Stb in die nächsten 3 M **, (1 Stb, 3 Lm, 1 Stb) in das nächste DStb in der Ecke; wdh ab * rundherum, die letzte Wdh bei ** beenden, die Rd mit 1 Km auf das st Stb beenden – *20 Stb; 4 Lm-Bg.*

Runde 3: * 4 Lm, den nächsten Lm-Bg ausl, je 1 fM in die nächsten 5 Stb; wdh ab * rundherum, die Rd mit 1 Km in die 1. Lm schließen – *20 fM; 4 Lm-Bg.* Das Garn befestigen.

Runde 4: Mit der VS nach oben Garn C mit 1 Km um beide Lm-Bg der Ecken aus Rd 2 und 3 einhäkeln und dabei darauf achten, die Km in die Mitte der Lm-Bg zu häkeln, (1 st DStb, 2 Stb) in den Lm-Bg in der Ecke, * je 1 fM in die nächsten 5 M von Rd 3 **, (2 Stb, 1 DStb, 2 Stb) über die beiden Lm-Bg in der nächsten Ecke (Ecke gehäkelt); wdh ab * rundherum, die letzte Wdh bei ** beenden, 2 Stb über beide Lm-Bg der 1. Ecke, um diese zu komplettieren, die Rd mit 1 Km auf das st DStb schließen – *4 DStb; 16 Stb; 20 fM.*

Runde 5: (1 st Stb, 1 Stb, 1 DStb, 2 Stb) in dieselbe M, * je 1 Stb in die nächsten 9 M **, (2 Stb, 1 DStb, 2 Stb) in das nächste DStb in der Ecke; wdh ab * rundherum, die letzte Wdh bei ** beenden, die Rd mit 1 Km auf das st Stb beenden – *4 DStb; 52 Stb.* Das Garn befestigen.

Block M (2-mal häkeln)

Runde 1–5: Gleich häkeln wie Block L, dabei jedoch jeweils Garn D und I verwenden.

Block N (2-mal häkeln)

Runde 1–5: Gleich häkeln wie Block L, dabei jedoch jeweils Garn B und G verwenden.

Block O (4-mal häkeln)

Runde 1: Mit der größeren Häkelnadel (6 mm) und Garn H 3 Lm häkeln, 1 Km in die 3. Lm von der Nadel, um einen Ring zu bilden, 1 st Stb in den Ring, [3 Lm, 3 Stb] 3-mal in den Ring, 3 Lm, 2 Stb in den Ring, die Rd mit 1 Km auf das st Stb beenden – *12 Stb; 4 Lm-Bg.*

Runde 2: * 4 Lm, den nächsten Lm-Bg ausl, je 1 fM in die nächsten 3 Stb; wdh ab * rundherum, die Rd mit 1 Km in die 1. Lm der Rd beenden – *12 fM; 4 Lm-Bg.* Das Garn befestigen.

Runde 3: Mit der VS nach oben Garn I mit 1 Km um beide Lm-Bg der Ecken aus Rd 1 und 2 einhäkeln und dabei darauf achten, die Km in die Mitte der Lm-Bg zu häkeln, (1 st DStb, 2 Stb) in den Lm-Bg in der Ecke, * je 1 fM in die nächsten 3 M **, (2 Stb, 1 DStb, 2 Stb) über den Lm-Bg in der nächsten Ecke (Ecke gehäkelt); wdh ab * rundherum, die letzte Wdh bei ** beenden, 2 Stb in die 1. Ecke, um sie fertigzustellen, die Rd mit 1 Km auf das st DStb beenden – *4 DStb; 16 Stb; 12 fM.*

Runde 4: * 3 fM in die M in der Ecke, je 1 fM in die nächsten 7 M; wdh ab * rundherum, die Rd mit 1 Km in die 1. fM schließen – *40 fM.* Das Garn befestigen.

Block P (2-mal häkeln)

Runde 1–4: Gleich häkeln wie Block O, dabei jedoch jeweils Garn C und G verwenden.

Block Q (2-mal häkeln)

Runde 1–4: Gleich häkeln wie Block O, dabei jedoch jeweils Garn E und C verwenden.

Block R (2-mal häkeln)

Runde 1–4: Gleich häkeln wie Block O, dabei jedoch jeweils Garn B und F verwenden.

Block S (2-mal häkeln)

Runde 1: Mit der größeren Häkelnadel (6 mm) und Garn F 3 Lm häkeln, 1 Km in die 3. Lm von der Nadel, um einen Ring zu bilden, mit Garn F (1 st Stb, 3 Stb) in den Ring, dabei zu Garn H wechseln im letzten U des letzten Stb und über das nicht verwendete Garn häkeln, mit Garn H 4 Stb in den Ring, dabei zu Garn F wechseln im letzten U des letzten Stb, mit Garn F 4 Stb in den Ring, dabei zu Garn H wechseln im letzten U des letzten Stb, 4 Stb in den Ring, dabei zu Garn F wechseln im letzten U des letzten Stb, die Rd mit 1 Km auf das st Stb beenden – *16 Stb.*

Runde 2: Mit Garn F (1 st Stb, 1 Stb) in die 1. M, je 2 Stb in die nächsten 3 M, * zu Garn H wechseln im letzten U des letzten Stb, mit Garn H je 2 Stb in die nächsten 4 M, zu Garn F wechseln **, mit Garn F je 2 Stb in die nächsten 4 M; 1-mal wdh von * zu **, die Rd mit 1 Km auf das st Stb beenden – *32 Stb.*

Runde 3: Mit Garn F, (1 st Stb, 1 Stb) in die 1. M, 1 Stb in die nächste M, [2 Stb in die nächste M, 1 Stb in die nächste M] 3-mal, * zu Garn H wechseln, [2 Stb in die nächste M, 1 Stb in die nächste M] 4-mal, zu Garn F wechseln **, mit Garn F [2 Stb in die nächste M, 1 Stb in die nächste M] 4-mal; 1-mal wdh von * zu **, die Rd mit 1 Km auf das st Stb beenden – *48 Stb.* Das Garn befestigen.

Runde 4: Mit der VS nach oben Garn I mit 1 Km in die 6. M von Rd 3 einhäkeln, 1 st DStb in dieselbe M, * 3 Lm, 1 DStb in die nächste M, je 1 Stb in die nächsten 2 M, 1 hStb in die nächste M, je 1 fM in die nächsten 4 M, 1 hStb in die nächste M, je 1 Stb in die nächsten 2 M **, 1 DStb in die nächste M; wdh ab * rundherum, die letzte Wdh bei ** beenden, die Rd mit 1 Km auf das st DStb beenden – *8 DStb; 16 Stb; 8 hStb; 16 fM; 4 Lm-Bg.* Das Garn befestigen.

Block T (2-mal häkeln)

Reihe 1–4: Gleich häkeln wie Block S, verwenden Sie jedoch Garn C und G für Rd 1–3 und Garn F für Rd 4.

Block U (2-mal häkeln)

Reihe 1–4: Gleich häkeln wie Block S, verwenden Sie jedoch Garn C und E für Rd 1–3 und Garn F für Rd 4.

Block V (2-mal häkeln)

Reihe 1–4: Gleich häkeln wie Block S, verwenden Sie jedoch Garn B und E für Rd 1–3 und Garn C für Rd 4.

Block W (2-mal häkeln)

Reihe 1 (VS): Mit der größeren Häkelnadel (6 mm) und Garn D 8 Lm häkeln, 1 Stb in die 4. Lm von der Nadel (Wm zählt als 1 M), je 1 Stb in die nächsten 4 Lm, im letzten Stb zu Garn G wechseln, wenden – *6 Stb.*

Reihe 2: Mit Garn G 1 st Stb in die 1. M, je 1 Stb in jd M bis zum Ende der Reihe, dabei im letzten U der letzten M zu Garn D wechseln, wenden.

Reihe 3–5: In jeder Reihe die Farbe wechseln und gleichmäßig 6 Stb häkeln. Das Garn befestigen.

Block X (2-mal häkeln)

Reihe 1–19: Häkeln Sie wie für Block W in abwechselnden Farben über 19 Reihen und enden Sie mit Garn D. Das Garn befestigen.

Block Y (2-mal häkeln)

Reihe 1: Mit der größeren Häkelnadel (6 mm) und Garn I 17 Lm häkeln, 1 Stb in die 4. Lm von der Nadel (Wm zählt als 1 M), je 1 Stb in die nächsten 13 Lm, wenden – *15 Stb.*

Reihe 2: Je 1 fM in jd M bis zum Ende der Reihe, wenden.

Reihe 3: 1 st Stb in die 1. M, je 1 Stb in jd M bis zum Ende der Reihe. Das Garn befestigen.

Block Z (2-mal häkeln)

Gleich häkeln wie Block Y bis Reihe 3. Das Garn nicht abschneiden.

Reihe 4–7: Reihe 2 und 3 wdh (2-mal). Das Garn befestigen.

Block AA (2-mal häkeln)

Reihe 1: Mit der größeren Häkelnadel (6 mm) und Garn D 14 Lm häkeln, je 1 Stb in die 4. Lm von der Nadel (Wm zählt als 1 M), je 1 Stb in die nächsten 10 Lm, dabei im letzten U der letzten M zu Garn G wechseln, wenden – *12 Stb.*

Reihe 2: Mit Garn G 1 st Stb in die 1. M, je 1 Stb in die nächsten 11 M, dabei im letzten Stb zu Garn D wechseln, wenden.

Reihen 3–7: In jd Farbe 1 Reihe häkeln und 11 Stb gleichmäßig häkeln. Das Garn befestigen.

Block BB (2-mal häkeln)

Reihe 1 (VS): Mit der größeren Häkelnadel (6 mm) und Garn F 3 Lm häkeln, 1 Km in die 3. Lm von der Nadel um einen Ring zu bilden, 1 st DStb in den Ring, [3 Stb, 1 DStb] 2-mal in den Ring, wenden – *3 DStb; 6 Stb.*

Reihe 2: (1 st DStb, 2 Stb) in die 1. M, je 1 Stb in die nächsten 3 M, (2 Stb, 1 DStb, 2 Stb) in das mittlere DStb (Muschel gehäkelt), je 1 Stb in die nächsten 3 M, (2 Stb, 1 DStb) in die letzte M – *3 DStb; 14 Stb.* Das Garn befestigen.

Reihe 3: Mit der VS nach oben Garn A in die 1. M einhäkeln, 3 st Stb zus häkeln (s. Glossar) über die ersten 3 M, je 1 Stb in die nächsten 5 M, (2 Stb, 1 DStb, 2 Stb) in die nächste M, je 1 Stb in die nächsten 5 M, 3 Stb zus häkeln über die nächsten 3 M, wenden – *2 x 3 Stb zus häkeln; 1 Muschel; 10 Stb.*

Reihe 4: Reihe 3 wdh. Das Garn befestigen.

Reihe 5 und 6: Mit Garn F Reihe 3 und 4 wdh.

Reihe 7–10: Reihe 3–6 wdh.

Fülldreieck 1

Reihe 1: Mit der VS nach oben und der größeren Häkelnadel (6 mm) Garn A mit 1 Km in die 1. M von Reihe 10 einhäkeln, 3 st Stb zus häkeln über die ersten 3 M, je 1 Stb in die nächsten 3 M, 3 Stb zus häkeln über die letzten 3 M, wenden – *2 x 3 Stb zus häkeln; 3 Stb.*

Reihe 2: 3 st Stb zus häkeln über die ersten 3 M, 2 Stb zus häkeln über die letzten 2 M, wenden.

Reihe 3: 2 fM zus häkeln über die ersten 2 M. Das Garn befestigen.

Fülldreieck 2

Reihe 1–3: Mit der RS nach oben und der größeren Häkelnadel (6 mm) Garn A in die 1. M von Reihe 10 einhäkeln und Fülldreieck 1 wdh.

Block CC (1-mal häkeln)

Reihe 1 und 2: Mit der größeren Häkelnadel (6 mm) und Garn A Reihe 1 und 2 gleich wie für Block BB häkeln.

Reihe 3–6: Gleich häkeln wie Reihe 3–6 für Block BB, jedoch Garn E und G für je 2 Reihen verwenden wie für Block BB.

Reihe 7–38: Reihe 3–6 wdh (8-mal). Das Garn befestigen.

Fülldreieck 1 und 2

Mit Garn A gleich häkeln wie für die Fülldreiecke 1 und 2 von Block BB.

Aneinanderfügen der Blöcke

Legen Sie die Blöcke, wie in der schematischen Darstellung gezeigt, auf und vergewissern Sie sich, dass die Blöcke mit den Briefecken, wie die gestrichelte Linie zeigt, liegen.

Die Blöcke mit der RS nach oben mit Garn A und einer Sticknadel im Überwendlingsstich zusammennähen – nähen Sie mit Bedacht und vielleicht möchten Sie ja über die Verbindung zwischen Patchwork und Ihrer eigenen Häkelkunst meditieren.

TIPP
In der schematischen Darstellung sind einige Verbindungswege mit Farben markiert: rot, blau oder grün. Diese Farben sind beliebig gewählt, nur um die Klarheit aufrechtzuerhalten. Diese Wege können verwendet werden, um die Anzahl an Fäden und zu vernähenden Enden während des Zusammenfügens zu reduzieren. Alle kurzen Verbindungen sind schwarz gehalten. Nutzen Sie jede Gelegenheit, in geraden Linien zu verbinden, ohne das Garn abschneiden zu müssen, wann immer dies möglich ist, um die Menge der Garnenden zu minimieren.

Sind alle Blöcke per Hand zusammengenäht und hat der Schmetterling seine Form angenommen, müssen die Basisrunden und Füllelemente gehäkelt werden, um den Schmetterling in ein Rechteck zu verwandeln. Dieser nächste Abschnitt mag vielleicht entmutigend wirken, aber halten Sie durch! Wenn Sie einmal dran sind, ist er sehr intuitiv und egal was passiert, am Ende wird die Decke beeindruckend aussehen!

Basisrunden

Anmerkung: *Diese zwei Runden führen rund um den gesamten Schmetterling, damit das Werkstück rechteckig wird, weshalb die Maschenanzahl sehr wichtig ist.*

Runde 1 (fM-Rd): Suchen Sie den Block C, der in der schematischen Darstellung mit einem grünen Quadrat versehen ist, und häkeln Sie mit der VS nach oben mit der größeren Häkelnadel (6 mm) Garn A mit 1 Km in der linken, oberen Ecke dieses Blocks ein. 3 fM in dieselbe M **(fM in der Ecke gehäkelt),** je 1 fM in die ersten 9 unteren Schlingen von Block C, 2 fM zus häkeln (s. Glossar) über die nächsten 2 M, je 1 fM in jd der letzten 8 Stb von Block K, 2 fM zus häkeln über die nächsten 2 M in der Ecke, wo die beiden Blöcke aufeinandertreffen (zählt als 1 fM), 9 fM gleichmäßig entlang Block D, 3 fM in den nächsten Lm-Bg, 4 fM gleichmäßig hinunter entlang der Seite von Block D, 2 fM zus häkeln, 9 fM gleichmäßig entlang Block W, 3 fM in die untere Schlinge von Block W, je 1 fM in die nächsten 4 M hinunter entlang Block W, 2 fM zus häkeln über die nächsten 2 M, je 1 fM in jd der ersten 4 Stb von Block L, [2 fM zus häkeln, je 1 fM in die nächsten 9 M von Block D] 2-mal, 2 fM zus häkeln, 5 fM gleichmäßig entlang der letzten 3 Reihen von Block E, 2 fM zus häkeln, [9 fM gleichmäßig entlang Block C, 3 fM in die nächste Ecke, 9 fM gleichmäßig entlang Block C, 2 fM zus häkeln] 2-mal, 3 fM gleichmäßig entlang Block G, 2 fM zus häkeln, 26 fM gleichmäßig hinauf entlang Block CC, 3 fM in die Ecke, 10 fM gleichmäßig entlang der Oberseite von Block CC, 3 fM in die M in der Ecke, nun die Reihe spiegelverkehrt auf der anderen Seite häkeln und entlang der Oberkante des Schmetterlings zum oberen Block C auf der gegenüberliegenden Seite des 1. Blocks arbeiten, 3 fM in die M in der Ecke von Block C, [9 fM gleichmäßig entlang des Blocks, 2 fM zus häkeln] 2-mal, [15 fM gleichmäßig entlang Block B, 3 fM in die M in der Ecke] 2-mal, 4 fM gleichmäßig entlang Block B, 2 fM zus häkeln, 9 fM gleichmäßig hinunter entlang Block C, 3 fM in die M in der Ecke, 9 fM gleichmäßig entlang Block C, 2 fM zus häkeln, je 1 fM in jd der letzten 15 Stb von Block K, 2 fM zus häkeln, 4 fM gleichmäßig entlang der Oberseite von Block A, 3 fM in die M in der Ecke, 20 fM gleichmäßig entlang Block A, 3 fM in die M in der Ecke, 15 fM gleichmäßig hinunter entlang Block A, 2 fM zus häkeln, 27 fM gleichmäßig hinunter entlang Block F, 3 fM in die M in der Ecke, 27 fM gleichmäßig entlang Block F, 2 fM zus häkeln, 10 fM gleichmäßig hinunter entlang Block Z, 2 fM zus häkeln, 4 fM gleichmäßig hinunter entlang Block V, 2 fM zus häkeln, 9 fM gleichmäßig entlang Block D, 3 fM in die M in der Ecke, 9 fM gleichmäßig hinunter entlang Block D, 2 fM zus häkeln, [13 fM gleichmäßig entlang Block M, 3 fM in die M in der Ecke] 2-mal, 3 fM gleichmäßig entlang Block M, 2 fM zus häkeln, 9 fM gleichmäßig entlang Block P, 3 fM in die M in der Ecke, 9 fM gleichmäßig entlang Block P, * [2 fM zus häkeln, 14 fM gleichmäßig den nächsten Block entlang] 2-mal, 3 fM in die M in der Ecke **; 1-mal wdh von * bis **, 4 fM gleichmäßig entlang Block T, 2 fM zus häkeln, 9 fM gleichmäßig entlang Block C, 3 fM in die M in der Ecke, 9 fM gleichmäßig entlang Block C, 2 fM zus häkeln, 4 fM gleichmäßig entlang Block B, 3 fM in die M in der Ecke, 15 fM gleichmäßig entlang Block B, 2 fM zus häkeln, 4 fM gleichmäßig entlang Block J, 3 fM in die M in der Ecke, 24 fM gleichmäßig entlang Block J, 2 fM zus häkeln, 4 fM gleichmäßig entlang Block H, 2 fM zus häkeln, 9 fM gleichmäßig entlang Block O, 2 fM zus häkeln, 30 fM gleichmäßig entlang Block CC, 3 fM in die M in der Ecke, 10 fM gleichmäßig entlang Block CC, nun die Reihe spiegelverkehrt auf der anderen Seite häkeln und rundherum hinauf arbeiten bis zur 1. fM, die Rd mit 1 Km in die 1. fM schließen.

Runde 2 (Stb-Rd): (1 st DStb, 2 Stb) in die mittlere fM der 1. Ecke aus fM, je 1 Stb bis 2 M vor die nächsten 2 zus gehäkelten fM im rechten Winkel, 5 Stb zus häkeln (s. Glossar) über die nächsten 5 M, je 1 Stb in jd M bis zur mittleren fM der nächsten fM in der Ecke, (2 Stb, 1 DStb, 2 Stb) in die fM in der Ecke **(Ecke gehäkelt).** ***Anmerkung:*** *Ignorieren Sie jegliche 2 zus gehäkelten fM, die verwendet wurden, wo 2 Blöcke aufeinandertreffen.* Häkeln Sie im gewohnten Muster rundherum, häkeln Sie dabei eine Ecke in jd mittlere fM einer jd Ecke aus fM, häkeln Sie je 1 Stb in jd M bis 2 M vor jd rechten Winkel, wo 2 fM zus gehäkelt wurden, 5 Stb zus häkeln über die nächsten 5 M. ***Anmerkung:*** *Die Lücken auf jeder Seite der oberen Hälfte von Block CC sind sehr schmal. Dies ist ein gutes Beispiel, um zu zeigen, wie Lücken gefüllt werden, wenn die Lückenfüller der Decke gehäkelt werden. Wenn die Lücke schmäler wird, ist es schwer, beide 5 Stb zus häkeln darin unterzubringen, weshalb Sie alle M gemeinsam mit einem Mal abnehmen müssen. In diesem Beispiel müssen Sie, wenn Sie 2 M vor den ersten 2 fM zus häkeln (als violetter Kreis in der schematischen Darstellung gezeigt) stehen, 9 Stb zus häkeln über die nächsten 9 M (s. Glossar) anstatt 2-mal 5 Stb zus häkeln. Fahren Sie dann normal mit den Stb fort. Später wird diese Lücke mit dem Überwendlingsstich zugenäht. Wenn der Rundenanfang erreicht ist, häkeln Sie 2 Stb in die 1. Ecke, um diese fertigzustellen, die Rd mit 1 Km auf das st Dstb beenden.* Das Garn nicht abschneiden. Sie sind nun bereit für den 1. Lückenfüller.

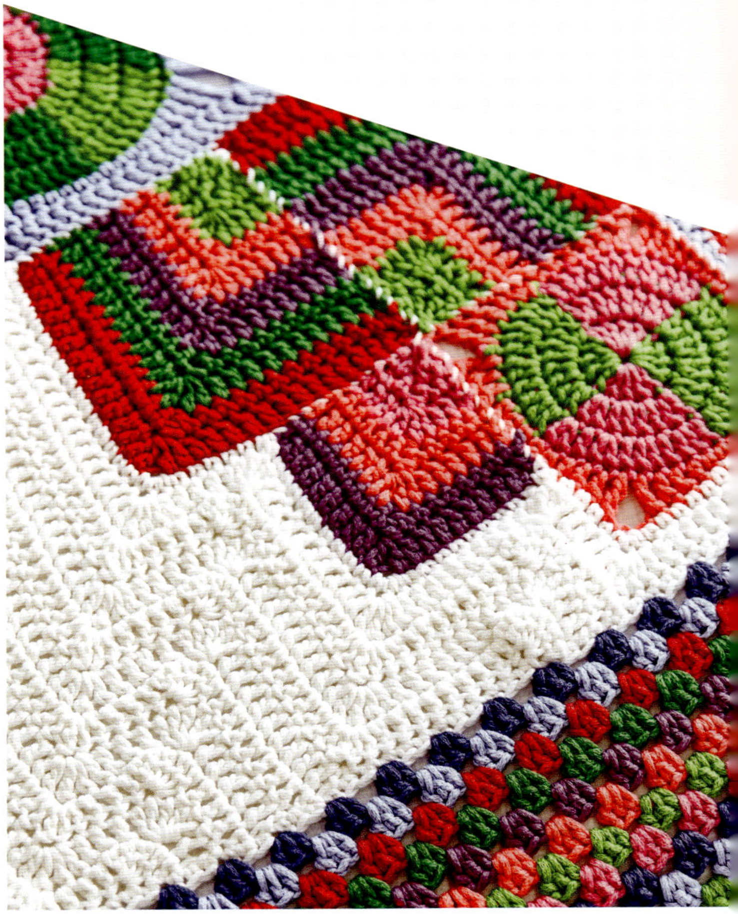

Lückenfüller für gerade Seiten

Lückenfüller 1

Um sich für diesen Abschnitt vorzubereiten, suchen Sie zwei Lücken auf jeder Seite des oberen Bereichs von Block CC, wie durch die violetten Linien angegeben. Nähen Sie die beiden Lücken mit dem Überwendlingsstich zu. Verwenden Sie immer ein übriggebliebenes Knäuel Garn A, um Lücken zuzunähen. Die Enden vom Nähen vernähen.

Reihe 1: Mit der VS nach oben und dem Garnende der Aufbaurunde 2, (1 st Stb, 1 Stb) in dieselbe M der Verbindung von Rd 2, je 1 Stb in jd M bis 2 M vor den nächsten zus gehäkelten 5 Stb, 5 Stb zus häkeln über die nächsten 5 M, je 1 Stb in jd M bis zum DStb der nächsten Ecke, 1 Ecke ins DStb häkeln, hinunter entlang der 1. Seite des Teils häkeln, dabei Ecken in die Ecken häkeln und in jd Senke 5 Stb zus häkeln, wie benötigt. Wenn die 1. zugenähte Lücke erreicht ist, 2 M vor dem DStb in der Ecke anhalten, 5 Stb zus häkeln über die nächsten 5 M, um einen rechten Winkel zu erhalten, weiter Stb hinauf entlang Block CC häkeln bis zum DStb in der Ecke, 1 Ecke in die Ecke aus DStb, auf der gegenüberliegenden Seite spiegelverkehrt häkeln, bis Sie bei der gegenüberliegenden Seite von Block C angekommen sind, 2 Stb in das DStb in der Ecke oben an Block C, wenden und die restl M ungehäkelt lassen – *12 x 5 Stb zus häkeln; 10 Ecken.*

Reihe 2: 1 st Stb in die 1. M, je 1 Stb in jd M bis 2 M vor den 5 zus gehäkelten Stb, 5 Stb zus häkeln über jd Senke, je 1 Stb in jd M bis zum DStb in der nächsten Ecke, 1 Ecke in das DStb in der Ecke, auf diese Weise weiterhäkeln bis zum Ende der Reihe, 1 Stb in die letzte M, wenden.

Reihe 3: Gleich häkeln wie Reihe 2, dabei darauf achten, dass Sie in dieser Reihe weitere 2 Lücken haben, die mit dem Überwendlingsstich geschlossen werden. Diese Lücken sind in der schematischen Darstellung durch die orangen Linien angedeutet. Die Garnenden vom Nähen vernähen.

Reihe 4: Gleich häkeln wie Reihe 2, dabei auf die Lücken von Reihe 3 Acht geben.

Reihe 5: Gleich häkeln wie Reihe 2.

Reihe 6: 5 st Stb zus häkeln (s. Maschenkunde) über die ersten 5 M, wie gewohnt bis zum Ende der Reihe häkeln, dabei 5 Stb zus häkeln über die letzten 5 M.
Das Garn befestigen.

Reihe 7: Mit der VS nach oben Garn A im letzten DStb in der Ecke der Vorreihe einhäkeln, (1 st Stb, 1 Stb) in dieselbe M, im gewohnten Muster bis zum Ende der Reihe, dabei 2 Stb in das letzte DStb in der Ecke auf der gegenüberliegenden Seite, wenden und die restl M ungehäkelt lassen.

Reihe 8: Gleich häkeln wie Reihe 2.

Reihe 9: Gleich häkeln wie Reihe 6. ***Anmerkung:*** *Die gerade Oberkante des 1. Lückenfüllers nimmt nun Form an.*

Reihe 10: Mit der RS nach oben gleich häkeln wie Reihe 7.

Reihe 11–14: Gleich häkeln wie Reihe 2.

Reihe 15: Gleich häkeln wie Reihe 6.

Reihe 16: Mit der RS nach oben gleich häkeln wie Reihe 7. Die in der schematischen Darstellung mit einer blauen Linie gekennzeichnete Lücke in der Mitte im Überwendlingsstich zunähen. Das Garn befestigen und die Enden vernähen.

Lückenfüller 2

Drehen Sie den Schmetterling, sodass die Unterkante nach oben zeigt und suchen Sie den mit einem blauen Quadrat versehenen Block T. Er ist der Startpunkt für den 2. Lückenfüller.

Reihe 1 (VS): Mit der VS nach oben und der größeren Häkelnadel (6 mm) Garn A mit 1 Km in das DStb in der Ecke über dem blauen Quadrat einhäkeln und gleich häkeln wie Reihe 1 des 1. Lückenfüllers, dabei in der entsprechenden Ecke auf der gegenüberliegenden Seite des Schmetterlings enden.

Reihe 2: Gleich häkeln wie Reihe 2 des 1. Lückenfüllers. Nach Reihe 2 müssen Sie die Lücken auf jeder Seite des unteren Teils von Block CC im Überwendlingsstich zusammennähen, wie mit den violetten Linien in der schematischen Darstellung gezeigt. Die vom Nähen übriggebliebenen Garnenden vernähen.

Reihe 3: Gleich häkeln wie Reihe 6 des 1. Lückenfüllers. Nach Reihe 3 müssen weitere 2 (sehr kurze) Lücken zugenäht werden, gekennzeichnet durch die kurzen orangen Linien in der schematischen Darstellung. Die vom Nähen übriggebliebenen Garnenden vernähen.

Reihe 4: Mit der RS nach oben gleich häkeln wie Reihe 7 des 1. Lückenfüllers, dabei genau darauf achten, wo die Lücken in der vorigen Reihe zusammengenäht wurden.

Reihe 5–8: Gleich häkeln wie Reihe 2 des 1. Lückenfüllers.

Reihe 9: Gleich häkeln wie Reihe 6 des 1. Lückenfüllers.

Reihe 10: Mit der RS nach oben gleich häkeln wie Reihe 7 des 1. Lückenfüllers. Die mit einer blauen Linie in der schematischen Darstellung markierte Lücke in der Mitte im Überwendlingsstich zunähen. Das Garn befestigen und die Garnenden vernähen.

Lückenfüller 3

Suchen Sie Block B mit dem violett hinterlegten Quadrat. Dies ist der Startpunkt für Lückenfüller 3.

Reihe 1 (VS): Mit der VS nach oben und der größeren Häkelnadel (6 mm) Garn A mit 1 Km in das DStb in der Ecke über dem mit Farbe hinterlegten Quadrat einhäkeln, (1 st Stb, 1 Stb) in dieselbe M, im gewohnten Muster entlang der Seite häkeln, dabei 2 Stb in das letzte DStb in der letzten Ecke in der unteren linken Ecke von Block S häkeln, wenden.

Reihe 2: 1 st Stb in die 1. M, wie gewohnt weiterhäkeln bis zum Ende der Reihe, 1 Stb in die letzte M, wenden.

Reihe 3: 5 st Stb zus häkeln über die ersten 5 M, dann die Reihe wie Reihe 2 beenden. Nach Reihe 3 müssen Sie die Lücke im Überwendlingsstich zusammennähen, wie mit der violetten Linie in der schematischen Darstellung gezeigt. Die vom Nähen übriggebliebenen Garnenden vernähen.

Reihe 4: 1 st Stb in die 1. M, im Muster bis zum Ende der Reihe häkeln, 2 Stb in das mittlere DStb der 1. Ecke aus der Vorreihe, wenden, die restl M ungehäkelt lassen.

Reihe 5: Gleich häkeln wie Reihe 3. Nach Reihe 5 müssen Sie die durch eine orange Linie in der schematischen Darstellung eingezeichnete Lücke im Überwendlingsstich zusammennähen. Die vom Nähen übriggebliebenen Garnenden vernähen.

Reihe 6: Gleich häkeln wie Reihe 4.

Reihe 7 und 8: Im gewohnten Muster weiterhäkeln. Nach Reihe 8 müssen Sie die durch eine blaue Linie in der schematischen Darstellung eingezeichnete Lücke im Überwendlingsstich zusammennähen. Die vom Nähen übriggebliebenen Garnenden vernähen

Reihe 9–13: Im Muster weiterhäkeln.

Reihe 14: 1 st Stb in die 1. M, im gewohnten Muster weiterhäkeln und 5 Stb zus häkeln über die letzten 5 M, wenden. Das Garn befestigen.

Reihe 15: Achten Sie darauf, die Decke geradezuhalten und häkeln Sie das Garn im DStb der 1. Ecke ein, (1 st Stb, 1 Stb) in dieselbe M, im gewohnten Muster weiterhäkeln bis zum Ende der Reihe und 1 Stb in die letzte M häkeln.

Reihe 16: 5 Stb zus häkeln über die ersten 5 M, im gewohnten Muster weiterhäkeln und 5 Stb zus häkeln über die letzten 5 M, wenden. Das Garn befestigen.

Reihe 17: Füllen Sie die kleine rechteckige Ecke, indem Sie wie für Reihe 1 häkeln.

Lückenfüller 4

Mit der RS nach oben und gegenüber des Startpunkts von Lückenfüller 3, wo sich in Quadrat B das orange hinterlegte Quadrat befindet, beginnen und gleich häkeln wie Lückenfüller 3.

Die Umrandung häkeln

Anmerkung: *Der Rest der Decke wird mit der kleineren Häkelnadel (5,5 mm) gehäkelt.*

Aufbaurunde

Mit der VS nach oben und der kleineren Häkelnadel (5,5 mm) Garn A mit 1 Km in der oberen rechten Ecke der Decke einhäkeln, * 3 fM in die M in der Ecke, 231 fM gleichmäßig entlang der Oberseite der Decke, 3 fM in die M in der Ecke, 183 fM hinunter entlang der Seite der Decke; 1-mal wdh ab *, die Rd mit 1 Km in die 1. M schließen. Das Garn befestigen.

> **TIPP**
> *Einige Teile der Aufbaurunde werden entlang der Seiten von Stb gehäkelt. Achten Sie darauf, je 2 fM in die Seite eines jd Stb zu häkeln. Um Löcher an den Seiten des Werkstücks zu verhindern, häkeln Sie nicht um die M „herum", sondern direkt in die seitlichen „Streben" der M.*

1. Grannystreifen

Reihe 1: Mit der VS nach oben und der kleineren Häkelnadel (5,5 mm) Garn H mit 1 Km in die M in der oberen rechten Ecke der Decke, (1 st Stb, 1 Stb) in dieselbe M, (die nächsten 2 M ausl, 3 Stb in die nächste M) bis 2 M vor die M in der nächsten Ecke, 2 Stb in die M in der Ecke, nicht wenden – *4 Stb; 77 Mg aus 3 Stb; 235 Stb insgesamt.*
Das Garn befestigen.

Reihe 2: Mit der VS nach oben Garn I mit 1 Km in die 1. M einhäkeln, 1 st Stb in die 1. M, 3 Stb zw das nächste Stb und die nächste Mg aus 3 Stb, 3 Stb zw alle Mg aus 3 Stb bis zu den letzten 2 M, die nächste M ausl, 1 Stb in die letzte M – *2 Stb; 78 Mg aus 3 Stb.* Das Garn befestigen.

Reihe 3: Mit der VS nach oben Garn D mit 1 Km in die 1. M einhäkeln, 1 st Stb in die 1. M, 1 Stb zw die ersten 2 M, 3 Stb zw die Mg aus 3 Stb bis zu den letzten 4 M, 1 Stb zw die letzte Mg aus 3 Stb und die letzte M. Das Garn befestigen.

Reihe 4–13: Reihe 2 und 3 für das Muster wdh, 1 Reihe jeweils in der folgenden Farbsequenz häkeln: E, B, F, C, G, H, I, C, D, H.

Die Decke auf die gegenüberliegende Seite drehen und Reihe 1–13 des 1. Granny-Streifens wdh.

Borte

Runde 1: Mit der VS nach oben Garn I mit 1 Km in die 1. M in der oberen rechten Ecke einhäkeln, * 3 fM in die M in der Ecke, je 1 fM in jd M bis zur nächsten Ecke, 3 fM in die M in der Ecke, 21 fM hinunter entlang des Granny-Streifens, 185 fM gleichmäßig hinunter die Seite entlang bis zum nächsten Granny-Streifen, 20 fM gleichmäßig hinunter zum nächsten Granny-Streifen; 1-mal wdh ab *, die Rd mit 1 Km in die 1. fM schließen.

Runde 2: 1 Km in die fM in der Ecke, * (1 fM, 2 Lm, 1 fM) in die M in der Ecke, (2 Lm, die nächste M ausl, 1 fM in die nächste M) bis zur einschließlich letzten M vor der nächsten Ecke, 2 Lm, die nächste M ausl; wdh ab * rundherum, die Rd mit 1 Km in die 1. fM schließen.

Runde 3: (1 st DStb, 1 Picot [siehe Maschenkunde], [1 DStb, 1 Picot] 5-mal, 1 DStb) in den Lm-Bg in der Ecke, den nächsten Lm-Bg ausl, ** * 1 fM in den nächsten Lm-Bg, 1 Picot, 1 fM in den nächsten Lm-Bg, den nächsten Lm-Bg ausl, ([1 DStb, 1 Picot] 4-mal, 1 DStb) in den nächsten Lm-Bg (Muschel gehäkelt), den nächsten Lm-Bg ausl; wdh ab * bis zu den letzten 3 Lm-Bg vor der M in der Ecke, 1 fM in den nächsten Lm-Bg, 1 Picot, 1 fM in den nächsten Lm-Bg ***, ([1 DStb, 1 Picot] 8-mal, 1 DStb) in den Lm-Bg in der Ecke; wdh ab ** 3-mal, die letzte Wdh bei *** beenden, die Rd mit 1 Km auf das st DStb beenden.
Das Garn befestigen.

Runde 4 (optionale Km-Rd): Mit der größeren Häkelnadel (6 mm) Garn A mit 1 Km unten an einer M in einer Ecke von Rd 1 der Borte einhäkeln. Mit dem Garnende des Knäuels hinter der Arbeit je 1 Km unten an die Basis einer jd fM rund um die Decke herum häkeln.

Anmerkung: Achten Sie darauf, die M nicht zu fest zu häkeln. Das Garn befestigen und die Enden vernähen.

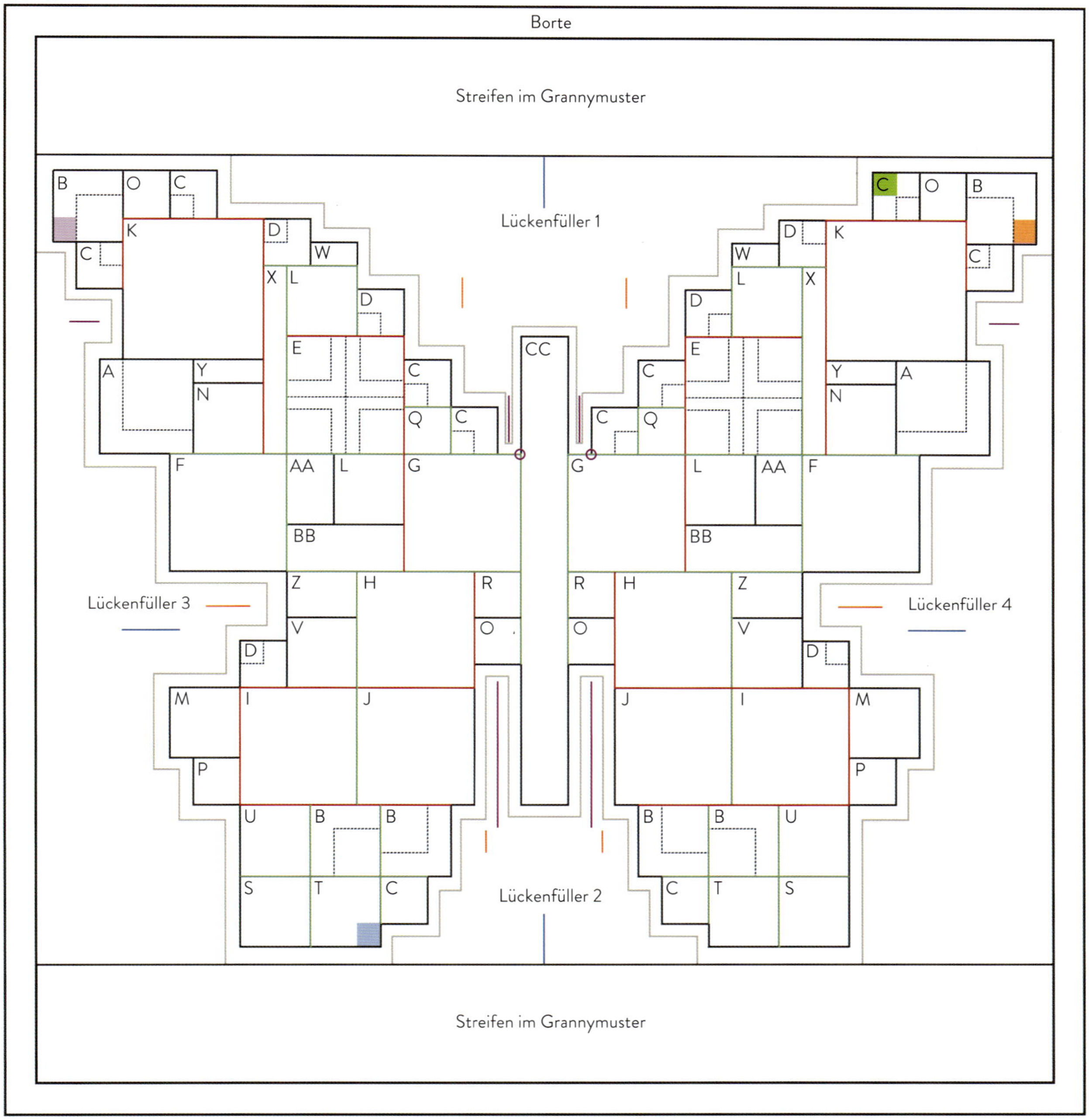

SCHEMATISCHE DARSTELLUNG

LEGENDE

- A, B, C … = Buchstaben geben den Blocktyp an
- (gepunktete Linie) = Orientierung der Blöcke mit Briefecken
- (rote Linie) = Durchgehende Nähte zwischen den Blöcken
- (grüne Linie) = Durchgehende Nähte zwischen den Blöcken
- (schwarze Linie) = Kurze Nähte zwischen den Blöcken
- (graue Linie) = Umriss der Aufbaurunden
- O = Platzierung 9 Stb zus häkeln in Aufbaurunde 2
- (farbige Linien) } = Lücken an den Lückenfüllern, die zugenäht werden müssen
- (grün) = Garn einhäkeln für Lückenfüller 1
- (flieder) = Garn einhäkeln für Lückenfüller 2
- (blau) = Garn einhäkeln für Lückenfüller 3
- (orange) = Garn einhäkeln für Lückenfüller 4

Techniken

Dieser Abschnitt liefert Ihnen eine Übsicht über die speziellen Techniken, die in diesem Buch verwendet werden, mit besonderem Augenmerk auf heiklen Tipps für bestimmte Maschen, Verbindungsarten von Motiven und Fertigstellungsmethoden, damit Ihr Werkstück so ordentlich und sauber wie möglich wird. Ein unkompliziertes Muster bedient sich typischerweise an den Standardtechniken, ich möchte jedoch gerne meine Lieblingsmethoden, die manchmal nicht diesem Standard entsprechen, mit Ihnen teilen!

SPEZIELLE TECHNIKEN

Farbwechsel

Anmerkung: *Diese Technik wird sowohl am Beginn als auch mitten in einer R/Rd verwendet.* Für den Farbwechsel in einer M die neue Farbe durch die letzten 2 Schlingen auf der Nadel ziehen **(Abb. 1)** – Farbwechsel fertiggestellt **(Abb. 2).** Verbrauchen Sie erst die alte Farbe, bevor Sie neues Garn mit 1 Km in die angegebene M/den angegebenen Lm-Bg einhäkeln.

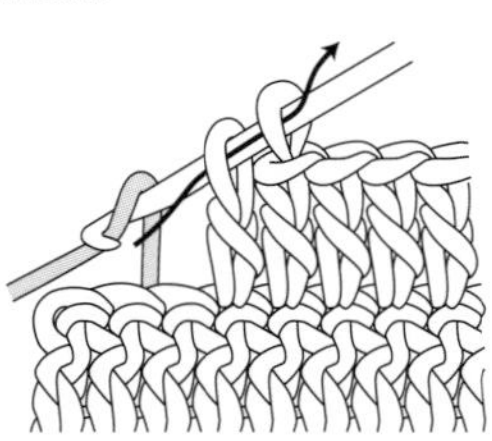

ABB. 1

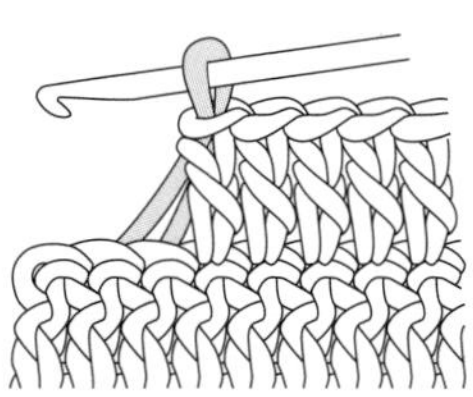

ABB. 2

Borten und Umrandungen

Ist eine Seite gerade, häkle ich 1 M in 1 fM, 2 M in 1 Stb **(Abb. 1)**, 3 M in 1 DStb usw. Ist die Seite eine Diagonale, häkle ich für die zusätzliche Länge 1 M extra für jd R. Häkeln Sie in die Seiten der M hinein und nicht um die M herum, um größere Löcher zu verhindern.

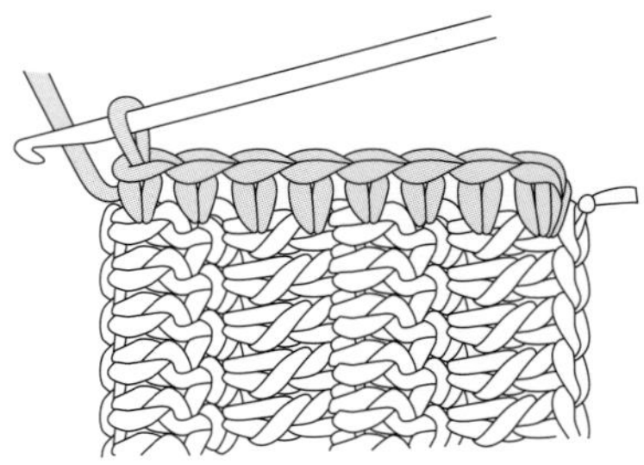

ABB. 1

Eine Reihe ohne Wendemasche beginnen

Für diese Technik verwenden Sie einfach „stehende" Maschen wie etwa „1 st Stb" (2 fM, 1 Lm) **(Abb. 1)** in der angegebenen M/im angegebenen Lm-Bg, um das 1. Stb der Reihe/Rd zu häkeln.

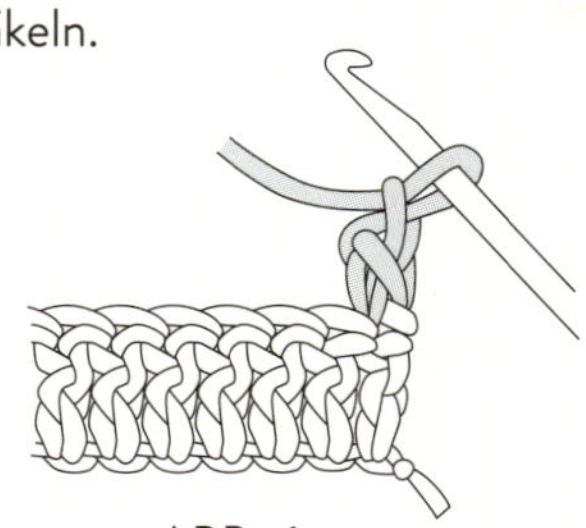

ABB. 1

Symmetrische Abnahmen an beiden Reihenenden häkeln

Verwenden Sie die stehenden Maschen der rechten Seite des Werkstücks, die in diesem Falle nicht als M zählen, für den Beginn der Abnahme und häkeln Sie die übliche Abnahme auf der linken Seite der Reihe für die Abnahme am Reihenende.

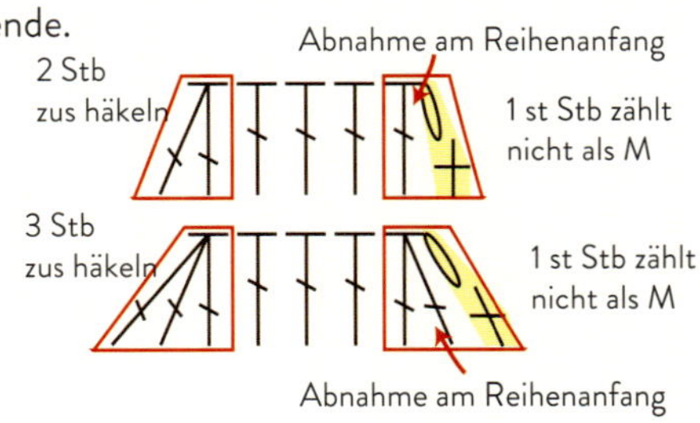

Hohe Maschen ordentlicher häkeln

Machen Sie Ihre Umschläge festsitzend und halten Sie die Umwicklungen so nah an der Nadelspitze wie möglich **(Abb. 1).** Lassen Sie auch nicht locker, wenn Sie durch zwei Schlingen gleichzeitig arbeiten **(Abb. 2),** bis die Masche fertiggestellt ist.

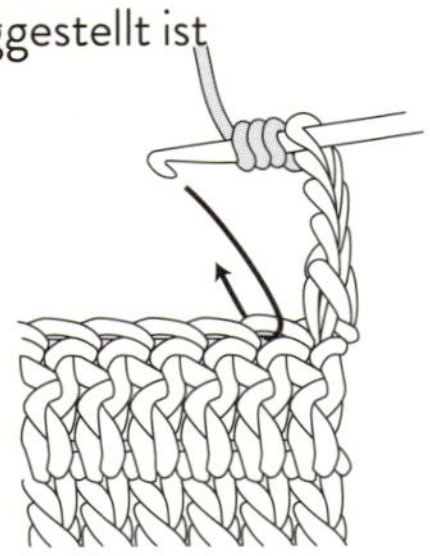

ABB. 1

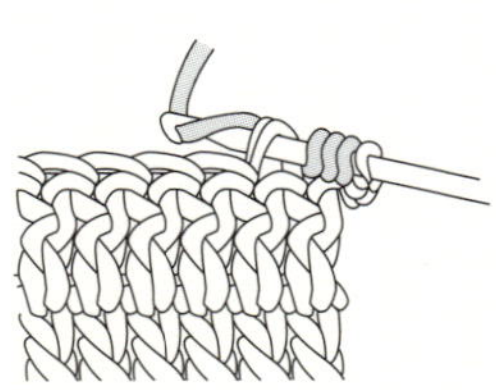

ABB. 2

VERBINDUNGS-TECHNIKEN

Direkt verbinden in der letzten Runde des Motivs (Join-as-you-go-Methode / JAYG-Methode).

Quadratische Motive direkt aneinanderhäkeln

Stellen Sie das 1. Motiv fertig, dann verbinden Sie die nebeneinanderliegenden Seiten der aufeinanderfolgenden Motive in der letzten Runde und verwenden dazu die in jedem Muster speziell angegebenen Techniken.

Achtecke direkt verbinden

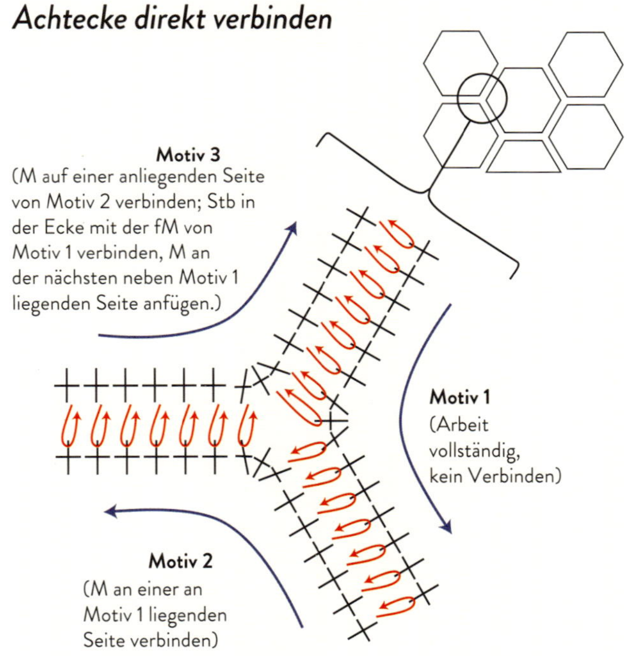

VERBINDUNGSTECHNIKEN

Durchziehen der Schlinge zum Verbinden (DSV)

Die Schlinge von der Häkelnadel **(Abb. 1)** nehmen, die Nadel von vorne nach hinten in die M/den Lm-Bg wie angegeben stechen, die Schlinge wieder aufnehmen und auf die VS der Arbeit ziehen, ohne Lm zu häkeln (außer es ist so angegeben, um Ecken aus Lm-Ketten aus 3 Lm zu verbinden) **(Abb. 2)**, die M wie gewohnt häkeln **(Abb. 3)**

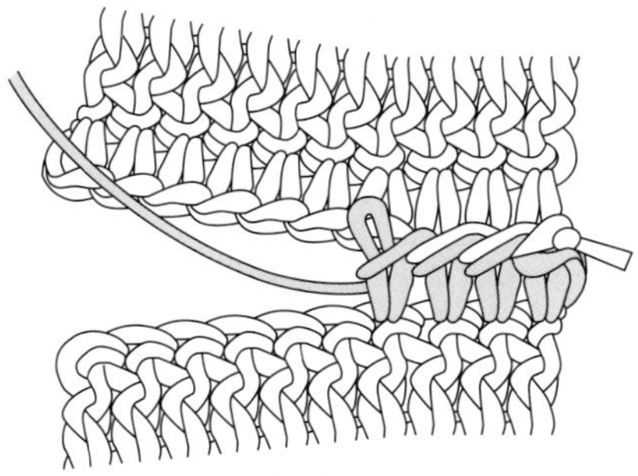

ABB. 1

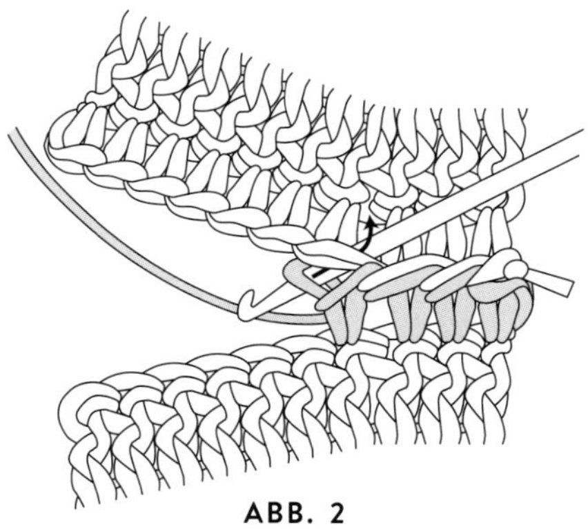

ABB. 2

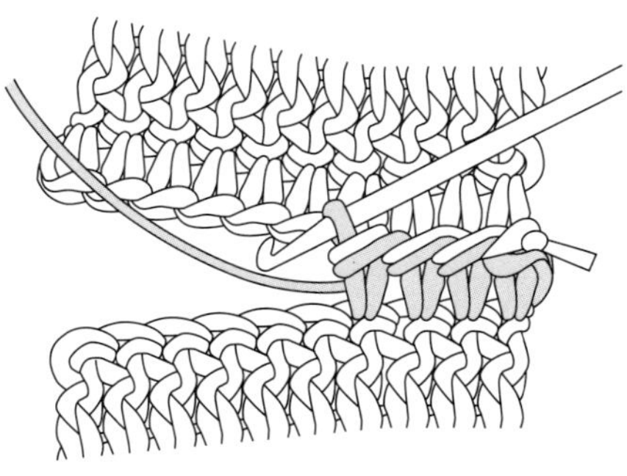

Die Motive mit Kettmaschen zusammenhäkeln

Je nach den Anweisungen im Häkelmuster können Sie die Motive sowohl auf der VS als auch auf der RS der Arbeit zusammenhäkeln und entweder durch beide Maschenglieder oder nur die hinteren Maschenglieder häkeln **(Abb. 1)**. Diese Varianten erzeugen unterschiedliche visuelle Effekte.

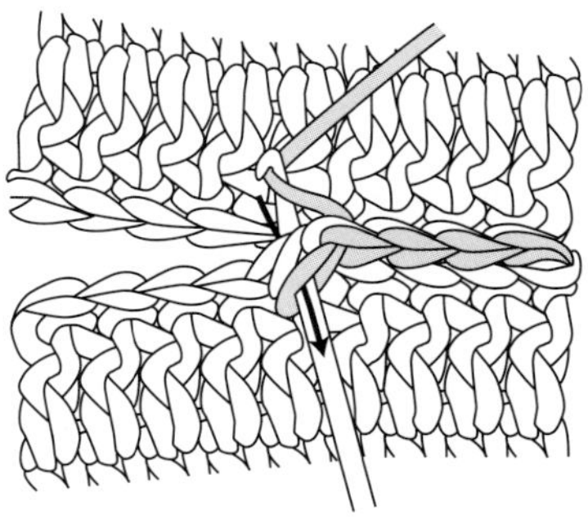

ABB. 1

Die Motive im Überwendlingsstich zusammennähen

Fädeln Sie das Garn in eine Sticknadel. Halten Sie die Motive mit den RS aneinander und befestigen Sie das Ende des Garns mit einem Stich durch beide Motive am Beginn der Naht. Stechen Sie die Nadel von vorne nach hinten die ganze Strecke entlang immer durch beide Schlingen beider Motive und ziehen Sie das Garn durch. Entlang der Kante nähen, dabei die Nadel immer von vorne nach hinten einstechen und die Stiche bündig entlang der Oberkante der Naht liegen lassen. Widerstehen Sie dem Drang, die Stiche festzuziehen, indem Sie am Garn ziehen, da so Wellen und Beulen in der Arbeit entstehen.

FERTIGSTELLUNG

Spannen

Auch wenn es sich natürlicher anfühlen mag, diesen Arbeitsschritt zu überspringen, kann es entscheidend sein, Ihr Werkstück zu spannen, damit die oft unkonventionellen Formen und Häkelmethoden der Projekte in diesem Buch so flach wie möglich liegen können. Eine einfache Spannmatte aus zusammensteckbaren Schaumstofffliesen können Sie relativ günstig kaufen und ist eine phantastische Oberfläche, um Ihr Projekt festzustecken. Ein paar Stecknadelpackungen sollten für größere Projekte ausreichen. Legen Sie Ihre Arbeit flach auf die Matte, bespritzen Sie sie überall mit ein bisschen Wasser und stecken Sie Ihr Werkstück vorsichtig in den gewünschten Maßen fest, sodass es in der gewünschten Position liegend an der Luft trocknen kann. Ich stelle einen kleinen, starken Ventilator vor die Matte, um das Trocknen zu beschleunigen.

Eine flachere Borte häkeln

Achten Sie darauf, dass Sie immer die „genau richtige" Maschenanzahl auf jeder Seite der Decke haben, sodass die Borte flach aufliegt. Zu viele Maschen führen zu einer Borte, die sich wellt, mit zu wenigen Maschen kann sie sich verziehen. Wenn Sie die Maschen für die Aufbaurunde dort häkeln, wo zwei Motive aufeinandertreffen, sollte die Maschenanzahl um eine oder zwei Maschen verringert werden, um ein Wellen zu verhindern. Außerdem erhalten Sie fast immer eine flachere Borte, wenn Sie eine kleinere Häkelnadel als für den Hauptteil der Decke verwenden.

Die Garnenden vernähen

Garnenden in spitzenartigen, offenen Mustern vernähen

Mit einer Sticknadel oder einer mind. 2 Größen kleineren Nadel als die für das Werkstück verwendete die Garnenden entlang der spitzenartigen M einweben und dabei die Richtung mind. 2-mal ändern, um das Garn zu befestigen. Nicht über das Garnende häkeln, da es sonst auf der VS der Arbeit erscheint. Wenn möglich, vernähen Sie Garnenden immer nur durch Garn in derselben Farbe.

Garnenden in soliden Maschen vernähen

Sie können über den Anfangsfaden häkeln, ihn also an der Arbeit entlangführen, während Sie die darauffolgende R häkeln, um den Faden unten in den M einzuschließen. Das letzte Garnende wird vernäht wie folgt: Eine Sticknadel oder eine kleinere Häkelnadel von hinten nach vorne in die Arbeit stechen und den Faden holen, um ihn auf die RS des Werkstücks zu ziehen. Arbeiten Sie von links nach rechts und stechen Sie die Nadel von hinten nach vorne nur durch die hinteren Maschenglieder einer jeden M **(Abb. 1)**, holen Sie dabei das Garnende und ziehen Sie es wiederholt auf die RS der Arbeit, bis Sie am Ende des Fadens angekommen sind.

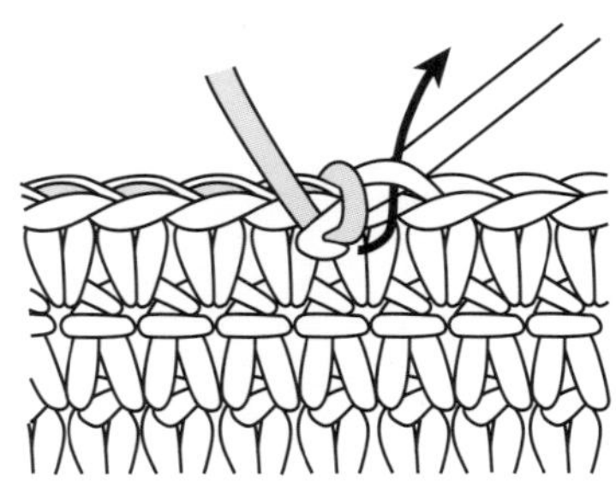

ABB. 1

Abkürzungen

*****	Beginn der Wiederholung
( )	Alternative Maße; Arbeitsanweisung: Die Angaben innerhalb der Klammern in die angegebene M häkeln
[ ]	Die Arbeitsanweisung innerhalb der Klammern sooft ausführen, wie angegeben
Abn/abn	Abnahme/abnehmen
adN	auf der Nadel
Anf/anf	Anfang/anfangen
ausl	auslassen
Beg/beg	Beginn/beginnen
cm	Zentimeter
DStb	Doppelstäbchen
fM	feste Masche
g	Gramm
HF	Hauptfarbe
hMg	hinteres Maschenglied
hStb	halbes Stäbchen
KF	Kontrastfarbe
Km	Kettmasche
Lm	Luftmasche(n)
Lm-Bg	Luftmaschenbogen, Luftmaschenbögen
M	Masche(n)
MM	Maschenmarkierer
mm	Millimeter
N	Nadel
R	Reihe
Rd	Runde
restl	restlich(e/n)
RS	Rückseite
Schl	Schlinge(n)
Stb	Stäbchen
U	Umschlag
vMg	vorderes Maschenglied
VS	Vorderseite
VStb	Vierfachstäbchen
wdh/Wdh	wiederholen/Wiederholung
Zun/zun	Zunahme/zunehmen
zus	zusammen
zw	zwischen

Umrechnungstabelle Metrisch – Angloamerikanisch

UMGERECHNET VON	IN	MULTIPLIZIEREN MIT
Zoll	Zentimeter	2,54
Zentimeter	Zoll	0,4
Fuß	Zentimeter	30,5
Zentimeter	Fuß	0,03
Yards	Meter	0,9
Meter	Zoll	1,1

Glossar

st Stb (stehendes Stäbchen)
1 fM, 1 Lm.

3 st Stb zus häkeln (3 stehende Stäbchen zusammenhäkeln)
1 st Stb, 2 Stb zus häkeln.

4 st Stb zus häkeln (4 stehende Stäbchen zusammenhäkeln)
1 st Stb, 3 Stb zus häkeln.

5 st Stb zus häkeln (5 stehende Stäbchen zusammenhäkeln)
1 st Stb, 4 Stb zus häkeln.

9 st Stb zus häkeln (9 stehende Stäbchen zusammenhäkeln)
1 st Stb, 8 Stb zus häkeln.

st VStb (stehendes Vierfachstäbchen)
1 fM, 3 Lm.

st hStb (stehendes halbes Stäbchen)
1 fM, 1 Lm.

st DStb (stehendes Doppelstäbchen)
fM, 2 Lm.

2 Stb zus häkeln (2 Stäbchen zusammenhäkeln)
(U, die Nadel in die nächste M einstechen, U, das Garn hochziehen, U, das Garn durch 2 Schlingen auf der Nadel ziehen) 2-mal wie angegeben, U, das Garn durch alle 3 Schlingen auf der Nadel ziehen.

3 Stb zus häkeln (3 Stäbchen zusammenhäkeln)
(U, die Nadel in die nächste M einstechen, U, das Garn hochziehen, U, das Garn durch 2 Schlingen auf der Nadel ziehen) 3-mal, U, das Garn durch alle 4 Schlingen auf der Nadel ziehen.

4 Stb zus häkeln (4 Stäbchen zusammenhäkeln)
(U, die Nadel in die nächste M einstechen, U, das Garn hochziehen, U, das Garn durch 2 Schlingen auf der Nadel ziehen) 4-mal, U, das Garn durch alle 5 Schlingen auf der Nadel ziehen.

5 Stb zus häkeln (5 Stäbchen zusammenhäkeln)
(U, die Nadel in die nächste M einstechen, U, das Garn hochziehen, U, das Garn durch 2 Schlingen auf der Nadel ziehen) 5-mal, U, das Garn durch alle 6 Schlingen auf der Nadel ziehen.

8 Stb zus häkeln (8 Stäbchen zusammenhäkeln)
(U, die Nadel in die nächste M einstechen, U, das Garn hochziehen, U, das Garn durch 2 Schlingen auf der Nadel ziehen) 8-mal, U, das Garn durch alle 9 Schlingen auf der Nadel ziehen.

9 Stb zus häkeln (9 Stäbchen zusammenhäkeln)
(U, die Nadel in die nächste M einstechen, U, das Garn hochziehen, U, das Garn durch 2 Schlingen auf der Nadel ziehen) 9-mal, U, das Garn durch alle 10 Schlingen auf der Nadel ziehen.

Fadenring
Eine große Schlinge mit dem Garn machen. Die Schlinge mit den Fingern festhalten, die Nadel in die Schlinge stechen und den Arbeitsfaden durch die Schlinge ziehen. Umschlag, das Garn durch die Schlinge auf der Nadel ziehen. Die angegebene Maschenanzahl in die Schlinge häkeln. Am Garnende ziehen, um den Fadenring zu schließen.

Krebsstich
Von links nach rechts arbeiten, die Nadel in die nächste M nach rechts einstechen, U, das Garn durch die M ziehen, U, das Garn durch 2 Schlingen auf der Nadel ziehen.

2 fM zus häkeln (2 feste Maschen zusammenhäkeln)
(Die Nadel in die nächste M einstechen, U, das Garn durch die M ziehen) 2-mal, U, das Garn durch alle 3 Schlingen auf der Nadel ziehen.

3 fM zus häkeln (3 feste Maschen zusammenhäkeln)
(Die Nadel in die nächste M einstechen, U, das Garn durch die M ziehen) 3-mal, U, das Garn durch 4 Schlingen auf der Nadel ziehen.

4 fM zus häkeln (4 feste Maschen zusammenhäkeln)
(Die Nadel in die nächste M einstechen, U, das Garn durch die M ziehen) 4-mal, U, das Garn durch 5 Schlingen auf der Nadel ziehen.

5 fM zus häkeln (5 feste Maschen zusammenhäkeln)
(Die Nadel in die nächste M einstechen, U, das Garn durch die M ziehen) 5-mal, U, das Garn durch 6 Schlingen auf der Nadel ziehen.

6 fM zus häkeln (6 feste Maschen zusammenhäkeln)
(Die Nadel in die nächste M einstechen, U, das Garn durch die M ziehen) 6-mal, U, das Garn durch 7 Schlingen auf der Nadel ziehen.

Danksagungen

Diese Designs zu entwerfen und zu einem Buch zu verarbeiten, war zu gleichen Teilen herausfordernd und lohnend, genau, wie eine große Lebenserfahrung es sein sollte. Ich möchte Stephanie White danken, die an mich herangetreten ist, dieses Buch zu schreiben, und jedem aus dem F+W-Medienteam. Besonderer Dank an Maya Elson, Kerry Bogert und die anderen Lektoren, die mir ihre Segen und Ermutigungen zuteil werden ließen.

Meine größte Dankbarkeit auf dieser Reise geht an meine Famile. Meinem außergewöhnlichen Mann Nicolas und unseren vier Kindern, die niemals endende Liebe, Vertrauen, positive Einstellung und gute Stimmung verbreiten, danke ich so sehr. Wenn ich mich schon gefährlich aufreibe, erinnern sie mich daran, einen Schritt zurückzutreten und vom Gas zu gehen. Danke auch an meine wunderbare, mich unterstützende Mutter und an meine Schwester, die mir zuhören, wenn ich unaufhörlich von meinen handarbeitstechnischen Unterfangen rede – ohne sich auch nur einmal zu beschweren.

Ich muss außerdem die talentierten Mitglieder der Scheepjes-Blogger erwähnen – ich bin stolz, mich zu ihnen zu zählen. Unsere unerschrockene Leiterin Simy Somer hat mich dazu gedrängt, mein Handwerk zu neuen Höhen zu entwickeln. Sie weiß, wie sie jemanden aufbaut, damit man standhaft bleibt. Worte sind nicht genug, um auszudrücken, wie sehr ich meine Partnerschaft mit Scheepjes zu schätzen weiß.

Meinem Tester-Tribe, der so freundlich ist, Probe zu häkeln, Fotoshootings zu arrangieren und mich mit wertvollem Feedback über meine Designs zu versorgen, danke ich aus tiefstem Herzen. Ich würde es ohne euch talentierte Leute nicht schaffen! Besonderer Dank an Kaelyn Guerin, Gwen Kok, Iris Dongo und Carol Janik – die durch unsere gemeinsame Besessenheit von Nadel und Faden alle großartige Freunde geworden sind.

Zu guter Letzt danke ich den sechs Künstlern, die so freundlich waren, mir zu erlauben, ihre Werke in dieses Buch einzuarbeiten. An Caitlin Dowe-Sandes, Maryanne Moodie, Tula Pink, April Rhodes, Francisco Valle, Maud Van Tours und all die anderen Mitglieder meiner kreativen Gemeinschaft: Ich bin geehrt, in einer Gruppe aus so liebevollen und temperamentvollen Menschen zu arbeiten, die mich jeden Tag aufs Neue ermutigen, Dinge zu gestalten.

Über DIE Autorin

RACHELE CARMONA ist die Häkel- und Strickmusterdesignerin hinter Cypress Textiles. Sie hat in Englischer Rhetorik an der Texas A&M University ihren Bachelor absolviert. Ihre Handarbeitskarriere begann als Hobby am College, das zu neuen Höhen aufstieg, nachdem ihre engen Freunde und die kreative Gemeinschaft sie dazu ermutigten. Schließlich hing sie ihre Arbeit als Geschäftsführerin eines Restaurants an den Nagel, um zuhause bei ihrer wachsenden Familie zu bleiben und sich auf ihre Handarbeit zu konzentrieren. Rachele lebt mit ihrem Mann, ihren vier Kindern und vier Fellbabys in der Nähe von Houston.

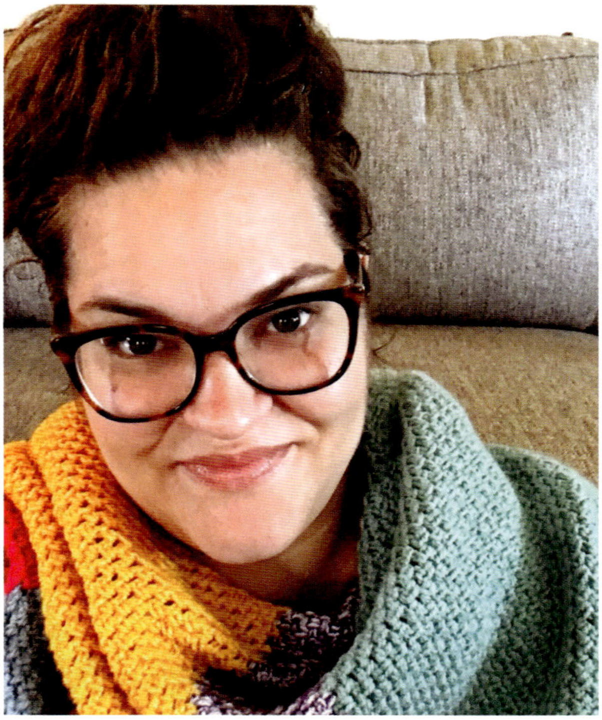

Bezugsquellen für das Garn

CASCADE YARNS
(800) 548-1048

www.cascadeyarns.com,

Bezugsquelle in Europa: www.loveknitting.de

220 Superwash, 220 Superwash Sport, Ultra Pima

KNIT PICKS
(800) 574-1323

www.knitpicks.com

Bezugsquelle in Europa: www.greatbritishyarns.co.uk

Palette

KAMGARN
1 90 276 253 33 05

www.kamgarn.com

Bezugsquelle in Europa: www.wolle1000.de

Papatya Batik

SCHEEPJES
www.scheepjes.com/en

Erhältlich im gut sortierten Wollfachhandel. Bloom, Catona, Catona Denim, Colour Crafter, Colour Crafter Velvet, Merino Soft, Roma Big, Softfun Aquarel, Sunkissed

STYLECRAFT
01535 609798

www.stylecraft-yarns.co.uk

Bezugsquellen in Europa: www.loveknitting.de, www.wollplatz.de,

Classique Baumwolle DK, Special DK

WOOL AND THE GANG
(844) 742-437

www.woolandthegang.com

Billie Jean, Shiny Happy Cotton